W0068698

Die Schweiz in Listen

Hannes Bertschi

Die Schweiz in Listen

2000 Antworten auf das Phänomen Schweiz

FARO

© 2012 Faro im Fona Verlag AG, CH-5600 Lenzburg
www.fona.ch

Lektorat
Karin Hagemeister

Konzept und Gestaltung
FonaGrafik, Stefanie von Däniken

Druck
CPI – Ebner & Spiegel, Ulm

ISBN 978-3-03781-039-2

INHALT

3. BAUEN & WOHNEN

4. NATUR

5. KULTUR

6. ESSEN & TRINKEN

9. MEDIEN

10. REISEN & TOURISMUS

11. WIRTSCHAFT

«Ich glaube immer noch daran,
dass es sich lohnt,
Listen zu machen –
wenn ich gar nicht mehr weiss,
wo es weitergehen soll,
dass ich da mal draufgucken kann.
Und wenigstens theoretisch wüsste,
was es noch zu tun gäbe.»

Ursus Wehrli,
Schweizer Kabarettist und Künstler
(in *Der Spiegel*, 37/2011)

5 Hinweise

1. Die Listen in diesem Buch behandeln *ausschliesslich die Schweiz und ihre Bevölkerung*, teilweise im Vergleich mit Europa und der Welt. Wenn also von «10 aussergewöhnlichen Frauen», den «10 höchsten Gebäuden» oder den «8 extremsten Wetterrekorden» die Rede ist, sind immer *Schweizer* Frauen, *Schweizer* Gebäude oder *Schweizer* Wetterrekorde gemeint!

2. Das Buch «Die Schweiz in Listen» ist unterteilt in Kapitel, damit die Leserinnen und Leser sich einfacher orientieren können. Innerhalb der Kapitel folgen die einzelnen Listen dem Alphabet.

3. Bei den Quellen heisst es manchmal «HB». Damit ist der Autor gemeint. Beim Vermerk «Einzelne Websites» handelt es sich um Websites der im Text angesprochenen Unternehmen, Institutionen, Vereine etc.

4. Statistiken können ändern, sie sind oft Momentaufnahmen oder geben eine mögliche Tendenz an. Deshalb achtete ich darauf, die Zahlen einzelner Statistiken in einem Zusammenhang zu zeigen – zum Beispiel im Vergleich mit Statistiken früherer Jahre –, um so Entwicklungen und Veränderungen zu verdeutlichen.

5. «Nobody is perfect» – Pannen und Fehler können trotz aller Sorgfalt immer wieder vorkommen. Lassen Sie bitte Milde walten und weisen Sie uns ruhig auf mögliche Irrtümer hin. Und: Seien Sie nicht enttäuscht, wenn Sie im Buch eine Liste, einen Namen oder eine Person vermissen – das Thema Schweiz ist eben unerschöpflich! Gerne nehmen wir auch Anregungen entgegen für eine spätere, aktualisierte Ausgabe (www.faro-buch.ch).

Hannes Bertschi, 2012

70 mal Dank!

Die Idee ist das eine, ihre Durchführung etwas ganz anderes. Auch ein Buch ist das Ergebnis einer Zusammenarbeit vieler. Und so sage ich es auch an dieser Stelle gerne: Ohne die Hilfe vieler Menschen und Organisationen wäre dieses Buch nicht möglich geworden. Mein erster Dank gehört dem Verlag und seinen Mitarbeiterinnen und Mitarbeitern! Für Ideen, Ratschläge und Hilfe aller Art bei der Entstehung des Buches danke ich sodann folgenden Personen (in alphabetischer Reihenfolge): Tamara Angele, Felix Bingesser, Andres Büchi, Maurus Ebneter, Nicole Egloff, Beatrice Fink, Carmen Gasser, Roswitha Gassmann, René Gerber, Christian Ginsig, Lukas Golder, Anita von Gunten, Dieter A. Hagenbach, Uwe Horn, Ernst J. Huber, Steffen Hung, Paul Imhof, Christine Jutz, Heinz Keller, Ursula Känel Kocher, Michelle Cueni, Gabriela Renggli, Gema Ricart, Andreas Schaub, Clemens Studer, David Vuillaume, Matthias Zehnder.

Zudem danke ich den folgenden Organisationen für ihre hilfreichen Quellen und vor allem für die Abdruckrechte (in alphabetischer Reihenfolge):

3plus.tv ▪ ANIS Animal Identity Service ▪ Artenschutz Schweiz ▪ Beratungsstelle für Unfallverhütung (bfu) ▪ *Bilanz* ▪ *Blick* ▪ Brand Asset Valuator ▪ Bundesamt für Meteorologie und Klimatologie ▪ Bundesamt für Statistik (BFS) ▪ Bundesamt für Umwelt (BAFU) ▪ *Coopzeitung* ▪ FIF Uni Bern ▪ FIS ▪ gfs.bern ▪ gfs-zürich, Markt- & Sozialforschung ▪ Historisches Lexikon der Schweiz ▪ Hitparade.ch ▪ Kulinarisches Erbe der Schweiz ▪ ProCinema ▪ ProSpecieRara ▪ *Reader's Digest* ▪ Schweiz Tourismus ▪ Schweizerisches Alpines Museum, Bern ▪ Schweizer Casino Verband ▪ Schweizer Radio und Fernsehen SRF ▪ *Schweizerischer Beobachter* ▪ Schweizerische Gesellschaft für Volkskunde ▪ Schweizerische Nationalbank (SNB) ▪ Schweizerische Vogelwarte Sempach ▪ Schweizerische Kynologische Gesellschaft (SKG) ▪ Schweizerischer Versicherungsverband (SVV) ▪ Schweizerisches Talsperrenkomitee Seilbahnen Schweiz ▪ *SonntagsBlick* ▪ Schweizerischer Fussballverband (SFV)/Swiss Football League ▪ *Tagesanzeiger* ▪ Unesco Schweiz ▪ Verband der Museen der Schweiz (VMS) ▪ Vereinigung Schweizer Automobil-Importeure (VSAI) ▪ Vital Statistics (VITSTAT) ▪ *Weltwoche* ▪ Wikipedia ▪ Wirteverband Basel-Stadt

I. SCHWEIZ

15 zukunftsweisende Geschichtsdaten

Welches die wirklich bedeutendsten Daten der schweizerischen Geschichte sind, ist eine Frage für Historiker. Wir geben eine Übersicht von 15 Ereignissen, die für die Schweiz zukunftsweisend waren – und teilweise weiterhin sind.

1. 58 v. Chr.: Schlacht bei Bibracte

Die Helvetier entschlossen sich – möglicherweise wegen der wiederholten Germaneneinfälle –, nach Südfrankreich auszuwandern. Dem damaligen Prokonsul Caesar, der daran war, Gallien zu unterwerfen, passte das nicht, und so kam es bei Bibracte zur Schlacht, bei der die Helvetier eine empfindliche Niederlage erlitten. Caesar zwang sie zur Rückkehr in ihr angestammtes Gebiet im (heutigen) Mittelland, das fortan unter römischer Oberhoheit stand.

2. 1291: Rütlischwur

Der Rütlischwur ist ein Mythos. Hans Schriber erwähnte ihn erstmals um 1740 in seinem Weissen Buch von Sarnen. Aegidius Tschudi setzte den Schwur in seiner Schweizer Chronik auf «Mittwoch vor Martini» anno 1307 fest. Dabei blieb es bis ins späte 19. Jahrhundert. Erst im modernen Bundesstaat wandelte sich die Befreiungstradition mit Rütlischwur und Tell zum nationalen Mythos. Eine über Jahrhunderte in den Archiven schlummernde und auf 1291 datierte Urkunde wurde nun als «Bundesbrief» deklariert und zum «Gründungsdokument» der Eidgenossenschaft erhoben.

3. 1315: Bundeserneuerung

Die Urkantone besiegten in der Schlacht am Morgarten die Habsburger und bekräftigten ihren «Ewigen Bund». Bald schlossen sich weitere Kantone an.

4. 1370: «Pfaffenbrief»

Der «Pfaffenbrief» beschränkte die Vorrechte von Geistlichen und manifestierte die Absicht der Obrigkeit des erstmals als «unser Eydgnoschaft» genannten Bündnisgeflechts, ihre Territorialherrschaft im Gerichts- und Kriegswesen durchzusetzen. Er markierte den Übergang von der personal zur territorial verstandenen Rechtsauffassung und gilt in der schweizerischen Geschichtsschreibung als erster Ansatz zur Schaffung eines Gesamtstaates.

5. 1515: Schlacht bei Marignano

Die Burgunderkriege (1474–1477) – die Auseinandersetzungen der achtörtigen Eidgenossenschaft mit dem burgundischen Herzog Karl dem Kühnen – begründeten den kurzfristigen Aufstieg der Eidgenossenschaft zur europäischen Militärmacht. Bei der Schlacht von Marignano erlitten die Eidgenossen gegen französische Truppen dann eine verheerende Niederlage. Sie bedeutete das Ende der Grossmachtsträume und den Beginn der Neutralität.

6. ab 1517: Reformation

Die von Deutschland ausgehende Reformation (Luther) führte auch in der Eidgenossenschaft immer wieder zu glaubenskriegerischen Auseinandersetzungen. So fiel der Schweizer Reformator Zwingli im Kappelerkrieg gegen die siegreichen Katholiken (1531). Erfolgreicher war Calvin in Genf und der Westschweiz (1541). Die konfessionelle Zweiteilung ist seither teilweise bestehen geblieben.

7. 1648: Westfälischer Frieden

Am Dreissigjährigen Krieg (1618–48) war die Schweiz nur am Rande beteiligt. Doch angesichts der Verwüstungen beschlossen die Eidgenossen 1647 die «immerwährende bewaffnete Neutralität». Im Westfälischen Frieden, der diesen Krieg beendete, erreichte der Basler Bürgermeister Johann Rudolf Wettstein auch wegen der Neutralitätserklärung die rechtliche Trennung der Eidgenossenschaft vom Deutschen Reich.

8. 1815: Wiener Kongress

Zwischen dem 18. September 1814 und dem 8. Juni 1815 berieten die fünf Grossmächte Frankreich, England, Preussen, Russland und Österreich – die sogenannte «Pentarchie» – in Wien über die Neuordnung des Kontinents. Dort wurde die Schweizer Neutralität international anerkannt.

9. 12. September 1848: Bundesverfassung

Geburt der heutigen Schweiz mit Bundesparlament, Regierung und Bundesverwaltung und Bundesgericht, sowie Garantie der bürgerlichen Grundrechte.

10. 1874: Totalrevision der Bundesverfassung

Die erste Totalrevision trat 1874 in Kraft. Sie brachte unter anderem die Gleichstellung der Juden, den Ausbau der Bundeskompetenzen und Volksrechte sowie das Gesetzesreferendum auf eidgenössischer Ebene.

11. 1948: Alters- und Hinterlassenenversicherung (AHV)

Bereits 1880 forderten Gewerkschafter und gewisse Politiker wegen der grossen Armut vieler Werktätigen eine Altersversicherung. 1947 sagte das Volk «Ja» zum AHV-Gesetz, dies im Verhältnis 4:1. Am 1. Oktober 1948 wurde die AHV für alle Arbeitnehmenden obligatorisch eingeführt.

12. 1971: Frauenstimmrecht

1909 wurde der Schweizerische Verband für Frauenstimmrecht (SVF) gegründet. 1959 führte die Waadt als erster Kanton das Frauenstimmrecht ein, doch erst zwölf Jahre später, am 7. Februar 1971, stimmten die Schweizer mit 65,7 % «Ja»-Stimmen für das eidgenössische Stimm- und Wahlrecht für Frauen.

13. 1978: Kanton Jura

Nach 165-jähriger Zugehörigkeit zum Kanton Bern entstand durch die eidgenössische Abstimmung vom 24. September 1978 mit dem Kanton Jura der jüngste Kanton der Schweiz.

14. 1993 Abstimmung EWR

Per Abstimmung wurde der Beitritt der Schweiz zum Europäischen Wirtschaftsraum abgelehnt. 2000 gab es erste bilaterale Verhandlungen zwischen der Schweiz und der EU.

15. 2002: Beitritt zur UNO

Seit dem 10. September 2002 ist die Schweiz offiziell Mitglied der Vereinten Nationen.

Quellen: www.geschichte-schweiz.ch · Historisches Lexikon der Schweiz · Verschiedene

10 Sachen, die es nur in der Schweiz gibt

Die Wahrnehmung der Schweiz und ihrer Bewohner ist wie bei vielen anderen Ländern oft von Clichés und Stereotypen geprägt (Uhren, Banken, Schokolade etc.). Aufschlussreicher sind jene Dinge, die es nur in der Schweiz gibt. 10 Beispiele in alphabetischer Reihenfolge:

1. Bundesfeier

Unser Nationalfeiertag geht auf den legendären Schwur anno 1291 zurück. 600 Jahre später wurde die Bundesfeier erstmals als Zentenarfeier begangen, also als herausragendes Grossereignis zu einem runden Geburtstag. Eine jährlich durchgeführte Feier gibt es seit 1899. Zuerst liessen die Kantone am Abend des 1. August die Glocken läuten, danach kamen Feuer und Ansprachen dazu, es folgten Lampions und Feuerwerke. 1993 wollten 83,8 Prozent der Stimmbürger, dass der «1. August in der ganzen Eidgenossenschaft Bundesfeiertag ist», wie es seither in der Bundesverfassung heisst.

2. Goldvreneli

Woher die wohl bekannteste Goldmünze der Schweiz ihren Namen hat, ist unklar. Denn eigentlich stellte das von Fritz Ulysse Landry kreierte Frauenbild die «Landesmutter» Helvetia dar. Die Bezeichnung Vreneli bürgerte sich erst vor dem Zweiten Weltkrieg ein und tauchte 1943 erstmals schriftlich auf. Die 20-Franken-Münze wurde von 1897 bis 1949 in einer Gesamtauflage von 58,6 Millionen Exemplaren geprägt. In den Jahren 1911 bis 1922 gelangten zudem 2,6 Millionen 10-Fr.-Vreneli und im Jahre 1925 fünftausend 100-Fr.-Vreneli zur Ausgabe.

3. Heidi

Johanna Spyris Erzählungen *Heidi's Lehr- und Wanderjahre* (1880) und *Heidi kann brauchen, was es gelernt hat* (1881) sind in über fünfzig Sprachen übersetzt worden und gehören zu den erfolgreichsten Kindererzählungen der Welt. Die Stadtschreiberin und Schriftstellerin Spyri trug mit dem unverbildeten Naturkind zum Mythos einer Schweiz bei, in der die Menschen in Unschuld in der gesunden Alpenluft leben.

4. Helvetia

Die personifizierte weibliche Repräsentationsfigur der Schweiz hat ihren Namen von den Helvetiern, jenem keltischen Volksstamm, der im 1. Jahrhundert v. Chr. im heutigen schweizerischen Mittelland und in Südwestdeutschland siedelte. Bereits im 17. Jahrhundert wurde die Helvetia als allegorische Figur schweizerischer Staatlichkeit verwendet. 1672 brachte Johann Caspar Weissenbach ein Stück über sie auf die Bühne. Mit der Gründung des schweizerischen Bundesstaates 1848 gewann sie an Bedeutung und erschien nun vermehrt auf Münzen und in politischen Darstellungen. Heute schmücken sich Firmen, Geschäfte und Vereine mit ihrem Namen.

5. Hornussen

Das Schlagspiel erscheint kurz nach 1600 erstmals in den Quellen. Jeremias Gotthelf beschrieb es dann eindrucksvoll in seinem Roman *Uli der Knecht* (1841). Heute hat der Nationalsport jeweils an den Wochenenden im Sommer Hochsaison. Dann kämpfen die Hornusser auf gemähten Wiesen und Stoppelfeldern im Mittelland um die Meisterschaft. Im Zentrum steht der «Hornuss», ein schwarzes, rundes, 78 Gramm schweres Flugobjekt mit einem Durchmesser von 62 Millimetern. Mit einem langen elastischen «Stecken» (Schlaggerät) wird es mit Wucht vom «Böckli» geschlagen und muss von der gegnerischen Mannschaft mit «Schindeln» (grosse Abfangbretter) gestoppt werden, bevor es ins «Ries» (Spielfeld) fällt.

6. Röstigraben

Die Welschen haben ihren «Rideau de röschti» (Röstivorhang), die Deutsch-schweizer den Röstigraben im Saanetal im Kanton Freiburg. Das Bild des Grabens als Trennlinie der beiden grossen Landesteile kam in den ersten Monaten des Ersten Weltkriegs auf, als die Romands eher für die Franzosen, und die Deutschschweizer für die Deutschen Partei nahmen. Seither prägt er die gegenseitige Wahrnehmung. Das «Rösti» kam wahrscheinlich in den 70er Jahren hinzu, doch das Wieso und Woher bleibt weiterhin im Dunkeln.

7. Rütlischwur

Im Jahre 1291 nach Christus – so will es die Legende – trafen sich drei Vertreter der drei Waldstätte Uri, Schwyz und Unterwalden auf der Rütliwiese, um ein Verteidigungsbündnis gegen die Österreicher und andere Feinde zu beschliessen. Um das Bündnis zu besiegeln, schworen sie den «Rütlischwur». Mit diesem Schwur hat also alles begonnen, und es gesellten sich mit der Zeit und den Jahrhunderten immer mehr Kantone zu den Urkantonen, bis sich die Schweiz gebildet hatte, wie sie heute existiert. Dieser Tatsache nun gedenken die Schweizerinnen und Schweizer jedes Jahr am 1. August (siehe Bundesfeier).

8. Schweizergarde

1505 fragte Papst Julius II. bei der Tagsatzung – der Versammlung von Abge-sandten der Schweizerischen Eidgenossenschaft – an, ob diese ihm ein Kon-tingent von Schweizer Söldnern zum Schutze des Vatikans zur Verfügung stellen könnten. Und so gilt der 22. Januar 1506 als offizielles Geburtsdatum der Päpstlichen Schweizergarde. Doch Papst Sixtus IV. hatte bereits 1479 einen Vertrag mit den Eidgenossen geschlossen, der die Anwerbung von Söld-nern vorsah, und Innozenz VIII. (1484–1492) verlangte auf der Grundlage des bestehenden Vertrags ihre Dienste im Kampf gegen den Herzog von Mailand. Heute ist die Schweizergarde die letzte der vormals vier päpstlichen Garden.

9. Schwingen

Die Schweizer Variante des Ringens, die auf Sägemehl ausgeübt wird, erscheint bereits im 13. Jahrhundert auf Abbildungen. Doch erst ab etwa 1600 lässt sich das Schwingen als spezielle Wettkampfform der Alphirtenkultur nachweisen. Nach den Regeln des Eidgenössischen Schwingerverbands dauert ein Wett-kampf 10 bis 12 Minuten. Der Sieger muss den Gegner so auf den Rücken legen, dass beide Schulterblätter den Boden berühren, und dies ohne Loslassen der Hosengriffe. Besonders hoch im Kurs stehen der Brünig-, der Stoos- und der Rigischwinget.

10. Waffenlauf

Seinen Anfang nahm der Schweizer Waffenlauf während des Ersten Weltkrieges mit dem 1. Schweizerischen Armee-Gepäckmarsch in Zürich vom 24. September 1916. Die eigentliche Geburtsstunde aber schlug 1934 mit der erstmaligen Austragung des Frauenfelder Militärwettmarsches, dem noch heute unbestrittenen Königslauf der Waffenläufe. Bei der Schweizer Laufsportvariante wird heute im modernen, leichten Tarnanzug 90 gelaufen. Die Packung von mindestens 6, 2kg Gewicht besteht aus Rucksack und Ordonnanzgewehr.   > Mehr darüber bei > www.waffenlauf.ch.

Quellen: Einzelne Websites · Historisches Lexikon der Schweiz · Wikipedia · HB · Verschiedene

10 mal typisch Schweiz

Es gibt verschiedene Vorstellungen darüber, was denn genau typisch Schweiz sei. Typisch sind sicher die Wanderfreudigkeit, der «Samschtigjass», «Ghackets», das «Muff»-Sein oder «s Chuchichäschtli». Hier zehn weitere typische Beispiele in alphabetischer Reihenfolge.

1. Fünfliber

Das Aussehen der Banknoten hat sich mehrere Male geändert, aber der Fünfliber ist der Gleiche seit 1922. Zwar reduzierte sich sein Durchmesser von 37 auf 31mm und sein Gewicht von 25 auf 15g, und seit 1968/70 wird er nicht mehr aus Silber, sondern aus Kupfer und Nickel hergestellt, doch der einprägsame Kopf ist geblieben. Dabei handelt es sich nicht, wie viele meinen, um Wilhelm Tell: das von Paul Burkhard entworfene Motiv zeigt schlicht einen Alphirten.

2. Geranien

Bern habe eine besondere Kulisse, weil es «Sommer für Sommer die Farben der Geranien auf sich trägt», liest man bei «Berninfo». Die Geranie ist auch in der übrigen Schweiz die beliebteste Balkonblume, sie ziere jeden dritten Balkon, heisst es. Und so ist die ursprünglich aus Südafrika kommende Pflanze neben dem Edelweiss zur inoffiziellen Nationalblume aufgestiegen.

3. Grüezi

«Ich grüsse Sie» verkürzen die Schweizer zum vor allem in Deutschland allbekannten und gerne spöttelnd wiederholten «Grüezi» (ohne «ich»). Es ist das typischste Grusswort hierzulande und als Cliché für die biederen Schweizer sehr willkommen.

4. Kuhkämpfe

Zu den Alpaufzügen im Frühsommer gehören vor allem im Wallis seit 1922 die hitzigen Kuhkämpfe. Dabei kämpfen die weiblichen Tiere der Eringer Rasse. Die kleinen, schwarzbraunen, kräftigen Kühe stossen mit der Stirn gegeneinander und setzen teils auch ihre Hörner mittels verschiedener Techniken ein. Die Kuhkämpfe sind vor allem für Touristen eine typisch schweizerische Folklore.

5. Obligatorische, Das

Das Obligatorische bezeichnet im Volksmund eine Schiesspflicht, die eine lange Tradition hat. Soldaten, die die Rekrutenschule absolviert haben, müssen bis zum 34. Altersjahr jährlich diese obligatorische Schiessübung hinter sich bringen. Das Obligatorische ist politisch zwar umstritten, doch will man in Militärkreisen solches nicht hören. Rund 17 000 Wehrpflichtige haben die Übung 2008 versäumt, Tendenz steigend.

6. Ochsner-Kübel

1902 entwickelte die Zürcher Firma J. Ochsner AG ein Entsorgungssystem aus normierten Mülleimern sowie die dazu gehörenden LKW-Aufbauten. Die grauen, feuerverzinkten Ochsner-Kübel waren ab 1936 in den meisten Gemeinden verbreitet, denn darin stellte die Familie Schweizer ihren Abfall zur Abfuhr bereit. Mit dem Aufkommen der Müllsäcke ging die Ära des Alltagsklassikers zu Ende. Doch nun erlebt der Ochsner-Kübel seine Renaissance – als Design-Objekt. > www.patent-ochsner.com.

7. Pünktlichkeit

«Die Schweizer sind so pünktlich», heisst es im Buch *Die Schweizer pauschal,* «dass sie einen Begriff von Pünktlichkeit haben, der das Verständnis weniger perfektionistischer Völker einfach überschreitet – sie sind *überpünktlich.*» Anders gesagt: Die Schweizer sind wie ein Uhrwerk: präzise, genau und effizient. Für Soziologen geht die typisch schweizerische Pünktlichkeit auch auf den Calvinismus zurück, der die Kultur geprägt hat. Die typische Tugend, so befürchten einige, werde vor allem von den Jungen ausgehöhlt, für die sie als spiessig und uncool gilt. Doch auch die werden älter.

8. SJW-Heftli

SJW-Heftli kannte jedes Kind. Das Kürzel steht für Schweizerisches Jugendschriftenwerk. Es wurde 1931 gegründet, um bei Kindern die Lesefreudigkeit zu fördern, sie galten damals auch als «geistiges Rütli der Schweizer Jugend», das vor schlechten Einflüssen schützen sollte. In den 80er Jahren wurden

Genres wie Krimi und Comic eingeführt. Erfolgreich ist der Verlag bis heute, denn es kommen jährlich gegen 300 000 Exemplare dazu.

9. Unspunnenstein

Das Steinwerfen kannten bereits die Germanen. Steinwurf wurde 1906 sogar zeitweilig als olympische Disziplin durchgeführt. In der Schweiz aber bedeutet es etwas anderes, typisch Schweizerisches. Auf einem Alphirtenfest wurde ein 184 Pfund schwerer Stein gestossen. Daraus entwickelte sich das Unspunnenfest, das erstmals 1805 in Interlaken stattfand. Im Zentrum steht ein 83,5 kg schwerer Stein, der von den Wettkämpfern möglichst weit geworfen werden muss.

10. Viersprachigkeit

Deutsch, Französisch, Italienisch, Rätoromanisch – vier Sprachen in einem winzigen Land. Ein Weltrekord, auf den die Schweizer stolz sind. Und so kann einem auch ein Verkehrsschild mit vier Sprachen auf einmal in der Schweiz durchaus begegnen. Typisch Schweiz!

Quellen: Verschiedene

10 helvetische Europa- und Weltrekorde

Die ausgewählten Superlative zeigen in alphabetischer Reihenfolge beispielhaft die Vielseitigkeit der Schweiz und ihrer Bewohner.

1. Abstimmen

In keinem anderen Land der Welt werden die Bürger so oft an die Urne gerufen. Grund dafür sind zwei demokratische Rechte: das Volksreferendum und die Volksinitiative. Und davon wird hierzulande reger Gebrauch gemacht. Seit der Gründung des Bundesstaats wurde über rund 570 Vorlagen abgestimmt.

2. Basler Dybli

Das «Basler Dybli» ist die erste Briefmarke der Welt, die mehrfarbig in den drei Farben schwarz, blau und karmin gedruckt wurde. Die 2½-Rappen-Marke erschien 1845 und stellte eine kleine Sensation dar, denn alle Briefmarken wurden bis dahin im Einfarbendruck hergestellt.

3. Bobbahn St. Moritz

Der Olympia Bob Run St. Moritz Celerina wurde 1904 in Betrieb genommen und ist damit ist die älteste Bobbahn der Welt. Zudem ist diese Bahn die letzte noch bestehende Natureispiste der Erde. Die anderen Bob-Bahnen sind vorgegebene Betonbauten, die künstlich vereist werden.

4. Bunker

Kein Land baut mehr Personenschutzräume als die Schweiz. Es sind insgesamt über 300 000 Bunker, dazu kommen über 5000 öffentliche Schutzanlagen (Stand 2006). Der Deckungsgrad in Bezug auf die Gesamtbevölkerung beträgt damit 114 Prozent. Der Rekord geht auf ein Bevölkerungs- und Zivilschutzgesetz zurück. Da heisst es: «Für jeden Einwohner und jede Einwohnerin ist in zeitgerecht erreichbarer Nähe des Wohnortes ein Schutzplatz bereitzustellen.»

5. Eisenbahnnetz

Die Schweiz hat das dichteste Eisenbahnnetz der Welt, und dies, obwohl zwei Drittel des Landes in gebirgigem Gelände liegen. Das gesamte Netz umfasst über 5000 km.

6. Lebensmittelkonzern

Die Nestlé S.A. ist das weltgrösste Unternehmen der Nahrungsmittelindustrie. Henri Nestlé, Schweizer Apotheker deutscher Abstammung, hatte 1866 die Farine Lactée Henri Nestlé S.A. gegründet. Daraus entstand über die Jahrzehnte das Rekord-Unternehmen.

7. Schokoladenkonsum

Die Schweizer stellen nicht nur gute Schokolade her, sie essen sie auch gerne selber. Mehr noch: Sie sind traditionell Weltmeister im Schokoladenkonsum. Der beträgt pro Kopf und Jahr durchschnittlich etwa 11 Kilogramm.

8. Skirennen «Inferno-Rennen»

Das «Inferno-Rennen» ist das älteste Skirennen der Welt, das bis zum heutigen Tage stattfindet. Der Startschuss zur ersten Abfahrt erfolgte am 29. Januar 1928. Die Strecke führt vom Schilthorn (2970 m ü. M.) nach Lauterbrunnen (800 m ü. M.) und hat eine Länge von 15,8 Kilometern!

9. Verlag

Der Diogenes Verlag ist der grösste rein belletristische Verlag Europas. Daniel Keel (1930–2011) gründete ihn 1952. Als erstes Buch publizierte er die Zeichnungen des Cartoonisten Ronald Searle. Friedrich Dürrenmatt, später selber ein Autor des Verlags, schrieb das Vorwort. Bis heute sind rund 5800 Titel mit einer Gesamtauflage von rund 200 Millionen Exemplaren erschienen. Diogenes ist die Symbiose von «E» und «U», hier erschienen Stendhal wie Paulo

Coelho, Montaigne wie Martin Suter. Ganz nach Keels Motto: «Ich teile alle Werke in zwei Sorten ein: solche, die mir gefallen, und solche, die mir nicht gefallen. Ein anderes Kriterium habe ich nicht.»

10. Vermögensverwaltung

In der Verwaltung von Privatvermögen ist die Schweiz weiterhin Weltmarkt-führerin. Dies mit einem Marktanteil von etwa 27 %, das sind 2000 Milliarden Dollar. Das grenzüberschreitende «Private Banking» trägt einen wesentlichen Anteil zur Wirtschaftsleistung der Schweiz bei.

Quellen: Einzelne Websites · HB · Verschiedene

Die 10 wichtigsten Werte der Schweiz

Zum siebten Mal erstellte das Institut gfs.bern 2010 im Auftrag der Credit Suisse das sogenannte «Identitätsbarometer». Grundlage bildet eine jährliche Befragung von 1010 repräsentativ ausgewählten stimmberechtigten Bürgern in der ganzen Schweiz. Eine der Fragen lautete: «Sagen Sie mir bitte drei Dinge, wofür die Schweiz für Sie persönlich steht». Mit anderen Worten: Welches sind die Werte, die für Schweizerinnen und Schweizer ihr Land ausmachen? Das Resultat von 2010 und, zum Vergleich, von 2005.

	2010	2005 (Rang)
1. Landschaft	20 %	11 % (8.)
2. Neutralität	19 %	27 % (2.)
3. Alpen	17 %	5 % (12.)
4. Präzision	15 %	14 % (5.)
5. Sicherheit	13 %	28 % (1.)
6. Schokolade	12 %	5 % (12.)
7. Heimat	10 %	5 % (12.)
8. Käse	9 %	—
8. Freiheit	9 %	19 % (3.)
8. Tradition	9 %	5 % (12.)

Quelle: gfs.bern, Spezialteil zum Sorgenbarometer, September 2010

2. LAND & LEUTE

Die 8 Kantone mit der höchsten / niedrigsten Ärztedichte

Zwischen 1950 und 1970 kam in der Schweiz ein Arzt (in privater Praxis) auf rund 1100 Einwohner. Ab 1980 nahm die Ärztedichte laufend zu, im Jahre 2000 lag sie bei einem Arzt pro 517 Einwohner. Zwischen Ärztedichte und regionaler Gliederung besteht eine Wechselbeziehung: In Grossstadtzentren ist sie dreimal so hoch wie in landwirtschaftlich geprägten Gebieten. Die folgenden Zahlen beziehen sich auf den ambulanten Sektor.

Höchste Dichte

Kanton	Einw. / Arzt
1. Basel-Stadt	272
2. Genf	303
3. Waadt	439
3. Zürich	439
5. Basel-Landschaft	495
6. Bern	507
7. Tessin	518
8. Schaffhausen	530
Schnitt Schweiz	510

Niedrigste Dichte

Kanton	Einw. / Arzt
1. Appenzell IR	977
2. Uri	950
3. Obwalden	881
4. Nidwalden	864
5. Schwyz	802
6. Thurgau	767
7. Glarus	725
8. Luzern	709

Quellen: FMH, 2008 · www.obsandaten.ch · santesuisse.ch

10 berühmte Auswanderer, zeitgenössisch

Bis vor dem Zweiten Weltkrieg gab es mehr Schweizer, die auswanderten, als Ausländer, die einwanderten. Die Landwirtschaftskrise der 1840er Jahre löste die erste Massenemigration nach Amerika aus. Die Gründe, die eigene Heimat zu verlassen, waren jedoch immer vielfältig, und die Destinationen variierten, wie die chronologisch aufgeführten Beispiele berühmter Auswanderer zeigen.

1. François Lefort (1656–1699). Der General

Mit 16 Jahren verliess Lefort das elterliche Haus in Genf. 1675 gelangte er als einer der ersten Schweizer ins Zarenreich. Als Peter der Grosse 1690 an die Macht kam, machte Lefort schnell Karriere. Lefort wurde Freund, Vertrauter und Ratgeber des jungen Zaren, sein Haus zum «Ersatzzarenhof». Peter beförderte seinen Freund erst zum Generalleutnant, dann zum General. Als der trinkfreudige Lefort 1699 in Moskau starb, war er General, Admiral, Statthalter von Nowgorod und Präsident aller Räte.

2. Abraham Alfonse Albert Gallatin (1761–1849). Der Finanzminister

Nach Abschluss seines Ethnologie- und Linguistik-Studiums in Genf emigrierte Gallatin in die USA. 1790 war er Mitglied des Repräsentantenhauses, drei Jahre später wählte man ihn in den Senat. Höhepunkt seiner Karriere war das Amt des Finanzministers, zuerst 1801–1809 unter Präsident Thomas Jefferson, danach bis 1814 unter Präsident James Madison.

3. Johann Ludwig Burckhardt (1784–1817). Der Forschungsreisende

Burckhardt entstammte dem Basler Grossbürgertum. Nach seinem Studium (Arabisch, Astronomie, Medizin etc.) reiste er 1809 im Dienst der «African Exploration Society» sieben Jahre durch den Vorderen Orient, Ägypten und Nubien, um den Islam zu studieren. Er kleidete sich nach orientalischer Sitte und nannte sich Scheich Ibrahim ibn Abdallah. Burckhardt war der erste Europäer, der dem abendländischen Kulturkreis genaue Berichte über Mekka und Medina vermittelte.

4. Johann August Sutter (1803–1880). Der Abenteurer

Nach zwei Pleiten als Geschäftsmann schiffte sich der Baselbieter in Le Havre ein, um nach Amerika zu flüchten. «Going West» hiess seine Losung; 1838 erreichte er San Francisco, damals ein unbedeutendes mexikanisches Lehm-hüttendorf. Er kaufte Land und gründete 1841 die Kolonie Neu-Helvetien – das heutige Kalifornien. Sutter wurde zum reichsten Mann der Welt, bis sieben Jahre später jemand auf seinem Land Gold fand, der grosse Goldrausch aus-brach und mit ihm das Chaos. Sutter verlor alles und starb schliesslich bettel-arm.

5. César Ritz (1850–1918). Der Hotelier

Der Bergbauernsohn aus dem Goms (VS) reiste als Siebzehnjähriger nach Paris, weil ihm sein Patron gesagt hatte, dass aus ihm nie ein Hotelier werden würde. In Paris stieg er vom Hilfs- zum Oberkellner auf, lernte den Meister-koch Auguste Escoffier kennen und schaffte es bis zum Maître d'Hôtel. 1989 erfüllte er sich seinen Traum: Er eröffnete an der Place de Vendôme in Paris das «Hotel Ritz Paris». Der Prince of Wales, der spätere britische König Edward VII., betitelte Ritz als «König der Hoteliers und Hotelier der Könige». 1903 brach Ritz zusammen, verfiel in eine lange Depression, wurde krank und starb.

6. Louis Chevrolet (1878–1941). Der Autokonstrukteur

Chevrolet, aus der Uhrenstadt La Chaux-de-Fonds stammend, war Mechani-ker und passionierter Autorennfahrer. Mit 22 Jahren wanderte er nach Nord-amerika aus. Er fand zunächst einen Job in New York, lernte viel über den Autobau und konstruierte unter dem Namen Frontenac neuartige Rennwagen. Mit seinem Bruder gewann er 1920 und 1921 das Indianapolis 500-Rennen. William C. Durant, der Gründer von General Motors, wurde früh auf den Rennfahrer aufmerksam und engagierte ihn. Zusammen gründeten sie 1911 die Firma Chevrolet mit der gleichnamigen Marke, die längst Kultstatus hat.

7. Hans Gamper (1877–1930). Der Gründer des FC Barcelona

Der in Winterthur geborene Gamper war ein begeisterter Fussballer. Er wurde 1896 Mitglied des FC Basel, bestritt zwei Spiele für den Verein und war im selben Jahr auch an der Gründung des FC Zürich beteiligt. 1898 wanderte er nach Barcelona aus, wo er als Buchhalter und Sportkolumnist arbeitete. Er suchte gleichzeitig per Inserat nach Interessierten für einen Klub und grün-dete ein Jahr später den FC Barcelona. Ob die rot-blauen Farben seines neuen Klubs auf den FC Basel zurückzuführen sind, bleibt ungeklärt. 1925 beschul-digte man ihn, für die Unabhängigkeit Kataloniens zu kämpfen, darauf wurde ihm jeglicher Kontakt zum FCB untersagt. Das ertrug er nicht, 1930 nahm er sich das Leben.

8. Othmar H. Ammann (1879–1965). Der Brückenbauer

Mit 25 verliess Ammann seinen Geburtsort Feuerthalen (ZH) und zog nach New York. Hier machte der Ingenieur bald auf sich aufmerksam und wurde Brückeningenieur der New Yorker Hafenbehörde. Mit dem Bau der George-Washington-Brücke über den Hudson River, der mit 1298 Metern damals weltweit längsten Brücke, wurde er berühmt. Er baute die Verrazano-Narrows-Brücke, die damals weitestgespannte Bogenbrücke der Welt, sowie die Bayonne-Brücke, und er stand beim Bau der Golden-Gate-Brücke beratend zur Seite. Ammann gilt als einer der genialsten Brückenbauer; 1964 verlieh US-Präsident Lyndon B. Johnson ihm als erstem Bauingenieur die «National Medal of Science».

9. Grock (1880–1959). Der Clown

«Nit mööglich!» wurde zum Markenzeichen des weltbekannten Clowns aus Loveresse (BE). Charles Adrien Wettach, wie er mit richtigem Namen hiess, fand nach abgebrochener Uhrmacherlehre in Budapest Arbeit als Klavierstimmer, wurde Mitglied eines Schrammelquartetts und war später in verschiedenen Ländern als Akrobat und Jongleur unterwegs. 1903 trat er in Nîmes erstmals unter seinem Künstlernamen Grock auf. Der unzählige Instrumente beherrschende und sieben Sprachen sprechende Künstler avancierte zum teuersten Star der Variétés und brachte Millionen Menschen zum Lachen. 1954 zog er sich nach seiner letzten Vorstellung in seine Villa in Oneglia (Ligurien) zurück.

10. Teddy Stauffer (1909–1991). Der Bandleader

Ernest Henry Stauffers Lebensreise führte über Umwege von Murten nach Mexiko. Er begann als Geiger und Saxophonist in einer Amateurband, 1928 hatte er mit seinem Orchester Teddy And His Band erste Auftritte in Deutschland. Im Berlin der 30er Jahre befand sich seine Swing-Band auf dem Höhepunkt ihres Ruhmes. Der Druck durch das Nazi-Regime nahm zu; 1941 packte Teddy seine Koffer und fuhr nach New York. In Hollywood versuchte er sein Glück als Filmkomponist, in Acapulco fand der fünfmal verheiratete Playboy alter Schule seine zweite Heimat. Er war massgeblich daran beteiligt, dass das mexikanische Fischerdorf weltberühmt wurde.

Quellen: www.wirauslandschweizer.ch · www.sf.tv/sfwissen/dossier · Wikipedia · Verschiedene

10 berühmte zeitgenössische Auswanderer

Jedes Jahr wandern gut 30 000 Schweizerinnen und Schweizer aus. 2010 lebten rund 685 000 Eidgenossen im Ausland – das sind rund zehn Prozent der Bevölkerung. 10 berühmte Auswanderer in chronologischer Reihenfolge.

1. Robert Frank (geb. 1924 in Zürich). Fotograf, Filmregisseur

Frank wanderte 1947 in die USA aus. Er arbeitete für verschiedene Magazine, darunter Life und Vogue. 1955/56 reiste er mit einem Guggenheim-Stipendium fotografierend durch die USA. Aus der zweijährigen Reise entstand das Fotobuch *Die Amerikaner*, das Vorwort schrieb Jack Kerouac. Das Werk gilt als eines der herausragenden Fotobücher des letzten Jahrhunderts. (Das Buch ist 2008 im Steidl Verlag neu aufgelegt worden.)

2. Paul Nizon (geb. 1929 in Bern). Schriftsteller

Nach einer Anstellung als wissenschaftlicher Assistent und Tätigkeit als Journalist beschloss Nizon 1960, Schriftsteller zu werden. Doch er war ausserdem auch noch Leiter der Kunstkritikredaktion bei der NZZ, Gastdozent bei der ETH und Reisender (Rom, London, Paris etc.). Seit 1977 lebt er in Paris. Er sagt: «Ich erschreibe mir mein Leben. Ich erschreibe es mir von Buch zu Buch.»

3. Robert Bob Anthony Lutz (geb. 1932 in Zürich). Manager

Bobs Familie wanderte früh in die USA aus, doch er pendelte weiterhin zwischen den USA und der Schweiz. 1949 wurde er amerikanischer Staatsbürger, ab 1954 flog er als Kampfpilot bei den US Marines. 1963 begann er seine Karriere bei General Motors. Heute ist er eine lebende Legende, denn er ist der einzige Manager, der bei General Motors, Ford und Chrysler auf dem Chefsessel sass. Zuletzt rettete er General Motors.

4. Ursula Andress (geb. 1936 in Ostermundigen, BE). Schauspielerin

Die Gärtnerstochter ging mit 16 nach Paris, in Rom arbeitete sie als Modell, Paramount holte sie nach Hollywood, wo ihr James Dean einen Heiratsantrag machte. Mit dem Film *James Bond jagt Dr. No* wurde sie zum Weltstar, zur «Mutter aller Bond-Girls» und zum Sexsymbol zweier Dekaden. Unvergesslich die Szene, wo sie als Honey Rider im weissen Bikini dem Meer entsteigt. In weiteren Filmen spielte sie unter anderem mit Frank Sinatra, Dean Martin, Alain Delon, Charles Bronson.

5. Marthe Keller (geb. 1945 in Basel). Schauspielerin

Die ausgebildete Tänzerin startete 1968 ihre Filmkarriere in Philippe de Brocas Komödie *Pack den Tiger schnell am Schwanz* (mit Yves Montand). 1975 ging sie nach Hollywood und spielte im Film *Der Marathon-Mann* an der Seite von Dustin Hoffman. Sie drehte weitere Filme mit Regisseuren wie Billy Wilder, John Schlesinger, Claude Lelouch und Sydney Pollack. Später führte sie bei mehreren Opern Regie.

6. Beat Richner (geb. 1947 in Zürich). Kinderarzt, Musiker

1974 schickte ihn das Rote Kreuz nach Kambodscha in ein Kinderspital, doch als die Roten Khmer die Macht übernahmen, kehrte er in die Schweiz zurück. Hier machte sich der Kinderarzt auch als Musikclown Beatocello einen Namen über die Grenzen hinaus. 1991 half er das Kinderspital Kantha Bopha aufzubauen. Ein Jahr später gründete er eine Stiftung, sammelte Geld und baute weitere Spitäler, fünf waren es 2011. Seine humanitäre Hilfe und seine kompetente Arbeit werden vor allem in Südostasien hoch geschätzt.

7. Anton Mosimann (geb. 1947 in Solothurn). Koch

Nach der Kochlehre arbeitete Mosimann in diversen Ländern, 1975 zog er nach England, wo er im «Dorchester» in London Chefkoch wurde. Seit 1988 führt er ebendort den «Belfry»-Club, der ein Restaurant, eine Bar und verschiedene «Private Rooms» umfasst. In England ist Mosimann eine Institution, 2004 verlieh ihm Königin Elisabeth II. den «Order of the British Empire» für seine Verdienste um die britische Gastronomie. 2011 durfte er das Hochzeitsessen von Prinz William und Kate Middleton bereiten.

8. Walter Steiner (geb. 1951 in Wildhaus, SG). Skispringer

Seinen Spitznamen «Der Vogelmensch» ist Steiner bis heute nicht losgeworden. Der begnadete Skispringer arbeitete nach seiner Karriere Mitte der 80er Jahre als Trainer in Steamboat Springs (USA). 1990 zog er nach Schweden, wo er seither zurückgezogen lebt und als Gemeindeangestellter Kirchenbänke renoviert.

9. Michel Comte (geb. 1954 in Zürich). Fotograf

1979 erhielt er einen Auftrag von Karl Lagerfeld und zog nach Paris. Zwei Jahre darauf konnte er für Vogue fotografieren, also zog er nach New York, später nach Los Angeles. Comtes Ansehen als Mode- und Werbefotograf wuchs, er arbeitete für viele namhafte Firmen, vor seiner Kamera standen Stars wie Miles Davis, Demi Moore, Sylvester Stallone, George Clooney, Whitney Houston und Sophia Loren. Heute lebt er in New York.

10. Yves Béhar (geb. 1967 in Lausanne). Industriedesigner

Béhar studierte zuerst in der Schweiz, danach in Kalifornien, wo er sich gleich niederliess. 1999 gründete er die Design-Firma «Fuseproject». Bald machte er sich einen Namen als vielseitiger Designer in den Bereichen Technik, Sport, Möbel und Mode und erhielt unzählige Preise. Zu den Höhepunkten zählt sein Design des Mini-Computers «XO» für Kinder in Entwicklungsländern. Das von Nicholas Negroponte initiierte Projekt steht unter dem Motto: «Gib eins, kauf eins».

Quellen: www.wirauslandschweizer.ch · www.sf.tv/sfwissen/dossier · Wikipedia · Verschiedene

Die 8 Kantone mit den meisten / wenigsten Autos

In der Schweiz hat fast jeder zweite Einwohner ein Auto: rund 525 Personenwagen kommen auf 1000 Einwohner. (Dazu im Vergleich: Puerto Rico ca. 940, USA 780, China 130 und Nigeria 1.) Doch es gibt auch Kantone mit deutlich mehr bzw. weniger Autos, wie die Rangliste zeigt. Da der Bestand der Autos dauernd variiert, ändert sich auch die Zahl per 1000. Deshalb sind die Zahlen (2009/10) eine Momentaufnahme.

Die 8 Kantone mit den meisten Personenwagen

Kanton	Einwohner	Personenwagen	per 1000
1. Tessin	336 000	203 000	604
2. Zug	111 000	66 000	594
3. Wallis	307 000	181 000	589
4. Schwyz	145 000	85 000	586
5. Thurgau	245 000	143 000	583
6. Nidwalden	41 000	23 500	573
7. Freiburg	273 000	155 000	567
8. Aargau	600 000	340 000	565

Die 8 Kantone mit den wenigsten Personenwagen

1. Basel-Stadt	188 000	66 000	351
2. Genf	453 000	215 000	474
3. Bern	970 000	471 000	485
4. Zürich	1 351 000	664 000	491
5. Uri	35 000	17 300	494
6. Luzern	373 000	185 000	495
7. Appenzell IR	16 000	8 000	500
8. SG und BL	475 000	240 000	505

Die Bestände der übrigen Kantone bewegen sich nahe beim Schweizer Durchschnitt.

Quellen: Statistische Ämter der Kantone · Bundesamt für Statistik (BFS)· www.corstat.ch · www. strassenverkehrsamt.ch

10 aussergewöhnliche Frauen

Die nachfolgend aufgeführten Frauen lebten zwischen dem 9. und dem 20. Jahrhundert. Durch ihr Tun erlangten sie teils zu Lebzeiten, teils erst nach ihrem Tod schweiz- oder gar weltweite Beachtung (chronologische Reihenfolge).

1. Heilige Wiborada, Ende 9. Jh.–926. Die Heilige

Wiborada, in der Nähe von Konstanz geboren, machte mit ihrem Bruder früh eine Wallfahrt nach Rom. 912 liess sie sich – zunächst zur Probe – als Inkluse bei St. Gallen einmauern, später führte sie ein asketisches Einsiedlerleben. Während eines Ungarneinfalls erlitt sie am 1. Mai 926 den Märtyrerinnentod. Im Jahre 1047 wurde sie – als erste Frau überhaupt – durch Papst Clemens II. heiliggesprochen.

2. Anna Waser, 1678–1714. Die Malerin

Anna Waser gilt als erste namentlich bekannte Schweizer Malerin der Geschichte. Als Dreizehnjährige malte sie ihr berühmtes Selbstbildnis (Kunsthaus Zürich). Acht Jahre später wurde sie von Graf Solms nach Braunfels an der Lahn zur Hofmalerin berufen. Wegen ihrer kranken Mutter musste sie zurück nach Zürich, wo sie ihre «Leibs- und Gemütskräfte» verlor, in Depressionen versank und 35-jährig an den Folgen eines Sturzes starb.

3. Anna Göldin, 1734–1782. Die Hexe

Anna Göldin stammte aus armen Verhältnissen. Zuletzt arbeitete sie als Dienstmagd beim einflussreichen Glarner Arzt und Richter Johann J. Tschudi. Der beschuldigte sie, mehrmals Stecknadeln in die Milch seiner Tochter gezaubert zu haben. Am 18. Juni 1782 endete der letzte Hexenprozess in Europa mit ihr als Angeklagter. Anna wurde mit 32 zu 30 Stimmen zum Tod durch das Schwert verurteilt und auf dem Galgenhügel bei Glarus enthauptet. Eveline Hasler schrieb über sie das Buch *Anna Göldin, letzte Hexe* (dtv).

4. Regula Engel-Egli, 1761–1853. Die Abenteuerin

Regula, aufgewachsen im Waisenhaus, heiratete mit 17 Jahren Florian Engel, einen Bündner Söldner-Offizier bei einem Schweizer Regiment in der Armee Napoleons. Über zwanzig Jahre lang begleitete sie ihren Mann auf seinen Feldzügen durch Europa und Ägypten und wurde in der Zeit Mutter von 21 Kindern. Einer ihrer Söhne soll Napoleon nach St. Helena in die Verbannung gefolgt sein. Regula Engel starb mit 92 Jahren verarmt im Zürcher Prediger-spital. 2009 erschien ihr neu aufgelegtes Buch *Frau Oberst Engel. Memoiren einer Amazone aus Napoleonischer Zeit* (Limmat Verlag).

5. Marie Grosholtz Tussaud, 1761–1850. Die Skulpteurin

Maries Mutter arbeitete in Bern im Haushalt von Philippe Curtius. Curtius, Arzt und Künstler, unterrichtete das Mädchen in der Kunst des Wachsmodel-lierens. Er wurde von König Louis XVI nach Paris eingeladen, Marie und ihre Mutter folgten ihm. Mit siebzehn schuf sie das erste lebensgrosse Modell, ein Porträt von Jean-Jacques Rousseau. 1795 heiratete Marie Grosholtz den Inge-nieur François Tussaud, 1802 emigrierte sie nach London, wo sie 1835 in der Baker Street ein eigenes Museum eröffnete. 81-jährig schuf sie ihr eigenes Abbild als letzte selber hergestellte Figur ihres heute so berühmten Wachs-figurenkabinetts.

6. Madame de Staël, 1766–1817. Die Dame von Welt

Anne Louise Germaine de Staël, besser bekannt als Madame de Staël, gehörte zu den bedeutendsten Figuren des französischen Geisteslebens in der Über-gangszeit von der Aufklärung zur Romantik. Sie wuchs in Paris auf, als Tochter des Genfer Bürgers Jacques Necker, der zwischen 1788 und 1790 französischer Regierungschef war. Im Haus ihrer Mutter lernte sie zahlreiche bedeutende Aufklärer kennen. Später unterhielt sie ihren eigenen Salon. Nach der Franzö-sischen Revolution floh sie in die Schweiz, 1803 wurde sie als aktive Gegnerin Napoleons aus Paris verbannt. Sie bereiste Deutschland, trat mit Goethe, Schiller, Schlegel und anderen Grössen in Verbindung und schrieb selber mehrere Bücher, etwa Memoiren. *Die Demaskierung Napoléons* (Avox Verlag).

7. Marie Heim-Vögtlin, 1845–1916. Die Ärztin

Marie war die erste Schweizer Ärztin und Gründerin des ersten Schweizer Frauenspitals. Sie war praktizierende Gynäkologin und Mutter zweier Kinder. Dazu setzte sie sich aktiv für das Frauenstimmrecht ein. Sie gehörte zu jenen wenigen Frauen, die sich in der bürgerlichen Schweiz des 19. Jahrhunderts ihren eigenen Weg der beruflichen Selbstverwirklichung gebahnt haben – in jener Zeit eine mutige Pioniertat.

8. Emilie Kempin-Spyri, 1853–1901. Die Juristin

Emilie war die erste promovierte Juristin Europas. Die Nichte der Heidi-Schöpferin Johanna Spyri, die ihre Doktorarbeit mit einem «magna cum laude» abgeschlossen hatte, durfte allerdings in der Schweiz nicht als Anwältin praktizieren. So zog sie mit ihrem Mann und den drei Kindern nach New York, wo sie die erste Rechtsschule für Frauen gründete. Doch die Familie kehrte in die Schweiz zurück. Dort geriet alles aus den Fugen: Scheidung von ihrem Mann, ihr neuer Liebhaber heiratet ihre eigene Tochter, Gebärmutterkrebs-Diagnose. Nach einem Zusammenbruch starb sie in der Irrenanstalt Friedmatt in Basel. *Die Wachsflügelfrau*, Eveline Hasler (Carl Hanser Verlag)

9. Emilie Gourd, 1879–1946. Die Feministin

Die Sozialpolitikerin gilt als Erfinderin des Slogans «Gleicher Lohn für gleiche Arbeit». Die Frauenrechtlerin, die sich selbst «Feministin von Beruf» nannte, gründete die Zeitschrift *Le mouvement féministe*, deren Chefredaktorin sie bis zu ihrem Tod blieb. Die Pionierin und Kämpferin für die Rechte der Frauen richtete zudem Nähstuben für arbeitslose Frauen ein, sie engagierte sich für die Etablierung einer Mutterschaftsversicherung und bessere Bildungschancen für Mädchen und Frauen, und sie forderte geregelte Arbeitszeiten.

10. Elisabeth Kübler-Ross, 1927–2004. Die Sterbeforscherin

Sie gilt als Begründerin der Sterbeforschung. Als eine von drei Drillingsschwestern wuchs sie in der Nähe von Zürich auf. Nach dem Krieg studierte sie Medizin, arbeitete kurze Zeit als Landärztin und ging nach ihrer Heirat in die USA. Dort begann sie 1958 ihre Fachausbildung für Psychiatrie, 1965 übernahm sie eine Professur an der Universität Chicago. 1969 erschien ihr erstes Buch *Interviews mit Sterbenden* (Droemer Knaur), das auf unzähligen Gesprächen mit Sterbenden basierte und sie weltweit berühmt machte. Mit ihrem Engagement hat sie viel zur Enttabuisierung des Sterbens beigetragen und «Sterbebegleitung» zum Thema gemacht.

Quellen: Historisches Lexikon der Schweiz · *Weltwoche* · Wikipedia · Verschiedene

Die 10 häufigsten Freizeit-beschäftigungen

UNIVOX ist eine umfassende Langzeitbeobachtung von gfs-zürich, Markt- & Sozialforschung, in Zusammenarbeit mit rund 20 spezialisierten, zumeist universitären Instituten, welche zwischen 1986 und 2009 regelmässig realisiert wurde. Bei der Erhebung zum Thema Freizeitbeschäftigungen lautete die Frage: «Sagen Sie mir bitte, wie häufig Sie die folgenden Beschäftigungen in letzter Zeit ausgeübt haben (Beschäftigungsdauer jeweils mindestens 1 Stunde).»

1. Fernsehen	86 % (fast täglich)
2. Zeitungen, Zeitschriften lesen	78 % (fast täglich)
3. Radio hören	74 % (fast täglich)
4. Mit Familie beschäftigen	57 % (fast täglich)
5. Surfen im Internet	52 % (fast täglich)
6. Shopping, Einkaufen	37 % (fast täglich)
7. Bücher lesen	25 % (fast täglich)
8. Aktiv Sport treiben	19 % (fast täglich)
9. Heimwerken, Handarbeiten und Faulenzen, nichts tun	16 % (fast täglich)
10. Bekannte besuchen bzw. einladen	14 % (fast täglich)

Quelle: FIF Uni Bern/gfs-zürich: UNIVOX Freizeit 2009

Die 8 beliebtesten Hobbys

1. Sport	35 %
2. Lesen	19 %
3. Kochen	13 %
4. Musik	11 %
5. Garten	10 %
6. Handarbeit / Basteln	6 %
7. Gamen	3 %
8. Weiss nicht	3 %

Quelle: Coopzeitung 18/2010, Repräsentative Meinungsumfrage LINK

Die 20 beliebtesten Hunderassen

Die «Hitliste» bezieht sich auf die beliebtesten Hunderassen mit SKG-Stammbaum. Anzahl Welpen 2009.

1. Deutscher Schäferhund	573
2. Berner Sennenhund	543
3. Labrador Retriever	471
4. Golden Retriever	349
5. Flatcoated Retriever	240
6. Malinois	200
7. Deutscher Boxer	196
7. Cavalier King Charles Spaniel	196
9. Border Collie	193
10. Parson Russell Terrier	185
11. Continental Bulldog	182
12. Lagotto Romagnolo	171
13. Appenzeller Sennenhund	158
14. Tibetan Terrier	154
15. Cairn Terrier	146
16. Sheltie	131
17. Entlebucher Sennenhund	130
18. English Cocker Spaniel	128
19. Französische Bulldogge	127
20. Collie Langhaar	124

Quellen: Wurfstatistik der Schweizerischen Kynologischen Gesellschaft, SKG · Hunde, 8/2010

Die 10 Hunderassen-Auf- und -Absteiger im 20-Jahre-Vergleich

Für den 20-Jahre-Vergleich hat die SKG die jährliche durchschnittliche Welpenzahl pro Rasse während der 90er Jahre (1990–99) und während der 2000er Jahre (2000–09) ermittelt und danach miteinander verglichen. Die Zahl bezeichnet die Zunahme bzw. Abnahme der durchschnittlichen Würfe in den beiden Jahrzehnten.

Die 10 Aufsteiger im 20-Jahre-Vergleich

1. Border Collie	112,6
2. Lagotto Romagnolo	99,7
3. Malinois	93,8
4. Australian Shepherd	53,2
5. Sheltie	49,8
6. Cavalier King Charles Spaniel	48,5
7. Havaneser	40,4
8. Französische Bulldogge	37,2
9. Kooikerhondje	32,6
10. Nova Scotia Duck Tolling Retriever	30,8

Die 10 Absteiger im 20-Jahre-Vergleich

1. Deutscher Schäferhund	600,6
2. Yorkshire Terrier	355,9
3. Golden Retriever	258,0
4. Berner Sennenhund	181,0
5. Collie Langhaar	178,8
6. Dackel Rauhaar	149,2
7. English Cocker Spaniel	123,6
8. Labrador Retriever	122,4
9. Coton de Tuléar	101,8
10. Siberian Husky	96,4

Quellen: Wurfstatistik der SKG · Hunde, 8/2010

Hundedichte nach Kantonen

ANIS ist eine neutrale, in der ganzen Schweiz tätige Heimtierdatenbank. Sie macht jährliche Erhebungen. Hier die Rangliste der Kantone mit den meisten registrierten Hunden pro 1000 Einwohner.

1. Jura	112	14. Glarus	68
2. Waadt	99	14. Bern	68
3. Appenzell AR	84	16. Schaffhausen	62
4. Solothurn	82	17. Appenzell IR	60

5. Freiburg	79	18. St. Gallen	57
6. Genf	76	19. Luzern	56
6. Wallis	76	20. Obwalden	54
8. Tessin	75	21. Schwyz	51
9. Neuenburg	74	22. St. Gallen	57
10. Thurgau	71	23. Uri	47
11. Aargau	70	24. Zürich	45
11. Basel-Landschaft	70	25. Nidwalden	39
13. Graubünden	69	26. Zug	38
		27. Basel-Stadt	28

Durchschnitt Schweiz: 66

Mehr Infos über > www.anis.ch (siehe Geschäftsbericht).
Quelle: ANIS Animal Identity Service AG, anis.ch

Die 10 beliebtesten Hundenamen

ANIS (Animal Identity Service) listet jährlich die beliebtesten Hundenamen auf. Luna ist in allen drei Sprachregionen der beliebteste Name für Hündinnen. Die Namensvielfalt ist riesig: Bei den total 534 296 registrierten Hunden hat ANIS 2010 20 966 verschiedene Namen eingetragen. Hier die Top Ten der Namen in der Deutschschweiz. Stand Ende 2010.

Männlich

1. Rocky	2561
2. Lucky	2041
3. Rex	1842
4. Nero	1816
5. Bobby	1727
6. Jimmy	1632
7. Chicco	1346
8. Blacky	1222
9. Rico	1210
10. Bäri	1195

Weiblich

Luna	4579
Gina	2680
Kira	2631
Sina	2051
Cindy	1860
Leika	1636
Bella	1502
Laika	1497
Shila	1331
Senta	1330

Quelle: ANIS Animal Identity Service AG, anis.ch

10 unterhaltsame Jass-Typen

Das Jassen, Inbegriff von Gemütlichkeit und Beisammensein, ist helvetischer Nationalsport Nummer eins. Das Kartenspiel stammt ursprünglich aus dem Orient und wurde von Kreuzrittern nach Europa gebracht. Die ältesten schweizerischen Karten stammen aus dem Jahre 1470 und sind im Basler Historischen Museum zu sehen. In Solothurn, Basel, Aargau (ohne Freiamt), Graubünden, Thurgau (entlang des Bodensees) und in der Romandie spielt man mit den französischen Karten, in der Innerschweiz, Luzern, Zürich, Zug, Glarus, St. Gallen und im Rest des Thurgaus mit den deutschen.

1. Coiffeurjass – der Vielfältige

Dieser aus dem Dornröschenschlaf erwachte Jass bietet viele Finessen, bei denen man sein Jass-Wissen erweitern kann. Er ist fast so vielfältig wie das Jassen selbst. Gespielt werden kann zu viert («Coiffeur-Schieber»), beim Dreier-Coiffeur spielt man nach Disziplinen statt auf eine bestimmte Punktzahl.

2. Differenzler – der Raffinierte

Der aus der Ostschweiz stammende und in die Kategorie der Bieter gehörende Differenzler ist zwar unkompliziert, doch er setzt ein gutes Gedächtnis und eine gehörige Portion Schlauheit voraus. Die Zahl der Mitspieler ist praktisch unbeschränkt.

3. Guggithaler – der Unterhaltsame

Dieser Jass wird gerne in der Familie gespielt, weil er nicht sehr schwierig, aber abwechslungsreich und unterhaltsam ist. Man spielt ihn zu dritt oder zu viert. Sind es drei Spieler, erhält jeder Teilnehmer dreimal 4 Karten, sind es vier, erhält jeder dreimal 3 Karten.

4. Molotow – der Tückische

Ein tückischer Jass für 3 bis 6 Personen, jeder spielt für sich alleine. Es geht darum, so wenige Punkte wie möglich zu erzielen.

5. Pandur – der Scharfe

Der Pandur, der fast überall in der Schweiz gespielt wird, ist als «scharfer» Jass bekannt, das heisst, dass auch das geringste Vergehen gegen die Regeln scharf bestraft wird. Man kann ihn mit vier, drei oder auch nur zwei Teilnehmern spielen. Die Regeln ändern sich je nach Anzahl der Spieler geringfügig.

6. Räuber – der Populäre

Dieser Jass für vier oder drei Spieler wird immer populärer. Wird mit vier Teilnehmern gespielt, nimmt der Spielgeber nicht an der Runde teil und erhält 15 oder 20 Punkte gutgeschrieben, zu dritt gespielt gibt es keine Gutschrift.

7. Schellenjass – der Modische

Beim in Mode gekommenen Schellenjass können vier, drei oder auch nur zwei Spieler teilnehmen. Ziel ist es, möglichst wenig Schellenkarten einzukassieren oder aber sämtliche neun Schellen zu erobern, das heisst, den «Turi» zu machen. Ein guter Schellenjasser weiss zu jedem Zeitpunkt, wieviel und welche Schellen «gegangen» sind.

8. Schieber – der Klassiker

Der einfache Schieber, ein Jass für vier Personen, ist bei uns der bekannteste und der klassische Elementarjass. Beim Schieber kann «Vorhand» (der den Trumpf bestimmt) zu seinem Partner «schieben», wenn er keine guten Karten hat – daher der Name.

9. Sidi Barrani – der Hitzige

Dieser in der Innerschweiz besonders populäre Jass ist eine Mischung von Bieter und Schieber. Das Regelwerk ist äusserst kompliziert und schon deshalb nur für ruhige Gemüter geeignet. Der Sidi Barrani ist in verschiedenen Schweizerkolonien in Südamerika zum grossen Modejass geworden.

10. Zuger – der Leidenschaftliche

Ein Jass für ausgekochte Profis. Um ihn zu spielen, sollte man die Spielregeln vorwärts und rückwärts beherrschen. Der Zuger kann von vier, drei oder zwei Spielern gespielt werden.

Genaue Angaben zu 20 verschiedenen Jass-Arten über > www.jassonkel.ch>, siehe «Sitemap».
> Buchtipp: Monika Fasnacht/Ernst Marti, Schweizer Jassführer, Merkur Druck, 2008.
Quelle: www.jassonkel.ch

Die 8 Kantone mit der ältesten / jüngsten Bevölkerung

Demografisches Verhältnis nach Kantonen der über 64-Jährigen im Vergleich zu den Personen von 20 bis 64 Jahren.

Die 8 «ältesten» Kantone

Kanton	Demografisches Verhältnis
1. Basel-Stadt	33,3%
2. Tessin	32,1%
3. Schaffhausen	31,6%
4. Basel-Landschaft	29,9%
5. Neuenburg	29,8%
6. Bern	29,6%
6. Jura	29,6%
8. Appenzell AR	29,5%

Die 8 «jüngsten» Kantone

1. Freiburg	21,7%
2. Zug	21,9%
3. Schwyz	23,3%
3. Nidwalden	23,3%
5. Aargau	23,4%
6. Obwalden	24,4%
6. Thurgau	24,4%
8. Genf	24,6%
Schweiz ∅, Ende 2007:	26,4%

Quellen: AHV-Statistik 2009 · Bundesamt für Statistik (BFS)

Die 8 bevölkerungsreichsten / -ärmsten Kantone

Zahlen gerundet, Stand: 2009.

Die 8 bevölkerungsreichsten Kantone

1. Zürich	1 350 000
2. Bern	974 000
3. Waadt	702 000
4. Aargau	600 000
5. St. Gallen	475 000
6. Genf	453 000
7. Luzern	373 000
8. Tessin	336 000

Die 8 bevölkerungsärmsten Kantone

1. Appenzell IR	16 000
2. Obwalden	35 000
3. Uri	35 300
4. Glarus	38 000
5. Nidwalden	41 000
6. Appenzell AR	53 000
7. Jura	70 000
8. Schaffhausen	76 000

Quellen: Bundesamt für Statistik (BFS) · Kant. Statistische Ämter

Die 10 ältesten Kantonswappen

1. Basel-Stadt: 1072
Der Baselstab geht auf den Krummstab, das Symbol bischöflicher Herrschaft, zurück. Der älteste Beleg für den Krummstab als heraldisches Zeichen der Bischöfe von Basel ist auf einem Dünnpfennig (Münze) zu sehen, der zwischen 1072 und 1133 geprägt wurde.

2. Bern: 1208
«Das Kantonswappen geht auf das Wappen der nach der Überlieferung im Jahre 1191 von Herzog Berchtold V. von Zähringen gegründeten und 1208 erstmals urkundlich erwähnten Stadt Bern zurück.»

3. Uri: Um 1235
Das Wappenbild geht auf die erste Hälfte des 13. Jh. zurück.

4. Glarus: 1352
«Das Wappen zeigte immer schon das Bild des Landespatrons in Übereinstimmung mit dem Siegel von 1393.»

5. Zug: 1319
Der älteste Abdruck geht auf das Jahr 1319 zurück.

6. Luzern: 1386.
Die erste Darstellung findet sich im Stadtsiegel von 1386.

7. Zürich: 1389
Ein Siegel des Zürcher Hofgerichts auf einer Urkunde des Jahres 1389 zeigt die früheste Darstellung.

8. Solothurn: 1394

Das früheste Solothurner Wappen ist im Stadtsiegel von 1394 nachweisbar.

9. Schaffhausen: 1396

Erste Belege finden sich für das Jahr 1396 in einem Ausgabenbuch.

10. Appenzell Innerrhoden: 1403

«Es ist anzunehmen, dass kurz nach dem Auftreten des ersten Landessiegels im Jahre 1403 auch das Landeswappen mit dem aufrecht stehenden Bären bestimmt wurde.»

Quellen: Louis Mühlemann, Wappen und Fahnen der Schweiz, Buchclub Ex Libris Zürich / Reich Verlag AG, Luzern, 1977 · Historisches Lexikon der Schweiz · Verschiedene

Katzendichte nach Kantonen

ANIS, eine neutrale, in der ganzen Schweiz tätige Heimtierdatenbank, macht jährliche Erhebungen. Hier die Rangliste der Kantone mit den meisten registrierten Katzen pro 1000 Einwohner.

Kanton	Wert	Kanton	Wert
1. Waadt	50	14. Glarus	17
2. Genf	37	15. Luzern	16
3. Neuenburg	36	16. Schwyz	15
3. Schaffhausen	36	17. Appenzell AR	15
5. Basel-Landschaft	35	18. St. Gallen	14
6. Solothurn	31	19. Tessin	13
7. Aargau	30	20. Nidwalden	12
8. Zürich	26	21. Wallis	11
9. Bern	25	22. Obwalden	10
10. Thurgau	23	22. Graubünden	10
11. Basel-Stadt	22	24. Uri	9
12. Freiburg	20	24. Jura	9
13. Zug	19	26. Appenzell IR	6

Durchschnitt Schweiz: 26

Mehr Infos über > www.anis.ch (siehe Geschäftsbericht).
Quelle: ANIS Animal Identity Service AG, anis.ch

Die 10 beliebtesten Katzennamen

2010 wurden schweizweit 204 180 Katzen registriert. ANIS (Animal Identity Service) listet jährlich auch die beliebtesten Katzennamen auf. Hier die Rangliste für die Deutschschweiz.

Männlich		Weiblich	
1. Simba	1047	Luna	1847
2. Leo	833	Kira	621
3. Felix	761	Sina	554
4. Jimmy	739	Gina	505
5. Moritz	732	Mia	471
6. Max	724	Mimi	471
7. Filou	700	Nala	463
8. Merlin	678	Tigi	449
9. Charly	590	Simba	404
10. Mogli	578	Lilly	396

Quelle: ANIS Animal Identity Service AG, anis.ch

Die 10 beliebtesten Länder der Auslandschweizer

Ende 2009 waren bei den offiziellen Vertretungen der Schweiz im Ausland insgesamt rund 685 000 Schweizer Staatsangehörige angemeldet (Ende 2005: 634 000). Diese Zahl entspricht etwa der Bevölkerung des Kantons Waadt. Die Auslandschweizer teilen sich auf folgende Länder auf (Stand Ende 2009):

Land	Anzahl Personen	Zu- / Abnahme seit 2008
1. Frankreich	179 106	+1508
2. Deutschland	76 565	+1126
3. USA	74 966	+104
4. Italien	48 638	+491
5. Kanada	38 886	+686

49

6. Grossbritannien	28 861	+423
7. Spanien	23 802	+180
8. Australien	22 757	+328
9. Brasilien	14 356	+211
10. Israel	14 251	+585

Am Schwanz der Liste:

Simbabwe	288	-5
Nigeria	250	+20
Südkorea	219	+23
Malta	161	-6
Island	106	+13

Quelle: www.swissemigration.ch

Die 8 wichtigsten Lebensbereiche für Bürgerinnen und Bürger

Die Frage dieser UNIVOX-Umfrage lautete: «Manches in unserem Leben ist uns sehr wichtig, anderes eher unwichtig. Bitte sagen Sie mir, wie wichtig für Sie folgende Lebensbereiche sind.»

1. Familie / Freunde	87 %
2. Gesundheit	84 %
3. Freizeit	58 %
4. Arbeit / Beruf	57 %
5. Kultur	39 %
6. Bildung	34 %
7. Sport	32 %
8. Politik	20 %

Quelle: FIF Uni Bern / gfs-zürich: UNIVOX Freizeit 2009

Die 5 wichtigsten Lebensdinge für Jugendliche

Die Frage der gfs-Umfrage lautete: «Wenn Sie daran denken, was Sie in Ihrem Leben anstreben: Wie wichtig sind dann die folgenden Dinge für Sie persönlich?» Alter: 16–25. Angaben für «äusserst wichtig» in %)

1. Freunde haben, auf die man sich verlassen kann	67%
2. Ein gutes Familienleben / eine gute Partnerschaft führen	59%
3. Das Leben in vollen Zügen geniessen	52%
4. Einen spannenden Beruf haben	44%
5. Als Persönlichkeit respektiert werden	40%

Quelle: Institut gfs.bern, Jugendbarometer, 2010

Die 10 häufigsten Nachnamen

Gesamthaft gibt es im elektronischen Telefonbuch 4 130 135 Einträge (Stand Dezember 2010). Daraus resultieren die Top Ten wie folgt:

1. Müller	43 533
2. Schmid	33 712
3. Meier	28 933
4. Keller	19 521
5. Huber	18 032
6. Weber	16 972
7. Schneider	15 059
8. Meyer	15 021
9. Frei	14 691
10. Steiner	13 554

Quelle: telefonbuch.ch

10 Pseudonyme berühmter Schweizer

Ein Pseudonym – griechisch: *pseudonymos* = mit falschem Namen (von *pseudo* Täuschung, *onyma* Name) – ist ein fingierter Name, der besonders von Künstlern und Schriftstellern anstelle ihres bürgerlichen Namens benutzt wird, oft, um die wahre Identität zu verbergen. 10 Beispiele prominenter Schweizer in alphabetischer Reihenfolge.

Pseudonym | richtiger Name | Beruf

1. Endo Anaconda | Andreas Flückiger | Musiker
Anaconda (geb. 1955) ist Songwriter, Bandleader und Sänger der Berner Mundart-Band Stiller Has.

2. Claude Anet | Jean Schopfer | Schriftsteller
Anet (1868–1931) schrieb populäre Reiseberichte aus Persien und Russland während der Revolution.

3. DJ Bobo | Peter René Baumann | Discjockey und Sänger
DJ Bobo (geb. 1968) gehört zu den erfolgreichsten zeitgenössischen Schweizer Musikern.

4. Blaise Cendrars | Frédéric Sauser | Schriftsteller
Cendrars (1887–1961) bereiste die ganze Welt und schrieb Romane, Erzählungen, Reiseberichte; sein Gesamtwerk umfasst etwa 40 Bände.

5. Le Corbusier | Charles-Edouard Jeanneret-Gris | Architekt
Le Corbusier (1887–1965) gehört zu den bedeutendsten und einflussreichsten Architekten des 20. Jahrhunderts; er war zudem Stadtplaner, Maler, Zeichner, Bildhauer und Möbeldesigner.

6. Cosey | Bernard Cosendai | Comiczeichner
Cosey (geb. 1950) erhielt viele internationale Auszeichnungen; berühmt ist vor allem seine Comic-Figur Jonathan.

7. Jeremias Gotthelf | Albert Bitzius | Schriftsteller
Gotthelf (1797–1854) gehört zu berühmtesten Schweizer Schriftstellern, sein Roman *Die schwarze Spinne* ist ein Stück Weltliteratur.

8. Grock | Charles Adrien Wettach | Clown

Grock (1880–1959) ist der wohl berühmteste Schweizer Clown. Er beherrschte fünfzehn Instrumente und war Komponist vieler Melodien.

9. Paracelsus | Theophrastus Bombastus von Hohenheim | Arzt

Paracelsus (1493–1541) war auch Alchemist, Mystiker, Astrologe und Philosoph. Er verkehrte mit Erasmus von Rotterdam, war Stadtarzt von Basel, und er gilt als Begründer der pharmazeutischen Chemie.

10. Ines Torelli | Irène Stierli | Schweizer Schauspielerin

Torelli (geb. 1931) war Kabarettistin, Sängerin und Volksschauspielerin.

Quellen: Verschiedene

Die 8 Kantone mit den höchsten / niedrigsten Scheidungsraten

Die Scheidungsziffer stieg in der Schweiz von 13% im Jahr 1970 auf über 56% im Jahr 2005. Seither fällt sie tendenziell wieder.

Die höchsten Scheidungsraten

1. Neuenburg	60,3%
2. Tessin	54,7%
3. Appenzell AR	52,6%
4. Schaffhausen	52,5%
5. Basel-Stadt	52,3%
6. Solothurn	52,2%
7. Fribourg	52,0%
8. Waadt	51,4%

Die niedrigsten Scheidungsraten

1. Appenzell IR	19 %
2. Uri	21,1 %
3. Obwalden	33,5 %
4. Nidwalden	35,8 %
5. Graubünden	36,9 %
6. St. Gallen	37,8 %
7. Basel-Landschaft	42,7 %
8. Luzern	43 %
8. Wallis	43 %
Schweiz Durchschnitt:	47,7 %

Quelle: Vital Statistics (VITSTAT), Jahresbericht Bevölkerungsstatistik ESPOP, Stand 2009

Die 10 grössten Sorgen der Bürgerinnen und Bürger

Das Forschungsinstitut gfs.bern erstellt im Auftrag der Credit Suisse traditionell das Sorgenbarometer. Es wird so definiert: «Das Sorgenbarometer ist ein demoskopisches Informationssystem zur Beobachtung der BürgerInnen-Meinungen in der Schweiz über politisch prioritäre Probleme und ihre Entwicklungen. Die Bürgerschaft wird mit der stimm- und wahlberechtigten Bürgerschaft gleich gesetzt.» Ein Befund ist klar: Es sind primär innenpolitische Probleme, welche die Gemüter der Schweizer Stimmberechtigten am heftigsten beunruhigen. So folgen Finanz- und Wirtschaftskrise erstaunlicherweise erst an 13. Stelle (2010)! Bereits 2005 nahmen die Themen der Innenpolitik die ersten drei Ränge ein.

Sorgenbarometer in Prozent	2010	2009
1. Arbeits-/Jugendarbeitslosigkeit	76	66
2. AHV/Altersvorsorge	45	36
3. Gesundheitsfragen/Krankenkasse/Prämien	41	36
4. Sicherung der Sozialwerke/Soziale Sicherheit	37	31
5. AusländerInnen/Integration/Personenfreizügigkeit	31	23

6. Persönliche Sicherheit / Kriminalität / Gewalt in Stadien	28	25
7. EU / Bilaterale / Europäische Integrationsfragen	23	12
8. Flüchtlinge / Asylfragen	19	17
9. Neue Armut / Armut jüngerer Generationen / Umweltschutz / Klimaerwärmung	18	18
10. Inflation / Geldentwertung / Teuerung	15	14

Quelle: Institut gfs.bern, Sorgenbarometer 2005 / 10

Die 10 grössten Sorgen der Jugendlichen

Der gemeinnützige Verein Livenet betreibt das interaktive Beratungsangebot von Lebenshilfe-net.ch, einer interaktiven Beratungsseite mit einem breiten Themen-Spektrum. Hier entstand auch die Sorgen-Liste, für welche der 16- bis 25-Jährige befragt wurden.

1. Leistungsdruck in der Schule / Prüfungsangst	52,4 %
2. Beziehungsprobleme	32,3 %
3. Finanzielle Probleme	28,1 %
4. Familienprobleme	26,1 %
5. Lebenssinn	22,4 %
6. Gesellschaftliche Probleme	19,0 %
7. Niedergeschlagenheit / Depressionen	17,2 %
7. Konflikte mit Freunden und Kollegen	17,2 %
9. Langeweile (nicht wissen, was unternehmen)	16,5 %
10. Leistungsdruck am Arbeitsplatz	15,2 %

Mehr über > www.lebenshilfe-net.ch.
Quelle: Studierende der Fachhochschule Nordwestschweiz im Auftrag des Internetportals Lebenshilfe-net.ch, 2009

Die 20 häufigsten Strassennamen

Die Aufstellung aus «René Nyffenegger's collection» gibt einen Überblick über die Strassennamen, die gemäss elektronischem Telefonbuch in den meisten Ortschaften vorkommen. Die Liste ist eine Momentaufnahme.

Strassenname	Anz. Ortschaften
1. Bahnhofstrasse	1368
2. Hauptstrasse	1269
3. Dorfstrasse	1193
4. Industriestrasse	523
5. Schulstrasse	440
6. Oberdorfstrasse	424
7. Poststrasse	362
8. Schulhausstrasse	351
9. Kirchweg	347
10. Birkenweg	338
11. Kirchgasse	307
12. Kirchstrasse	301
13. Bergstrasse	295
14. Bahnhofplatz	288
15. Unterdorfstrasse	284
16. Gartenstrasse	272
17. Grand-Rue	258
18. Rosenweg	257
19. Bachstrasse	253
20. Ringstrasse	248

Quelle: «René Nyffenegger's collection of things on the web», 2003

Die 7 häufigsten Todesfälle

Übersicht der häufigsten Todesfälle nach Krankheiten (2008, Zahlen gerundet).

1. Kreislaufsystem	22 300
2. Krebskrankheiten	16 000
3. Atmungsorgane	3600
4. Diabetes mellitus	1530
5. Harnorgane	800
6. Infektiöse Krankheiten	700
7. Alkoholische Leberzirrhose	500
(Andere Krankheiten	12 100)

Quelle: Bundesamt für Statistik (BFS), Todesursachenstatistik

Die 10 bekanntesten Volksbräuche

Die Schweiz ist reich an Traditionen und hat ein vielfältiges Brauchtum. Doch unsere scheinbar uralten Volksbräuche entstanden sehr oft erst im 19. oder gar 20. Jahrhundert. Wir listen zehn altbekannte Volksbräuche auf, die weiterhin gefeiert werden (alphabetisch).

1. Albanifest. Winterthur (ZH), letztes Wochenende im Juni

Das Stadtfest geht auf das Jahr 1264 zurück, als Winterthur ein neues Stadtrecht erhielt. Das 1971 neu lancierte Stadtfest gilt als Europas grösstes alljährlich wiederkehrendes. Unzählige Freiluftwirtschaften sowie Unterhaltungsorchester, Verkaufsstände und eine Chilbi verwandeln die Altstadt in einen Festplatz. > www.albanifest.ch

2. Auffahrtsumritt. Beromünster (LU), Auffahrtstag

2008 feierte man 500 Jahre Auffahrtsumritt. Der Brauch ist aus dem Bannritt, der ursprünglich religiösen Weihe der Pfarrei-Grenze, entstanden. Der 17 Kilometer lange Flurumritt beginnt am frühen Morgen, angeführt von einer grossen Reitergruppe, gefolgt von Spaziergängern, Priestern, Musikanten, sowie Kreuz- und Fahnenträgern. Tausende Schaulustige verfolgen die Rückkehr ins Städtchen. > www.auffahrtsumritt.ch

3. Escalade. Genf, 11. Dezember

Der historische Umzug gedenkt des abgewehrten Angriffs savoyischer Soldaten anno 1602. Kostümierte Figuren, Fackeln, Pulverdampf und Böllerschüsse prägen den Umzug durch die Altstadt. Er endet mit Freudenfeuer und ausgelassenem Fest.

4. Gansabhauet. Sursee (LU), 11. November/Martinstag

An Martini versuchen unzählige Leute mit verbundenen Augen, mit einem Säbel die auf einer Bühne vor dem Rathaus aufgehängte tote Gans herunterzuschlagen. Der Brauch ist wohl Überbleibsel eines uralten Spiels mit dem Federvieh. Der erste Beleg des Gansabhauets geht auf das Jahr 1821 zurück, der Ursprung ist unsicher. > www.sursee.ch/de/kultur/gansabhauet

5. Harder-Potschete. Interlaken (BE), 2. Januar

Der Ursprung des alten Volksbrauchs mit dem «Hardermandli» als Hauptgestalt verliert sich im Dunkel der Geschichte. Das sagenhafte Hardermandli ist genau genommen ein Naturgebilde: Ein Felsabbruch unterhalb des Hardergipfels zeigt ein riesiges Gesicht. Umzug in der Stadt mit holzgeschnitzten Fratzen-Masken. > www.harderpotschete.ch

6. Näfelserfahrt. Näfels (GL), erster Donnerstag im April

Die Glarner gedenken an diesem Tag der in der Schlacht bei Näfels Gefallenen, wo 1388 das habsburgische Heer geschlagen wurde. Die seit 1389 durchgeführte Prozession zieht entlang der elf Gedenksteine zum Denkmal. Am Nachmittag findet auf den Dorfstrassen ein Markt statt.

7. Sechseläuten («Sächsilüüte»). Zürich, 3. Wochenende im April

Das Zürcher Sechseläuten mit Umzug gibt es seit 1818, die Bööggen-Verbrennung seit 1892. Das Fest beginnt am Samstagabend mit Zunftbällen. Am Sonntagnachmittag folgt der grosse Kinderumzug. Höhepunkt des Frühlingsfestes ist der Montag. Mehrere tausend Zünfter in Kostümen, Trachten und Uniformen, über 300 Reiter, 50 von Pferden gezogene Wagen und 30 Musikkorps ziehen zum Sechseläutenplatz, wo der «Böögg» in Gestalt eines Schneemannes verbrannt wird (Böögg = «verkleidete, vermummte Gestalt»). > www.sechselaeuten.ch

8. Solennität. Burgdorf (FR), letzter Montag im Juni

Die Burgdorfer Solennität wurde erstmals 1729 auf Anregung des Dekans Johann Rudolf Gruner abgehalten. (Der Begriff kommt von lateinisch sollemnis, «jährlich gefeiert».) Zum grossen Jugendfest, das den Abschluss des Schuljahres markiert, gehören Umzug, Gottesdienst und Parties. > www.burgdorf.ch/solaette.html

9. Thuner Ausschiesset – Fulehung. Thun (BE), letzter Septembermontag

Beim Thuner Schützenfest, das bereits 1551 urkundlich erwähnt wird, kürt man den besten Schützen oder die beste Schützin. Beim ausgelassenen Volksfest hat der Fulehung, ein Narr in Teufelsmaske, seinen grossen Auftritt. Er unterhält die Kinder mit wilden Jagden durch die Gassen.

> http://fulehung-thun.ch

10. Vogel Gryff. Basel, 13., 20. oder 27. Januar

Vorbote der Fasnacht und das grosse Fest Kleinbasels mit Vogel Gryff (Greif), Wildem Mann und Leu (Löwe). Die drei Wappentiere der Kleinbasler Ehrengesellschaften ziehen mit speziellen Tänzen durch die Strassen des Kleinbasel. Der Brauch wird seit 1838 durchgeführt und hat seinen Ursprung in militärischer Musterung.   > www.vogel-gryff.ch

Quellen: www.volkskunde.ch / E.J. Huber · Einzelne Websites · Schweizer Familie / HB 2008 · www.brauchtumschweiz.ch · Verschiedene

10 altbekannte Volkslieder

Viele Gegenden kennen ihre eigenen Lieder, aber einige werden im ganzen Land seit alters her von immer neuen Generationen gesungen. Die Texte und Schreibweise der hier aufgeführten Lieder variieren je nach Quelle teils erheblich.

1. Chumm mir wei ga Chrieseli gwünne

Chumm mir wei ga Chrieseli gwünne,
weiss am 'ne-n Ort gar grüseli viel;
roti, schwarzi, gibeligäli,
zwei bis drei an einem Stiel.
Falleri, fallera, falleri, fallera,
zwei bis drei an einem Stiel.
(1. Strophe)

2. Det äne am Bergli

Det äne am Bergli, det schtat e wiissi Geiss.
I ha si welle mälche, da haut sie mer eis.
Refrain:
Hole duli, duli, duli, hole duli, duli, duli, duli
hole duli, duli, duli, hole duli, duli, duli, duli
(1. Strophe)

3. Dörf i ned es bitzeli

Dörf i ned es bitzeli, dörf i ned e chly,
dörf i ned es bitzeli luschtig si?
Jodel
Jo, du dörfsch es bitzeli, jo, du dörfsch e chly,
jo, du dörfsch es bitzeli luschtig si.
Jodel

4. Ds Vreneli ab em Guggisberg

Sisch äben e Mönsch uf Ärde, Simelibärg.
Und ds Vreneli ab em Guggisbärg und Simes Hansjoggeli ännet em Bärg,
sisch äben ä Mönsch uf Ärde, dass i möcht biin em sy.
(1. Strophe und Refrain)

5. Es Burebüebli mani ned

Es Burebüebli man i nid, das gseht me mir wohl a,
juhe!
Es Burebüebli man i nid, das gseht me mir wohl a.
Refrain:
Fideri, fidera, fiderallalla, fiderallalla, fiderallalla.
Es Burebüebli man i nid, das gseht me mir wohl a.
(1. Strophe)

6. Es wott es Fraueli z'Märit ga

Refrain:
Es wott es Fraueli z'Märit ga, z'Märit ga,
wott de Ma diheime la, tra la la la la, tra la la la la,
wott de Ma diheime la, tra la la la la la la.
(1. Strophe)

7. 's isch mer alles eis Ding

's isch mer alles eis Ding,
ob i lach oder sing;
han es Härzeli wienes Vögeli,
darum lieben i so ring.
(1. Strophe)

8. 's Ramseiers wei go grase

's Ramseiers wei go grase,
wohl uf e Gümmeligebärg.
Fidiri fidira fidiralalalala (2 x),
's Ramseiers wei go grase,
wohl uf e Gümmeligebärg.
(1. Strophe)

9. 's Träumli

's isch ja nur es chlises Träumli g'si,
Träumli sind ja doch so schnell verbii.
's isch ja nur es chlises Träumli g'si,
Träumli sind so schnell verbii.
(Refrain)

10. Vo Luzern of Wäggis zue

Vo Luzern uf Wäggis zue,
brucht mer währli keini Schueh.
Jodel
Wo mer sind uf d'Rigi cho,
lauft is 's Sännemeitschi no.
Jodel

Liedtexte findet man über > www.volksliederarchiv.de/schweizerlieder.
Quellen: www.brauchtumschweiz.ch · Volksliedarchiv · Verschiedene

Die 20 beliebtesten Vornamen der Deutschschweiz

Die Vornamen werden jedes Jahr von den Zivilstandsämtern erhoben und an das Bundesamt für Statistik (BFS) übermittelt. Beim Vergleich der beliebtesten Vornamen über einen längeren Zeitraum fällt auf, wie schnell sich die Vorlieben ändern, doch einige waren schon vor 13 Jahren auf den vorderen Rängen.

Mädchen 2010	2009	1997	Knaben 2010	2009	1997
1. Lena	6	—	1. Noah	4	—
2. Mia	3	—	2. Luca	1	1
3. Lara	1	19	3. Leon	2	—
4. Alina	11	—	4. Jonas	8	20
5. Lea	6	5	5. David	5	3
6. Laura	2	1	6. Nico	3	—
7. Sara	5	11	7. Jan	10	13
8. Anna	8	—	7. Levin	7	—
9. Leonie	4	—	9. Leandro	14	—
10. Julia	9	10	10. Julian	10	—

Quellen: Bundesamt für Statistik (BFS) · www.beliebte-vornamen.de/3118-schweiz-2002.htm

3. BAUEN & WOHNEN

Die 10 höchsten Alpenstrassen

Der Col de l'Iseran (2770 m) im französischen Département Savoie ist die höchste durchgehend asphaltierte Alpenstrasse. Der Umbrailpass folgt, international gesehen, auf Platz 11.

Name	Höhe	Von – Nach	Erbaut
1. Umbrail	2501	Sta. Maria (GR) – Stilfser Joch	1901
2. Nufenen	2478	Ulrichen (VS) – Airolo (TI)	1969
3. Gr. St. Bernhard	2469	Martigny (VS) – Aosta (Italien)	1905
4. Furka	2431	Realp (UR) – Oberwald (VS)	1867
5. Flüela	2383	Davos (GR) – Susch	1867
6. Bernina	2323	Pontresina (GR) – Poschiavo	1865
7. Albula	2312	Bergün (GR) – La Punt	1865
8. Julier	2284	Tiefencastel (GR) – Silvaplana	1840
9. Susten	2224	Innertkirchen (BE) – Wassen (UR)	1945
10. Grimsel	2165	Innertkirchen (BE) – Gletsch (VS)	1894

Quellen: www.schweizerseiten.ch · Wikipedia · www.ryter-hermann.ch · Der Spiegel 2009 · Verschiedene

Die 10 längsten Alpenstrassen

Name (Baujahr)	Von – Nach	Länge
1. Gr. St. Bernhard (1905)	Martigny (VS) – Aosta (Italien)	78 km
2. Klausenpass (1899)	Altdorf (UR) – Linthal (GL)	63 km
3. Lukmanier (1877)	Disentis (GR) – Biasca (TI)	61 km
4. Susten (1945)	Innertkirchen (BE) – Wassen (UR)	46 km
5. Simplon (1805)	Brig (VS) – Domodossola (Italien)	45 km
6. Maloja (1828)	Silvaplana (GR) – Chiavenna (Italien)	43 km
6. Julier (1840)	Tiefencastel (GR) – Silvaplana	43 km
8. Splügen (1823)	Splügen (GR) – Chiavenna (Italien)	39 km
9. Jaun (1878)	Bulle (FR) – Spiez (BE)	37 km
10. Col du Pillon (um 1890)	Le Sépey (VD) – Saanen (BE)	33 km

Weitere Informationen über: http://schweizerseiten.ch/paesse_strasse.htm
Quellen: www.schweizerseiten.ch · Verschiedene

10 prägende Architekten der Vergangenheit und der Gegenwart

Seit Jahrhunderten haben Schweizer Architekten sowohl in der Schweiz als auch im Ausland markante Bauten geschaffen, wie unsere Beispiele chronologisch belegen.

Historisch

1. Francesco Borromini (1599–1667)

«Wer anderen folgt, wird ihnen niemals voranschreiten», soll der gebürtige Tessiner Borromini einmal gesagt haben. Der gelernte Steinmetz war in Sachen Architektur ein Autodidakt und unter den barocken Architekten seiner Zeit ein oft angefeindeter Revolutionär. Er sah die Antike, Michelangelo und die Natur als seine Vorbilder. Sein Schaffen beeinflusste die gesamte europäische Baukunst. Wichtige Bauwerke: Die Kirchen San Carlo alle Quattro Fontane und Sant'Ivo alla Sapienza in Rom.

2. Karl Moser (1860–1936)

«Architektenvater der Moderne» nannte man den aus Baden (AG) stammenden Professor für Baukunst an der ETH gerne, seine Architektur der Jahrhundertwende Eklektizismus, wegen der Vermischung verschiedener Stilepochen. Wichtige Bauwerke: Pauluskirche in Basel (1898–1901), Kunsthaus Zürich (1904–10), Badischer Bahnhof in Basel (1910–13), Antoniuskirche in Basel (1925–27, erster Sichtbetonbau der Schweiz).

3. Hans Bernoulli (1876–1959)

Der Basler hatte ein äusserst vielseitiges Tätigkeitsfeld. Er war Städtebauer und Hochschullehrer, «soziale Bodenpolitik als Grundlage für einen zeitgemässen Städtebau» war sein grösstes Anliegen. Wichtige Bauwerke: Wohn- und Geschäftshaus «Haus Brandenburg» in Berlin (1906), «Bernoullihäuser» in Zürich (1914–29), Genossenschaftssiedlung «Im Landauer» in Basel (1944–48).

4. Le Corbusier (1887–1965)

Der aus La Chaux-de-Fonds stammende Le Corbusier hiess mit richtigem Namen Charles-Édouard Jeanneret. Er war einer der prägendsten und einflussreichsten, aber auch umstrittensten Architekten des 20. Jahrhunderts – und ein Multitalent: Architekt, Stadtplaner, Maler, Bildhauer, Möbeldesigner, dazu entwarf er komplexe Theorien über das kollektive Zusammenleben. Seine Bauwerke sind funktional und ohne dekorative Verzierung. Wichtige

Arbeiten: Wallfahrtskirche Notre-Dame-du-Haut de Ronchamp (1951–55), Regierungsbauten mit Justizpalast, Sekretariat, Parlamentsgebäude u.a. im indischen Chandigarh (ca. 1951–68), Nationalmuseum für Kunst in Tokio (1957–59), Centre Le Corbusier in Zürich (1964–67).

5. Max Ernst Haefeli (1901–76)

Der Zürcher studierte bei Karl Moser an der ETHZ. Haefeli war einer der wichtigsten Vertreter des Neuen Bauens in der Schweiz. Seine langjährige Zusammenarbeit mit der Möbelfabrik Horgenglarus, der ältesten Stuhl- und Tischmanufaktur der Schweiz, machte ihn zu einem herausragenden Designer von Typenmöbeln. Wichtige Werke: Menschenaffenhaus im Zoo Zürich (1955–59). 1926 kreierte er den «Haefeli 1», einen der berühmtesten, schönsten und bequemsten Stuhlklassiker unseres Landes, auf dem noch heute täglich in unzähligen Restaurants viele tausend Menschen sitzen.

Aktuell

1. Peter Zumthor (geb. 1943)

Der eigenwillige Basler mit Starnimbus wurde 2009 mit dem Pritzker-Preis, dem wichtigsten Architekturpreis, ausgezeichnet. Über seine Arbeit sagt er: «Mir gefällt die Idee des Gesamtkunstwerks, der Autorenarbeit. Meine Projekte gehen über das rein Bauliche hinaus… Ich entwickle meine Architektur gerne aus den Inhalten heraus.» Wichtige Bauwerke: Therme in Vals (1992–96), Kunsthaus Bregenz (1994–97), Bruder-Klaus-Feldkapelle im deutschen Wachendorf (2007), Kunstmuseum Kolumba Köln (2004–07).

2. Mario Botta (geb. 1943)

Der Tessiner, für den «die Ideen des Lebens stärker sind als die der Architektur», hat einen rationalistischen Stil mit teils monumental anmutender Formensprache. Er arbeitet oft mit massiven Baumaterialien (Natur- und Backstein, Beton). Wichtige Bauwerke: San Francisco Museum of Modern Art in den USA (1990–95), Museum Tinguely in Basel (1995–96), Centre Dürrenmatt in Neuchâtel (1999–2000), Spielbank Campione d'Italia (2005–07), Mineralbad & Spa Rigi Kaltbad (2009–12).

3. Bernard Tschumi (geb. 1944)

Der in Lausanne geborene französisch-schweizerische Doppelbürger ist ein angesehener Architekturtheoretiker. Für ihn war der Dekonstruktivismus die letzte Architekturbewegung. «Heute sind alles einsame Atome im Raum, das ist tragisch.» In den 70er Jahren lehrte er an der «Architectural Association» in London und am «Institute for Architecture and Urban Studies» in

New York. Wichtige Bauwerke: Parc de la Villette in Paris (1983), School of Architecture in Marne-la-Vallée Frankreich (1994–99), Akropolis-Museum in Athen (2002–07).

4. Roger Diener (Diener & Diener, geb. 1950)

Der Basler Marcus Diener (1918–99) gründete das Architekturbüro, sein Sohn Roger führt es weiter. Diener, der verschiedene Lehraufträge und Gastprofessuren an namhaften Instituten der Welt hat, sagt: «Einerseits befinden wir uns in einer Blütezeit zeitgenössischer Architektur… und andererseits scheinen alle Positionen oft isoliert und ohne Grundlage.» Wichtige Bauwerke: Erweiterungsbau der Schweizerischen Botschaft in Berlin (2000), Wohnhäuser Ypenburg bei Den Haag (1997–2003), ABB Power Tower in Baden AG (2000–02).

5. Herzog & De Meuron (geb. 1950)

Die Pritzker-Preisträger Jacques Herzog und Pierre de Meuron sind die heute wohl berühmtesten Schweizer Architekten. Zu den Charakteristika ihrer Bauten gehören einfache Grundformen und die rhythmische Wiederholung von Bauteilen. Herzog: «Wir suchen Materialien, die so intelligent, virtuos und komplex wie Naturerscheinungen sind, also Materialien, die… *alle* Sinne ansprechen.» Wichtige Bauten: Tate Gallery of Modern Art in London (1995–99), St. Jakob Park Stadion in Basel (1999–2001), Allianz Arena in München (2002–05), Nationalstadion Olympische Sommerspiele in Peking 2008 (2002–05), Elbphilharmonie in Hamburg (2007–2011).

Quellen: Einzelne Websites · Historisches Lexikon der Schweiz · Wikipedia · Verschiedene

Die 15 längsten Bahntunnels

Der Gotthard-Basistunnel soll 2017 / 18 eröffnet werden. Er wird 57 Kilometer lang sein und damit der längste Eisenbahntunnel der Welt. Der Lötschberg-Basistunnel ist der längste Europas (Zahlen gerundet).

Name	Strecke	Eröffnung	Länge (m)
1. Lötschberg-Basistunnel	Frutigen–Raron	2007	34 600
2. Simplon	Brig–Iselle	1906	19 800
3. Vereina	Klosters–Sagliains	1999	19 040

4. Furka	Realp–Oberwald	1982	15 400
5. Gotthard	Göschenen–Airolo	1882	15 000
6. Lötschberg	Kandersteg–Goppenstein	1913	14 600
7. Zimmerberg-Basistunnel I	Zürich HB–Thalwil	2003	9420
8. Ricken	Kaltbrunn–Wattwil	1910	8600
9. Grenchenberg	Moutier–Grenchen	1915	8580
10. Hauenstein-Basistunnel	Tecknau–Olten	1916	8150
11. Grosser Tunnel	Eigergl.–Jungfraujoch	1912	7200
12. Mont d'Or	Vallorbe–Frasne	1915	6100
13. Albula	Preda–Spinas	1903	5870
14. Grauholz	Mattstetten–Bern	1995	5400
15. Adler	Muttenz–Liestal	2002	5300

Quellen: Wikipedia · www.romankoch.ch · Verschiedene

Die 10 höchsten Bauwerke

Aufgelistet sind die höchsten freistehenden Bauwerke. Die Staumauern sind unter «Talsperren» aufgeführt, «Gebäude» siehe dort.

Bauwerk	Baujahr	Ort / Kt.	Höhe m
1. Fernsehturm St. Chrischona	1983	St. Chrischona / BS	251
2. Landessender Monte Ceneri	1978	Monte Ceneri / TI	220
3. Blosenbergturm	1937	Beromünster / LU	217
4. Fernsehturm Bern-Bantiger	1995	Bern	196
5. Landessender Sottens	1989	Sottens / VD	188
6. Fernsehturm Uetliberg	1990	Zürich	187
7. Hammetschwand-Lift	1905	Luzern	157
8. Kühlturm KKW Gösgen	1979	Däniken / SO	150
8. Kühlturm KKW Leibstadt	1984	Leibstadt / AG	150
10. Windkraftanlage Martigny	2008	Martigny / VS	140

Quellen: Einzelne Websites · Wikipedia · Verschiedene

11 Brücken-Rekorde

Wie viele Brücken es in der Schweiz gibt, kann niemand sagen. Sie sind heute so alltäglich, dass wir sie kaum noch wahrnehmen. Schade, denn viele Brücken sind sowohl ingenieurtechnische Pionierleistungen als auch architektonische Kunstwerke. 10 Beispiele in alphabetischer Reihenfolge.

1. Holzbogenbrücke Hasle–Rüegsau (BE)

Die längste Holzbogenbrücke Europas führt über die Emme und verbindet die zwei Gemeindestrassen von Hasle und Rüegsauschachen. Das Wahrzeichen der Gemeinden Hasle und Rüegsau wurde 1958 neu aufgebaut, die Brückenlänge beträgt 69, 23 Meter, die Bogenspannweite 60, 15 m.

2. Hohe Brücke (OW)

Die wohl höchste gedeckte Holzbrücke Europas an der Strasse von Flüeli-Ranft nach Kerns führt in hundert Metern Höhe über den Fluss Melchaa. Sie ist 30 m lang, 100 Tonnen schwer und wurde 1943 gebaut, um die Strasse Kerns-Melchtal zu entlasten.

3. Holzbrücke Rapperswil–Hurden (SG)

Die längste moderne Holzbrücke der Schweiz misst 841 m. Sie wurde 2001 eröffnet und ersetzt die um 1360 erbaute alte Brücke. Man spaziert auf einem Eichenholzsteg in nur 1,5 m Höhe über den Zürichsee.

4. Kapellbrücke (LU)

Die Kapellbrücke, die älteste und mit 204,70 m die zweitlängste überdachte Holzbrücke Europas, führt über die Reuss. 1993 fiel das Wahrzeichen Luzerns einer Feuersbrunst zum Opfer, jedoch wurde die neu aufgebaute und restaurierte Brücke im darauffolgenden Jahr bereits wieder eröffnet.

5. Pont de Gueuroz (VS)

Die 168 m lange Bogenbrücke aus Stahlbeton wurde 1934 eröffnet. Sie war bis 1963, als die Europabrücke bei Innsbruck in Betrieb genommen wurde, die höchste Strassenbrücke Europas. Das Bauwerk führt in 187 m Höhe über die eindrückliche Trientschlucht (Gorge du Trient).

6. Raiffeisen–Skywalk–Hängebrücke (SZ)

Europas längste Hängebrücke auf Sattel-Hochstuckli wurde 2010 eingeweiht. Sie verbindet den Mostelberg mit dem Mäderenwald und überspannt auf einer Länge von 374 m das Lauitobel. Die Konstruktion hängt an vier 50 mm dicken Seilen und kann bis 1050 Personen (85 Tonnen) tragen.

7. Salginatobelbrücke (GR)

Die 1930 von Robert Maillart erbaute Stahlbetonbrücke führt zwischen Schiers und Schuders über das Tobel der Salgina. Sie gilt unter Fachleuten als eine der schönsten Brücken überhaupt und steht im Ansehen sogar noch vor der Golden Gate Bridge in San Francisco. 1991 erfolgte die Auszeichnung zum «World Monument». Zudem gehört die 132 m lange Bogenbrücke wie die Freiheitsstatue oder der Eiffelturm zu den von der «American Society of Civil Engineers» gekürten internationalen Denkmälern der Ingenieurbaukunst.

> www.worldmonument.ch.

8. Sitterviadukt (SG)

Der 1907–1910 erbaute, 365 m lange eingleisige Sitterviadukt der Bodensee-Toggenburg-Bahn (heute Südostbahn, SOB) ist die höchste Eisenbahnbrücke der Schweiz. Der Viadukt führt auf 99 m über die Sitter.

9. Teufelsbrücke (UR)

Die Teufelsbrücke in der Schöllenenschlucht ist die sagenumwobenste Brücke der Schweiz. Die Sage erzählt, dass die Urner die wilde Schlucht nicht überwinden konnten und der Landamman deshalb verzweifelt ausgerufen habe: «Do sell der Tyfel e brigg bue» (der Teufel soll hier eine Brücke bauen). Und schon stand der Teufel vor den Leuten, und man schloss mit ihm einen Pakt ab.

Die ganze Sage unter > www.tell.ch/schweiz/teufelsbruecke.htm.

10. Viaduc d'Yverdon (VD)

Die Autobahnbrücke nahe Yverdon-les-Bains leitet seit 1984 den Verkehr auf drei Spuren über einen Kanal, eine Bahnstrecke und mehrere Strassen. Mit ihren 3155 m ist sie die längste Brücke der Schweiz.

11. Weinlandbrücke (ZH)

Die 1958 gebaute Brücke führt bei Andelfingen über die Thur. Sie war die erste grosse vorgespannte Betonbrücke der Schweiz.

Quellen: Einzelne Websites · www.holzbruecken.ch · www.karl-gotsch.de · Wikipedia · Verschiedene

Die 10 höchsten Gebäude

Früher bauten die Kirchenleute die höchsten Gebäude.
In der Schweiz gehören sie noch heute dazu. Von den übrigen
Top-Bauten stammen drei aus den 1960er und 70er Jahren.
Erst seit dem neuen Jahrtausend will man wieder vermehrt
hoch hinaus, Tendenz steigend.

Gebäude	Baujahr	Ort / Kanton	Höhe
1. Prime Tower	2011	Zürich-Hardbrücke	126 m
2. Messeturm Basel	2003	Basel	105 m
3. Berner Münster	1883	Bern	100 m
3. Sulzer-Hochhaus	1962	Winterthur	100 m
5. St.-Martins-Kirche	1883	Malters / LU	98 m
6. Predigerkirche	1611/14	Zürich	97 m
7. Hardau 1	1978	Zürich	95 m
8. Cité du Lignon	1971	Vernier / GE	91 m
8. Pfarrkirche St. Magdalena	1821	Alpnach / OW	91 m
10. Swisscom-Hochhaus	1999	Winterthur	90 m

Quellen: Einzelne Websites · Wikipedia · Verschiedene

Die 10 kältesten Orte

Daten: Langjährige Messreihen 1961 bis 1990; insgesamt
432 Messstationen. Jahresdurchschnittstemperatur, alle
Stationen.

1. Jungfraujoch	-7,9°	6. Passo del Bernina	-0,6°
2. Piz Corvatsch	-6,0°	7. Gütsch ob Andermatt	-0,5°
3. Weissfluhjoch	-2,5°	8. Buffalora	-0,3°
4. Säntis	-2,0°	9. Pilatus	1,1°
5. Col du Grand St-Bernard	-1,4°	10. Grimsel Hospiz	1,2°

Quelle: Bundesamt für Meteorologie und Klimatologie

Die 10 kältesten Orte unterhalb 600 Meter

Daten: Langjährige Messreihen 1961 bis 1990; insgesamt 432 Messstationen. Jahresdurchschnittstemperatur, Stationen unterhalb von 600 Meter.

1. Meiringen (BE)	7,5°	6. Fahy (JU)	8,1°
2. Interlaken (BE)	7,8°	7. Wynau (BE)	8,2°
3. Aadorf/Tänikon (TG)	7,9°	8. Koppigen (BE)	8,3°
4. Bern/Zollikofen (BE)	7,9°	9. Zürich/Kloten (ZH)	8,5°
5. Glarus (GL)	8,0°	10. Hallau (SH)	8,5°

Quelle: Bundesamt für Meteorologie und Klimatologie

Die 10 wärmsten Orte / Städte

Daten: Langjährige Messreihen 1961 bis 1990; insgesamt 432 Messstationen, Jahresdurchschnittstemperatur.

1. Grono (GR)	11,7°
2. Lugano (TI)	11,6°
3. Locarno-Monti (TI)	11,5°
4. Magadino/Cadenazzo (TI)	10,5°
5. Montreux-Clarens (VD)	10,1°
6. Pully (VD)	10,0°
7. Acquarossa-Comprovasco (TI)	9,6°
7. Basel/Binningen (BS/BL)	9,6°
7. Genève-Cointrin (GE)	9,6°
7. Stabio (TI)	9,6°

Quelle: Bundesamt für Meteorologie und Klimatologie

Die 10 regenreichsten Orte

Daten: Langjährige Messreihen 1961 bis 1990; insgesamt
432 Messstationen. Anzahl der Regentage alle Stationen
(Regentag: Tag mit mindestens 1 mm Regen).

1. Schwägalp (AR)	175,1 Tage
2. Säntis	172,2 Tage
3. Hoch-Ybrig (SZ)	171,3 Tage
4. Col du Grand St-Bernard (VS)	171,0 Tage
5. Innerthal (SZ)	170,8 Tage
6. Kronberg (AI)	165,5 Tage
7. Grimsel Hospiz (BE)	165,4 Tage
8. Klöntal (GL)	164,4 Tage
9. Oberiberg (SZ)	163,6 Tage
10. Bisisthal (SZ)	163,5 Tage

Quelle: Bundesamt für Meteorologie und Klimatologie

Die 10 regenreichsten Orte unterhalb 600 Meter

Daten: Langjährige Messreihen 1961 bis 1990; insgesamt
432 Messstationen.

Stationen	Anz. Regentage		
1. Schänis (SG)	152,0 Tage	6. Lorzentobel (ZG)	148,0 Tage
2. Siebnen (SZ)	149,2 Tage	7. Weesen (SG)	147,2 Tage
3. Schwyz	149,2 Tage	8. Eptingen (BL)	147,1 Tage
4. Lachen (SZ)	149,1 Tage	9. Flawil (SG)	146,8 Tage
5. Glarus (GL)	148,2 Tage	10. Altstätten (SG)	146,7 Tage

Quelle: Bundesamt für Meteorologie und Klimatologie

Die 10 sonnigsten Orte

Daten: Langjährige Messreihen 1961 bis 1990; insgesamt
432 Messstationen.

Sonnenscheindauer ganzes Jahr (Stunden)

1. Cimetta (TI)	2181 h
2. Locarno-Monti	2155 h
3. Magadino-Cadenazzo (TI)	2087 h
4. Piz Corvatsch (GR)	2079 h
5. Montana (VS)	2071 h
6. Lugano (TI)	2026 h
7. Sion (VS)	1990 h
8. Jungfraujoch	1862 h
9. Gütsch ob Andermatt (UR)	1829 h
10. Stabio (TI)	1818 h

Quelle: Bundesamt für Meteorologie und Klimatologie

Die 20 attraktivsten Städte im Bilanz-Ranking

Das Schweizer Wirtschaftsmagazin *Bilanz* macht seit 2005
ein Städteranking. Dabei werden rund 130 Städte –
Gemeinden mit 10 000 und mehr Einwohnern – berücksichtigt und anhand von Faktoren und Kriterien wie Arbeit,
Gesundheit, Sicherheit, Soziales, Wohlstand u. ä. gemessen
und miteinander verglichen. Die Methodik hat sich in
den Jahren verändert, neuerdings werden etwa «weiche
Kriterien» wie Erholung und Kultur stärker bewertet.
Für unser Ranking verglichen wir die *Bilanz*-Ranglisten der
Jahre 2007 und 2011. Dabei fällt auf, dass einige Städte
abstürzten, andere hielten sich auf nahezu gleichem Niveau,
andere gehören zu den Aufsteigern. Ganz klare Spitzen-
reiter sind Zug und Zürich. Die Liste der attraktivsten 20:

Schlussrang	Rang 2007	Rang 2011	Ränge 2007+2011
1. Zug	1	2	3
2. Zürich	5	1	6
3. Baden	8	7	15
4. Luzern	16	3	19
4. Genf	9	10	19
4. Wallisellen	7	12	19
7. Dübendorf	14	15	29
8. Winterthur	31	5	36
9. Cham	18	19	37
10. Uster	25	13	38
11. Opfikon	19	20	39
12. Bern	36	4	40
12. Kloten	29	11	40
14. Meilen	3	40	43
15. Carouge (Genf)	27	17	44
16. Aarau	39	6	45
16. Volketswil	20	25	45
16. Freienbach	10	35	45
16. Küsnacht (ZH)	4	41	45
20. Lausanne	32	14	46

Quelle: Bilanz, 2007/2011

Die 10 grössten Städte

Die Schweizer Städte wachsen wieder. Bern und Lausanne liegen seit Jahren nahe beisammen. Wir setzen sie bei unserer Rangliste wegen der dauernden Fluktuation beide auf Rang 4. Durch die Fusion mit Littau (2010) ist Luzern zur siebtgrössten Stadt geworden.

1. Zürich	385 000	6. Winterthur	101 000
2. Genf	191 000	7. Luzern	77 000
3. Basel	170 000	8. St. Gallen	76 000
4. Bern	132 000	9. Lugano	59 000
4. Lausanne	132 000	10. Biel	51 000

Stand 2010/11, Zahlen gerundet.

Quellen: Verschiedene kantonale Statistiken · Wikipedia · Bundesamt für Statistik (BFS)

Die 10 längsten Strassentunnels

In der Schweiz gibt es insgesamt über 900 Tunnels. Bei den Strassentunnels sind über 40 länger als zwei Kilometer (Zahlen gerundet).

Name	Strecke	Eröffnung	Länge
1. Gotthard	Göschenen–Airolo	1980	16 920 m
2. Seelisberg	Beckenried–Seedorf	1980	9280 m
3. San Bernardino	Rheintal–Misox	1967	6600 m
4. Grosser St. Bernhard	Martigny–Aosta (teils in Italien)	1964	5800 m
5. Kerenzerberg (2. Röhre)	Weesen–Mühlehorn	1986	5760 m
6. Mappo-Morettina	Umfahrung Locarno	1996	5520 m
7. Sachseln	Umfahrung Sachseln	1997	5200 m
8. Islisberg	Knonaueramt	2009	4950 m
9. Locarno	Galerie	1990	4810 m
10. Uetliberg	Südumfahrung Zürich	2009	4410 m

Quellen: Wikipedia · www.romankoch.ch · www.schweizerseiten.ch/strassentunnel.htm · Verschiedene

Die 10 grössten Talsperren

Was gewöhnlich als Staumauer bezeichnet wird, nennen Fachleute Talsperren. Das Schweizerische Talsperrenkomitee listet rund 160 Talsperren auf, 25 davon sind über 100 Meter hoch.

Name	Höhe	Baujahr	Typ	See (Mio m³)	Kanton
1. Grande Dixence	285 m	1961	GS	401	VS
2. Mauvoisin	250 m	1957	BS	211	VS
3. Luzzone	225 m	1963	BS	108	TI
4. Contra	220 m	1965	BS	105	TI
5. Emosson	180 m	1974	BS	227	VS
6. Zeuzier	156 m	1957	BS	51	VS
7. Göscheneralp	155 m	1960	SD	76	UR
8. Curnera	153 m	1966	BS	41	GR
9. Zervreila	151 m	1957	BS	101	GR
10. Moiry	148 m	1958	BS	78	VS

GS = Gewichtsstaumauer, BS = Bogenstaumauer, SD = Staudamm

Quelle: Schweizerisches Talsperrenkomitee

4. NATUR

Die 10 ältesten Bäume

Bäume von biblischem Alter haben oft eine mythische Kraft, und nicht selten werden sie deshalb noch älter gemacht. Doch auch Baumexperten können das Alter von Bäumen nur schätzen, denn eine genaue Altersanalyse ist nur möglich, wenn man den Stamm anbohrt. Dies kann jedoch dem Baum schaden.

1. Lärche in Obergesteln

Alter: ca. 1500 Jahre. Art: *Larix decidua L.* Standort: Simplongebiet (VS). Höhe: ca. 35 m, Umfang: 7,4 m.

Die Lärche ist der älteste Baum des Landes und vielleicht sogar des gesamten Alpenraumes. Sie ist vom Stammfuss bis auf 20 Meter hinauf hohl, die Äste haben einen Umfang von bis zu 50 cm. Der Methusalem-Baum steht im Hittu-Wald, der wie der Balavaux-Wald bis auf 2200 m ü. M. wächst.

2. Edelkastanie auf der Alpe di Brusino

Alter: ca. 1000 Jahre. Art: *Castanea sativa Mill.* Standort: Alpe di Brusino (TI). Höhe: 10 m, Umfang: 10 m.

Mit der Seilbahn fährt man von Brusino auf den Monte San Giorgio, von da führt ein Wanderweg Richtung Alpe di Brusino zu dem uralten Kastanienbaum.

3. «Gerstler-Eibe»

Alter: zwischen 200 und 1000 Jahre. Art: *Taxus baccata L.* Standort: Emmental (BE). Höhe: 15 m, Umfang: 1,5 m.

Das Naturdenkmal in der Nähe des Bauernhofes Gerstler ist Wappenbaum der Gemeinde Heimiswil; man sagt ihr das biblische Alter von «nicht weniger als 1000 Jahren» nach, doch Baumexperten schätzen es auf 200 bis 600 Jahre.

4. «Linde von Linn»

Alter: 600–800 Jahre. Art: *Tilia platyphyllos Scop.* Standort: Nahe dem Dorf Linn (AG), Wegkreuzung Linn/Gallenkirch-Schinznach Dorf. Höhe: über 20 m, Umfang: 11 m.

Gemäss Legende ist sie vom 645 gestorbenen heiligen Gallus gepflanzt worden. Wahrscheinlich wurde sie nach einer Pestepidemie auf einem Massengrab gepflanzt. Der Baum überlebte zwei Anschläge von Unbekannten.

5. «Linde von Scharans»

Alter: 600–700 Jahre. Art: *Tilia platyphyllos Scop.* Standort: Scharans (Domleschg, GR) neben der Kirche. Höhe: 12 m, Umfang: 6,3 m.

Ein Pergament von 1403 weist auf die Linde hin. Unter dem Baum fanden öffentliche Versammlungen und Gerichtssitzungen statt.

6. «Bettler-Eiche»

Alter: 600 Jahre. Art: *Quercus pedunculata Ehrh.* Standort: Gwatt bei Thun (BE). Höhe: 25 m, Umfang: 7,5 m.

Die grösste Eiche im Kanton Bern bot im 19. Jahrhundert oft Heimatlosen Schatten und Schutz. Seit 1923 ist sie im Besitz der Gemeinde Thun.

7. «Linde von Marchissy»

Alter: 600 Jahre. Art: *Tilia platyphyllos Scop.* Standort: Marchissy (VD). Höhe: 20 m, Durchmesser: 3,5 m, Umfang: 10,7 m.

Der Baum steht einige Meter neben der Kirche an einer Böschung. Stamm und Äste sind teilweise hohl.

8. «Marchlinden»

Alter: 500 Jahre. Art: *Tilia platyphyllos Scop.* Standort: Buchberg (SH). Höhe: 15 m.

«March» hiess im Althochdeutschen Grenze. Die zwei Marchlinden markierten ein Gebiet, waren Grenzbäume und Orientierungszeichen, dazu Rast- und Treffpunkt und zudem Gerichtsort, zum letzten Mal um 1910.

9. «Schoren-Eiche»

Alter: 500 Jahre. Art: *Quercus robur L. Standort:* Thun-Schoren (BE). Höhe: 20 m, Umfang: 6 m.

Die Eiche steht am Südostende der Turnwiese.

10. «Murtenlinde»

 Alter: 500 Jahre. Art: *Tilia x europaea.* Standort: Freiburg, nahe der Place de l'Hôtel de Ville.

Die wohl berühmteste Linde der Schweiz soll an der Stelle gepflanzt worden sein, wo der Überbringer der Siegesbotschaft nach der Schlacht bei Murten tot zusammenbrach. Sie war schwer krank, bevor ein Autofahrer ihr 1983 den Gnadenstoss gab und sie gefällt werden musste. Doch sie lebt weiter: als Ableger in einer Ecke des Rathausplatzes. Ein weiterer Sprössling gedeiht im Garten der Papstresidenz Castel Gandolfo.

> Buchtipp: Michael Brunner, *Baumriesen der Schweiz,* Werd Verlag, 2009.
Quellen: WSL: Eidg. Forschungsanstalt für Wald, Schnee und Landschaft · HB · Verschiedene

15 vom Aussterben bedrohte Blütenpflanzen

Rote Listen sind Warnsignale für den Naturschutz und Instrument für die Beurteilung von Lebensräumen. 35 Prozent der Flora der Schweiz sind gefährdet. Rund ein Drittel aller in der Schweiz vorkommenden Farn- und Blütenpflanzen stehen auf der Roten Liste. Über 120 Blütenpflanzen sind unmittelbar vom Aussterben bedroht.

1. Alpen-Fingerkraut *(Potentilla alpicola)*
2. Enzian, Baltischer *(Gentiana campestris baltica)*
3. Gänsefuss, Schneeballblättriger *(Chenopodium opulifolium)*
4. Gladiole, Italienische *(Gladiolus italicus)*
5. Hahnenfuss, Sardinischer *(Ranunculus sardous)*
6. Knabenkraut, Geflecktes *(Dactylorhiza maculata)*
7. Orchis, Lockerblütige *(Orchis laxiflora)*
8. Pelzfarn *(Notholaena marantae)*
9. Rankenlose-Wicke *(Vicia orobus)*
10. Schwarznessel *(Ballota nigra)*
11. Turgenie, Breitblättrige *(Turgenia latifolia)*
12. Veilchen, Niedriges *(Viola pumila)*
13. Venusspiegel, Kleiner *(Legousia hybrida)*
14. Wildrebe *(Vitis silvestris)*
15. Windröschen, Grosses *(Anemone sylvestris)*

> www.artenschutz.ch.
Quellen: artenschutz.ch · Bundesamt für Umwelt (BAFU)

5 der vom Aussterben am meisten bedrohten Fische

506 einheimische Schweizer Tier- und Pflanzenarten stehen auf den Roten Listen der gefährdeten Arten in der Kategorie CR (= «critically endangered»), das heisst, sie sind unmittelbar vom Aussterben bedroht. Für die europäischen Länder inklusive Schweiz gilt das erweiterte Ziel gemäss der «Kiew Deklaration 2003»: Der Verlust der Artenvielfalt ist bis zum Jahr 2010 zu stoppen. Artenschutz Schweiz fordert eine Trendumkehrung: Es sind Massnahmen zu ergreifen, welche die Überlebenschancen der bedrohten Tier- und Pflanzenarten signifikant verbessern!

1. Moorgrundel *(Misgurnus fossilis)*

Die Moorgrundel lebte früher (in der Schweiz) in der Nähe von Basel. Mit grosser Wahrscheinlichkeit kommt sie hier nicht mehr vor, doch konnte ein neuer Nachweis aus dem Wallis im Rhonetal erbracht werden. Dabei handelt es sich jedoch um eine künstliche Ansiedlung unbekannter Herkunft.

2. Nase *(Chondrostoma nasus)*

Der Rückgang des Karpfenfisches geht auf die 1980er Jahre zurück. Früher gab es grosse Populationen im weiteren Einzugsgebiet des Rheins. Seit 2007 ist die Nase ganzjährig geschützt und darf nicht mehr gefangen werden. Ohne entscheidende Hilfsprogramme ist ihre Überlebenschance gering.

3. Roi du Doubs *(Zingel asper)*

Der 15 bis 22 Zentimeter lange Barschfisch lebt heute – in der Schweiz – ausschliesslich im Doubs. Allgemein bedrohen Wasserverschmutzung und Wasserentzug sein Überleben.

4. Savetta *(Chondrostoma soetta)*

Die Savetta gehört zur Familie der Karpfenfische und kommt in der Schweiz nur im Luganersee, im Langensee (Lago Maggiore) sowie im Fluss Ticino und dessen Auensystem (Bolle di Magadino) vor.

5. Sofie *(Chondrostoma toxostoma)*

Der Bestand der Sofie hat sich in den letzten 10 Jahren europaweit etwa um 30 % verkleinert. Sie kommt nur noch im Doubs vor.

> www.artenschutz.ch.
Quellen: Artenschutz Schweiz · Bundesamt für Umwelt (BAFU)

Die 15 höchsten Gipfel

In der Schweiz zählt man 8875 Gipfel.

1. Dufourspitze (Monte Rosa)   4634 m ü. M.
(VS) Teil des Monte-Rosa-Massivs auf der Grenze zu Italien.

2. Nordend   4609 m ü. M.
Nebengipfel der Dufourspitze.

3. Zumsteinspitze   4563 m ü. M.
Teil des Monte-Rosa-Massivs.

4. Signalkuppe / Punta Gnifetti   4554 m ü. M.
Teil des Monte-Rosa-Massivs.

5. Dom   4545 m ü. M.
Gehört zur Mischabelgruppe, nach dem Monte Rosa
das zweithöchste Gebirgsmassiv der Schweiz.

6. Liskamm   4527 m ü. M.
Berg in den Walliser Alpen östlich des Matterhorns und
westlich der Monte-Rosa-Gruppe.

7. Weisshorn   4505,5 m ü. M.
Walliser Alpen.

8. Täschhorn   4490 m ü. M.
Gehört wie der Dom zur Mischabelgruppe.

9. Liskamm: Westgipfel   4479 m ü. M.
Siehe 6.

10. Matterhorn / Monte Cervino   4477,5 m ü. M.
Einer der bekanntesten Berge der Welt.

11. Parrotspitze   4432 m ü. M.
Nebengipfel der Dufourspitze.

12. Dent Blanche   4357 m ü. M.
Weitgehend eisfreier Berggipfel, im Süden des Kantons Wallis.

13. Ludwigshöhe   4341 m ü. M.
Südlichste Viertausender-Erhebung in der Schweiz.

14. Nadelhorn   4327 m ü. M.
Gehört ebenfalls zur Mischabelgruppe.

15. Grand Combin de Grafeneire   4314 m ü. M.
Vergletschertes Bergmassiv in den westlichen Walliser Alpen.

Genaue Informationen über alle Gipfel > www.gipfelverzeichnis.ch (> Laden & Lesen > Gipfelverzeichnis).
Quellen: gipfelverzeichnis.ch · www.berge.ch

Die 10 grössten Gletscher

Die Gletscher ziehen sich zurück – weltweit. Die Alpengletscher, so besagt eine Studie der Universität Zürich (2006), könnten bis zu 80 Prozent schrumpfen, wenn die Sommertemperaturen um drei Grad steigen. Noch ist es nicht soweit. Hier die Flächen und Längen der grössten zehn im Jahr 2010.

Name	Gemeinde, Kanton	Fläche (km²)	Länge (km)
1. Grosser Aletsch	Naters / Ried-Mörel, VS	86,6	23,9
2. Gorner	Zermatt (VS)	59,7	13,5
3. Fiescher	Fieschertal (VS)	34, 2	15,3
4. Unteraar	Guttannen (BE)	29,5	13
5. Oberaletsch	Naters (VS)	22,8	9, 1
6. Unt. Grindelwald	Grindelwald (BE)	20,8	8,3
7. Corbassière	Bagnes (VS)	18,3	10, 2
8. Gauli	Innertkirchen (BE)	17,7	6,7
9. Rhone	Oberwald (VS)	17,6	8
10. Otemma	Bagnes (VS)	17,5	8,7

Mehr über > http://glaciology.ethz.ch/messnetz/glacierlist.html.
Quelle: ciology.ethz.ch

Die 10 längsten Höhlen

In der Schweiz zählt man rund 40 Höhlen, die mehr als einen Kilometer lang sind. Die Höhlenforscher – darunter viele ausgebildete Mitglieder der Schweizerischen Gesellschaft für Höhlenforschung (SGH) – entdecken immer wieder neue Gänge, und so werden die Höhlen länger.

1. Hölloch. Muotathal (SZ)

Das 1875 von einem Bergbauern entdeckte Höhlensystem ist fast 200 km lang und damit eines der weltweit längsten. Zu bestaunen sind unterirdische Schluchten, Riesenräume, Felsgebilde, «Gletschermühlen» und Versteinerungen. (Stand: 2010)   > http://www.hoelloch.ch

2. Réseau Siebenhengste-Hohgant. Beatenberg/Eriz/ Habkern (BE)

Das Höhlensystem besteht aus verschiedenen zusammenhängenden Höhlen. Die vermessene Länge der Siebenhengste-Hohgant-Höhle liegt bei über 157 km (Stand 2011).   > www.sghbern.ch

3. Bärenschacht. Beatenberg (BE)

Der Bärenschacht ist ein natürliches Höhlensystem, bestehend aus einem komplexen Basissystem von zurzeit etwa 70 km erforschten Gängen (2011).

4. Silberensystem. Muotathal (SZ)

Das Höhlensystem besteht aus den Höhlen Schwyzerschacht, Igluschacht, Discoschacht, Höllenschacht und Julialöchli. Die Länge beträgt 38 km (Stand 2010).

5. Bettenhöhle. Kerns (OW)

Die ausgemessene Länge betrug 2010 24,5 km.

6. Schrattenhöhle. Kerns (OW)

Länge 2003: knapp 20 km.

7. K2, Hohgant. Habkern (BE)

Länge 2010: 14 km.

8. Gütschtobelhöhle. Muothatal (SZ)

Länge: 13 km (ohne Jahresangabe).

9. St.-Beatus-Höhlen. Beatenberg (BE)

Die Höhlen am Thunersee bei Interlaken sind bis zu einer Tiefe von 1000 Meter auf einem bequemen Weg für jedermann zugänglich und mit elektrischer Beleuchtung ausgestattet. Rund 12 km sind erforscht (Stand 2011).

> www.beatushoehlen.ch

10. A2, Loubenegg. Beatenberg (BE)

Länge: 10 km (ohne Jahresangabe).

> www.speleo.ch
Alle über 1000 m langen Höhlen sind hier aufgelistet: > www.speleo.ch/~documents/cavites_de.php.
Quellen: Einzelne Websites · www.speleo.ch · Verschiedene

Die 10 grössten Naturkatastrophen zwischen 1300 und 1900

Auch die Schweiz wurde immer wieder von schrecklichen Katastrophen heimgesucht. Beispiele.

1. 18. Oktober 1356: Erdbeben Basel

Das stärkste bekannte Erdbeben in Zentraleuropa zerstörte 1356 grosse Teile von Basel. Bei den darauf folgenden Bränden brannte die aus Holzhäusern bestehende Stadt innerhalb der Ringmauern beinahe vollständig nieder. Es gab – je nach Quelle – zwischen 100 und 2000 Tote.

2. 29./30. Mai 1515: Die Flutwelle von Biasca (TI)

Am 30. September 1512 ereignete sich der Bergsturz vom Monte Crenone, darauf stauten die Gesteinsmassen einen See. Drei Jahre später kam es zum plötzlichen Durchbruch, und die Flutwelle verwüstete das Tal von Biasca bis zum Lago Maggiore. 500 Menschen kamen ums Leben.

3. 25. Mai 1595: Flutwelle im Bagnestal (VS)

Ein mächtiger Eisabbruch vom Giétroz-Gletscher staute die Drance de Bagnes zu einem See auf. Beim Abschmelzen des Eisdammes kam es zu einem plötzlichen Durchbruch. 140 Personen kamen in den Fluten um, das Bagnestal wurde bis nach Martigny hinunter verwüstet.

4. 18. September 1601: Erdbeben in der Zentralschweiz

Ein Erdbeben der Stärke 8 mit Epizentrum im Kanton Unterwalden löste Hangrutschungen und Bergstürze aus.

5. 18. Februar 1720: Lawine in Obergesteln (VS)

Die gewaltige Lawine tötete 90 Menschen und viel Vieh.

6. 6. bis 7. August 1748: Wasserverheerungen im Baselbiet und Aargau

«Furchtbare Wolkenbrüche» zerstörten Magden: «...44 Menschen, 140 Stück Vieh, 14 Wohnhäuser und 17 Scheunen wurden ein Raub der Gewässer...». In Rheinfelden verloren 32 Menschen ihr Leben.

7. Juli 1778: Flutkatastrophe in Küsnacht bei Zürich

Der Küsnachter Dorfbach tobte sechs Meter hoch durchs Dorf. Die Folge: 63 Tote, 15 zerstörte Gebäude, 8 Brücken wurden mitgerissen.

8. 2. September 1806: Bergsturz von Goldau (SZ)

Am Rossberg rutschten ca. 40 Millionen m³ Felsmasse und begruben die Dörfer Goldau, Röthen und Busingen; eine Flutwelle im Lauerzersee zerstörte zudem Lauerz. Die Bilanz: 953 Menschen, 395 Stück Vieh sowie unzählige Gebäude und Scheunen wurden ausradiert. Es war der verheerendste Bergsturz in historischer Zeit.

9. 11. September 1881: Bergsturz bei Elm (GL)

Als Folge der Schieferausbeutung und des anhaltenden Regenwetters stürzten rund 10 Millionen m³ Gestein ins Tal. Man beklagte 115 Tote; 83 Gebäude, 4 Brücken und 90 Hektaren Kulturland wurden zerstört.

10. 5. Juli 1887: Untersee-Rutschung in Zug

Bei der «Vorstadt-Katastrophe» versanken zwei Dutzend Wohnhäuser im See und 11 Menschen wurden getötet.

Quellen: www.planat.ch > Wissen > Chronik · Historisches Lexikon der Schweiz

10 ursprüngliche Nutztierrassen

ProSpecieRara, die Stiftung für die kulturhistorische und genetische Vielfalt von Pflanzen und Tieren, macht sich in verschiedensten Bereichen sehr verdient. Die hier alphabetisch vorgestellten Ur-Viecher verdanken ihr Fortbestehen zum Teil dieser Stiftung.

1. Appenzeller Sennenhund

Seine Vorfahren waren Bauernhunde, meist aus dem Appenzell, die als Treib- und Hütehunde eingesetzt wurden. Als eigentlicher Vorfahre wurde 1853 ein «hellbellender, vielfarbiger Sennenhund» beschrieben, ab 1898 wurde die Zucht des Appenzeller Sennenhundes gezielt betrieben. Seit 1914 ist die Rasse von den übrigen Schweizer Sennenhunderassen klar abgegrenzt.

2. Bündner Oberländer Schaf

Die Wurzeln dieser Art gehen zurück auf das Tavetscher oder Nalpser Schaf. Die letzten reinen Tavetscher Schafe starben trotz Erhaltungsbemühungen 1954 wegen Inzuchterscheinungen aus. Von wenigen noch recht ursprünglichen Tieren ausgehend, baute ProSpecieRara ab 1984 eine neue Zucht von Tavetscher-ähnlichen Tieren auf.

3. Capra Grigia

Diese graue, seit über 100 Jahren dokumentierte Bergziege stammt aus den Tälern des Tessins und Graubündens. Die Rasse wäre beinahe ausgestorben. ProSpecieRara fand Ende der 90er Jahre nur noch wenige direkte Nachfahren. 2006 konnte die Stiftung die Capra Grigia beim Bundesamt für Landwirtschaft wieder als offizielle Schweizer Rasse anerkennen lassen – ein wichtiger Erfolg auf dem Weg zur Erhaltung der weiterhin bedrohten Rasse.

4. Edelweiss-Simmentaler

Obwohl weltweit 50 Millionen (!) Kühe als «Simmentaler» bezeichnet werden, sind nur noch wenige originale Simmentaler Tiere übrig geblieben. Mit dem Projekt «Edelweiss-Simmentaler» setzt sich ProSpecieRara für die typische Schweizer Alpenkuh ein: harmonischer Körperbau mit ausgeprägter Bemuskelung, gute Raufutterverwertung, ausgewogene Mast- und Milchleistungen u.a. «Code60-Simmentaler», also Tiere, die ausschliesslich auf Schweizer Abstammung zurückgehen, werden heute überall in der Schweiz gehalten.

5. Evolèner Rind

Die ältesten in der Schweiz entdeckten, 6000-jährigen Knochen stammen aus dem Wallis. 1859 wurden die Evolèner Rinder zum ersten Mal schriftlich erwähnt. Die genügsamen, robusten Tiere mit dem rassetypischen Fleck auf der Stirn wurden damals noch mit den Eringern gleichgestellt, doch dann trennten sich die Wege und die Evolèner verkamen zur Randerscheinung. Seit Anfang der 1990er Jahre und kurz vor dem Verschwinden der Rasse hat sich die Population wieder etwas stärker verbreitet.

6. Freiberger Pferd

Die Heimat dieser bis ins 15. Jahrhundert bezeugten Pferderasse ist der Schweizer Jura, besonders die Hochebene der Freiberge. Im Laufe des 20. Jahrhunderts entwickelte sich das Freiberger Pferd zum vielseitig eingesetzten Nutzpferd, und es wurde mit Kaltbluthengsten eingekreuzt. 1997 wurde das Zuchtbuch für die Freibergerrasse geschlossen, seither dürfen keine neuen Pferde mehr eingekreuzt werden.

7. Rätisches Grauvieh

Ein Urvorfahre des Grauviehs ist das bereits in vorchristlicher Zeit im Gebiet der Zentralalpen lebende Torfrind. Nachfahren dieser Tiere wurden mit aus Italien stammenden Rindern gekreuzt. Es entstanden verschiedene Schläge, etwa das Albula-Grauvieh. ProSpecieRara konnte zusammen mit engagierten Züchtern 1985 einige dem Albula-Schlag ähnliche Tiere in die Schweiz zurückimportieren und in ihrer Heimat Graubünden wieder ansiedeln.

8. Spiegelschaf

Das Spiegelschaf stammt wahrscheinlich aus der Region Prättigau. Im Engadin und im österreichischen Kärnten ist der Name Spiegelschaf ebenfalls überliefert, allerdings waren die Arten verschieden. Ab 1985, als ProSpecieRara im Prättigau einige der letzten Tiere entdeckte, konnte die Rasse stetig wieder aufgebaut werden.

9. Stiefelgeiss

Das dem rauen Leben in den Bergen angepasste Tier stammt aus der Region St. Galler Oberland/Walensee. Auf der Landwirtschaftsausstellung 1909 wurde die Stiefelgeiss erstmals als eigenständige Rasse vorgestellt, später aber als solche nicht mehr anerkannt. Anfang der 80er Jahre war die Stiefelgeiss beinahe ausgestorben, konnte jedoch durch die Stiftung ProSpecieRara im letzten Augenblick gerettet werden.

10. Walliser Landschaf

Die Herkunft des Walliser Landschafes ist nicht mehr genau zu eruieren. In den 1980er Jahren war es jedenfalls kurz vor dem Aussterben. ProSpecieRara fand 1985 bei vereinzelten Züchterinnen und Züchtern nur noch Tiere des braunen Farbschlags und startete ein Projekt zur Erhaltung dieser urtümlichen Walliser Schafrasse. Heute ist es in der Schweiz wieder weit verbreitet.

Weitere Informationen über > www.prospecierara.ch.
Quelle: www.prospecierara.ch

Die 5 Pärke mit Bundeslabel

2007 gründeten 19 Parkprojekte den Verein «Netzwerk Schweizer Pärke», der die Interessen seiner Mitglieder wahrnimmt und ihnen hilft, Pärke zu errichten und zu betreiben. Die neuen Pärke, die seit 2008 in der Schweiz entstehen, stützen sich auf das Natur- und Heimatschutzgesetz (NHG), das drei Kategorien unterscheidet: Nationalpark, Regionaler Naturpark, Naturerlebnispark. Die Parkprojekte sind unterschiedlich weit fort geschritten. Fünf Pärke haben das Bundeslabel und befinden sich in der Betriebsphase (Stand 2011).

1. Schweizerischer Nationalpark (seit 1914)   > www.nationalpark.ch
2. Unesco-Biosphäre Entlebuch (seit 2008)   > www.biosphaere.ch
3. Wildnispark Zürich-Sihlwald (seit 2009)   > www.wildnispark.ch
4. Naturpark Thal (seit 2009)   > www.naturparkthal.ch
5. Biosfera Val Müstair (seit 2010)   > www.biosfera.ch

Weitere Informationen über > www.paerke.ch.
Quelle: www.paerke.ch

Die 10 grössten Seen

Die Schweiz hat über 1500 Seen. Der Neuenburgersee ist das grösste ganz in der Schweiz liegende Binnengewässer. Die gerundeten Zahlen geben die Flächen auf Schweizer Boden an.

Name	angrenzende Kantone / Länder	Grösse (km²)
1. Genfersee (Lac Léman)	GE, VD, VS; F	347 [1]
2. Neuenburgersee (Lac de Neuchâtel)	BE, FR, NE, VD	218
3. Bodensee	SG, TG, SH; D/Ö	173 [2]
4. Vierwaldstättersee	LU, NW, OW, SZ, UR	114
5. Zürichsee	SG, SZ, ZH	90
6. Thunersee	BE	48
7. Langensee (Lago Maggiore)	TI; I	42 [3]
8. Bielersee	BE, NE	40
9. Zugersee	LU, SZ, ZG	38
10. Luganersee (Lago di Lugano)	TI; I	31 [4]

[1] Gesamtgrösse: 581 km²
[2] Gesamtgrösse: 541 km²
[3] Gesamtgrösse: 212 km²
[4] Gesamtgrösse: 49 km²

Quellen: Bundesamt für Wasser und Geologie · Bundesamt für Landestopographie · Verschiedene

Die 10 kleinsten Seen...

...mit einer Fläche von über 1 km².

1. Oeschinensee (BE)	1,15 km²
2. Puschlaversee (Lago di Poschiavo) (GR)	1,95 km²
3. Lungerersee (OW)	2,01 km²
4. Lauerzersee (SZ)	3,10 km²
5. Silvaplanersee (GR)	3,16 km²
6. Pfäffikersee (ZH)	3,30 km²

7. Silsersee (GR)	4, 11 km²
8. Baldeggersee (LU)	5, 24 km²
9. Ägerisee (ZG)	7, 25 km²
10. Sarnersee (OW)	7,38 km²

Quellen: Bundesamt für Wasser und Geologie · Bundesamt für Landestopographie · Verschiedene

Die 10 schlimmsten Unwetter der letzten dreissig Jahre

Der Klimawandel macht allen zu schaffen, doch Unwetter sind nichts Neues, wie unsere Beispiele in chronologischer Reihenfolge zeigen.

1. August 1978
Am 7./8. August tobte ein Unwetter im Tessin. Am heftigsten wütete es in der Region Bellinzona und Lugano. Innerhalb von einer Stunde fielen bis zu 33 Liter Regen pro Quadratmeter. Es gab 9 Tote und Schäden von rund 500 Millionen Franken.

2. Sommer 1987
Im Juli und August führten anhaltend starke Regenfälle zu einer der schwersten Unwetterkatastrophen im Alpenraum. Am 19. Juli wurde die Gemeinde Poschiavo (GR) verwüstet, am 25. August wurde die Reussebene überflutet und die Gotthardtransitstrecke lahmgelegt. Insgesamt starben acht Menschen, und es entstand Sachschaden von über einer Milliarde Franken.

3. März 1990
Am 27./28. März 1990 machte der Sturm Vivian «aus den Schweizer Wäldern Kleinholz» *(Blick)*. In den Bergkantonen wütete der Orkan am stärksten. Der Sachschaden betrug ca. 700 Millionen Franken.

4. September 1993
Nach anhaltenden intensiven Niederschlägen schwoll der Dorfbach Saltina in Brig am 24. September zum reissenden Strom an. Schutt und Geröll türmten sich auf Balkonhöhe. Zwei Frauen verloren ihr Leben. Schadenbilanz des Unwetters im Raume Oberwallis: über 650 Millionen Franken.

5. Februar 1999

Zwischen dem Unterwallis und Nordbünden fielen in fünf Wochen grossflächig über fünf Meter Neuschnee. In den Alpen gingen rund 1200 Lawinen zu Tal. Die Lawinenkatastrophe forderte 17 Todesopfer, die Sachschäden beliefen sich auf über 600 Millionen Franken.

6. Mai 1999

Ein «Jahrhunderthochwasser» wie in den Jahren 1978, 1987 und 1993, was Schadensummen und flächenhafte Ausdehnung betrifft, gab es erneut im Mai 1999. Die Regenmenge betrug im Mai das 2½-fache des langjährigen Monatsmittels. Man bezifferte die Schadensumme auf rund 580 Millionen Franken.

7. Dezember 1999

Der Orkan Lothar fegte am 26. Dezember über die gesamte Schweiz, am meisten betroffen waren die Kantone Bern und Nidwalden. Lothar verursachte die grössten je in der Schweiz ermittelten Waldschäden. Bei fast allen kantonalen Gebäudeversicherungen registrierte man sehr hohe Sturmschäden. 13 Menschen starben, die Schadensumme betrug über eine Milliarde Franken.

8. Oktober 2000

Am 14. Oktober 2000 brach über den ganzen Kanton Wallis eine schreckliche Unwetter-Katastrophe herein. 16 Menschen kamen ums Leben; allein im verwüsteten Gondo, wo sich eine Rutschmasse gelöst hatte, starben 13 Personen.

9. August 2005

Zwischen 1. und 23. August regnete es teils sintflutartig, stellenweise so viel wie noch nie, seit in der Schweiz Niederschläge gemessen wurden. Die Regenfälle richteten vor allem in Bern, im Aargau sowie der Ost- und Innerschweiz grosse Schäden an. Das «Jahrhunderthochwasser» vom August 2005 forderte 8 Todesopfer und verursachte Sachschäden von rund 3 Milliarden Franken. Anfang Oktober 2011 herrschten erneut ähnlich katastrophale Verhältnisse, besonders hart betroffen war das Berner Oberland, aber auch im Wallis und in der Innerschweiz traten Flüsse über die Ufer.

10. Juli 2009

Orkanartige Sturmböen, Überflutungen und Hagel vom Waadtland bis zum Bodensee sorgten für Schäden in Höhe von rund 250 Millionen Franken. In der Romandie waren die Hagelkörner teils so gross wie Tennisbälle.

Quellen: PLANAT · Eidg. Forschungsanstalt für Wald, Schnee und Landschaft (WSL) · Bundesamt für Umwelt BAFU · Verschiedene

10 der vom Aussterben am meisten bedrohten Vögel

Für die Vögel gilt dasselbe wie für die Fische (siehe dort), ihre Situation ist zum Teil alarmierend.

1. Bartgeier (*Gypaetus barbatus*)
Der eindrückliche Bewohner des Alpenraums, der seit 2007 in der Schweiz wieder mehrmals erfolgreich gebrütet hat, muss neu in der Kategorie «vom Aussterben bedroht» eingestuft werden.

2. Bekassine (*Gallinago gallinago*)
Die Bekassine tritt als Brutvogel nur noch vereinzelt auf. Der Schnepfenvogel wird als Brutvogel wohl in nächster Zukunft ganz verschwinden, es fehlt ihm an grossen Feuchtgebieten.

3. Grosser Brachvogel (*Numenius arquata*)
Für den Grossen Brachvogel gilt dasselbe wie für die Bekassine.

4. Kiebitz (*Vanellus vanellus*)
Der Kiebitz erlitt seit Mitte der 1980er Jahre einen dramatischen Bestandsrückgang. Leider ist sein Bruterfolg nur noch sehr gering.

5. Ortolan (*Emberiza hortulana*)
Auch der Ortolan muss neu in der Kategorie «vom Aussterben bedroht» eingestuft werden. Innert weniger Jahre ist der farbenprächtige Ortolan zu einem der seltensten Brutvögel der Schweiz geworden. 2009 wurden nur noch 7 singende Ortolane gefunden, alle im Wallis.

6. Purpurreiher (*Ardea purpurea*)
Zwischen 1995 und 2001 hatte der grazile Vogel gar nicht gebrütet, doch ab 2002 kam es wieder fast alljährlich zu Bruten.

7. Rebhuhn (*Perdix perdix*)
Die Versuche zur Wiederansiedlung des Rebhuhns im Klettgau (SH) und der Genfer Champagne brachten bisher nicht den gewünschten Erfolg.

8. Rotkopfwürger (*Lanius senator*)
Das letzte Vorkommen dieses Singvogels im Jura umfasste im Jahre 2000 nur noch 4 Paare. In den letzten fünf Jahren gab es nicht mehr jedes Jahr Hinweise auf Bruten.

9. Wachtelkönig *(Crex crex)*

Der Wachtelkönig brütet in Feuchtgebieten und in Heuwiesen. In den letzten Jahren ist es vor allem im Jura und im Unterengadin wieder zu Bruten gekommen.

10. Zwergohreule *(Otus scops)*

Von der kleinen Eule mit ihrer rindenartigen Tarnfärbung gibt es nur noch im Mittelwallis und Tessin einen kleinen Restbestand von wenigen Paaren.

Infos über > www.vogelwarte.ch. Beispiele in alphabetischer Reihenfolge.
Quelle: Schweizerische Vogelwarte Sempach, www.vogelwarte.ch

10 Vogel-Rekorde der hiesigen Vögel

Die nachfolgenden Angaben beziehen sich ausschliesslich auf die Vögel der Schweiz.

1. Die längste *Brutdauer* hat der Steinadler mit 40–45 Tagen.
2. Der häufigste *Brutvogel* ist der Buchfink mit 900 000 bis 1, 2 Millionen Paaren.
3. Die meisten *Eier* pro Brut – 15–20 Eier – legt das Rebhuhn.
4. Der schnellste *Flieger* ist der Wanderfalke, der bis zu 180 km/h zurücklegt.
5. Der *grösste* hiesige Vogel ist der Höckerschwan mit bis zu 14 kg.
6. Der *kleinste* hier lebende Vogel ist das Sommergoldhähnchen, es wiegt lediglich rund 4 g.
7. Die grösste *Flügel-Spannweite* hat der wiedereingebürgerte Bartgeier mit bis zu 2,6 m.
8. Über den längsten *Schnabel* verfügt der Weissstorch mit 18 cm.
9. Der «*Spötter*» unter den Schweizer Vögeln ist der Sumpfrohrsänger: Bisher sind in seinem Gesang Motive von 212 anderen Vogelarten festgestellt worden.
10. Die grössten *Tiefen* beim Tauchen erreicht der Haubentaucher, nämlich Tiefen bis 30 m.

Weitere Vogel-Infos über > www.vogelwarte.ch.
Quelle: Schweizerische Vogelwarte Sempach, www.vogelwarte.ch

Die 15 grössten Waldreservate

Die Schweiz hat eine Waldfläche von etwa 12 000 Quadrat-kilometern, das sind rund 30 % ihrer Gesamtfläche. Etwa ein Drittel des Waldes gehört Privatpersonen und Korporationen; Gemeinden und Kantone besitzen die anderen zwei Drittel. Die drei grössten geschützten Urwälder der Schweiz sind der Fichten-Urwald Bödmeren-wald im Muotatal / SZ (70 ha), der Tannen-Urwald von Derborence / VS (22,3 ha) und der Fichten-Urwald von Scatlé bei Brigels / GR (9, 1 ha). Dazu gibt es Waldreservate; sie machten 2005 etwa 2,5 % der Schweizer Waldfläche aus, bis 2030 sollen es 10% sein. Man unterscheidet 3 Typen: Naturwaldreservate (NWR), hier wird ganz auf forstliche Eingriffe verzichtet; Sonderwaldreservate (SWR), hier werden mit gezielten Eingriffen bestimmte Arten und Biotope erhalten und gefördert; Komplexreservate (KWR), eine Kombination der beiden ersten Typen.

Die 15 grössten Reservate

Reservat	Kanton	Reservatstyp	Waldfläche in Hektaren
1. Nationalpark	GR	NWR	4800
2. Pfynwald	VS	KWR	994
3. Onsernone	TI	NWR	965
4. Sihlwald	ZH	NWR	828
5. Krummenau-Nesslau	SG	KWR	700
6. Riserva forestale Valle di Cresciano	TI	NWR	637
7. Wandflue-Bettlachstock-Gäschler-Himbeeren-Hasenmatt-Stallflue-Schatsiten	SO	KWR	468
8. Niderholz, Watt	ZH	KWR	363
9. Montrichier	VD	KWR	356

10. Laseier, Ebenalp	AI	SWR	313
11. Vanil Noir	FR/VD		306
12. Näfels	GL	NWR	306
13. Thurauen	ZH	KWR	304
14. Büelserwald (Bilten)	GL	KWR	275
14. Planige (Randogne)	VS	KWR	275

> www.artenschutz.ch/wald.htm und www.bafu.admin.ch/schutzgebiete-inventare.
Quellen: www.artenschutz.ch/wald.htm · www.bafu.admin.ch/schutzgebiete-inventare

Die 8 extremsten Wetterrekorde

Es heisst, das Wetter werde immer extremer. Erstaunlicherweise trifft das auf die Schweizer Wetterrekorde nicht zu, wie man zumindest bei diesen Top 8 sieht.

1. Grösste Hitze:
Am 11. August 2003 stieg das Thermometer in Grono (GR) auf 41,5 °C.

2. Eisigste Kälte:
Am 12. Januar 1987 verzeichnete man in La Brévine (NE) -41,8 °C.

3. Höchste Niederschlagsmenge (Tagesrekord):
Camedo (TI), 414 mm, am 10. September 1983.

4. Längste Trockenperiode (0 mm Niederschlag):
Lugano, 77 Tage, ab 6. Dezember 1988.

5. Grösste Neuschneemenge (Tagesrekord):
130 cm in Klosters (GR), am 29./30. Januar 1982.

6. Grösste Schneehöhe:
816 cm auf dem Säntis, im April 1999.

7. Höchste Windgeschwindigkeit in den Bergen:
268 km/h, am 27. Februar 1990 auf dem Grossen St. Bernhard.

8. Höchste Windgeschwindigkeit in den Niederungen:
190 km/h in Glarus, am 15. Juli 1985.

Quellen: Meteo Schweiz · Bundesamt für Statistik (BFS) - Statistisches Lexikon der Schweiz (Stand 2010)

5. KULTUR

10 alte und neue Comic-Helden

Der Begriff *comic* stammt aus einer Unterhaltungsbeilage der *New York World*, in der 1859 «Cartoons» eingeführt wurden. Als eigentlicher Erfinder gilt jedoch Rodolphe Töpffer (1799–1846), ein Genfer Lehrer, der nebenbei zeichnete und schrieb und 1827 seinen ersten «Roman in Bildern» veröffentlichte. Comics galten vor allem in der Deutschschweiz bis in die 1980er Jahre als Schundliteratur. Immerhin gab es Ausnahmen, wie einige der chronologisch aufgeführten Beispiele zeigen.

1. Globi

Globi, der weltgewandte Papagei-Mensch, wurde 1932 anlässlich der 25 Jahre des Bestehens des Warenhauses Globus von Robert Lips geschaffen. Es ist die älteste und am längsten andauernde Comic-Serie der Schweiz.

2. Knorrli

1948 erschien Knorrli zum ersten Mal in einem Inserat. Das Männchen mit der roten Zipfelmütze war bald berühmter Werbeträger der Knorr-Produkte. Gezeichnet hatte ihn der Tessiner Maler und Grafiker Hans Tomamichel.

3. Ringgi und Zofi

Der Ringier-Verlag gab zwischen 1948 und 1965 die von Hugo Laubi gezeichneten Comicstrips heraus. (Verse von Fridolin Tschudi und Gerti Egg.) Der Journalist Ringgi (von Ringier) reist mit seinem Dackel Zofi (von Zofingen, dem Ringier-Sitz) rund um die Welt.

4. Papa Moll

Der liebenswürdig-tolpatschige Familienvater wurde von der Malerin Edith Oppenheim-Jonas kreiert. Er sollte auf Initiative der Pro Juventute bürgerliche Werte wie die traditionelleFamilie und gute Manieren propagieren.

5. Pythagore

André Jobin und Derib schufen 1969 die weise Eule Pythagore. Sie hat einen Hang zum Alkohol und besteht viele witzige Abenteuer. Derib gehört zu den berühmtesten europäischen Comiczeichnern, er publizierte bereits über fünfzig Comicalben, darunter auch «Yakari» (1978–2001).

6. Stéphane

Der Held ist ein junger, sensibler Mann aus bescheidenen Verhältnissen. Er muss Genf wegen einer grossen Dummheit verlassen und reist über Italien bis nach Indien. Daniel Ceppi zeichnete Stéphane in den 1970er Jahren.

7. Jonathan

Cosey alias Bernard Cosendai schuf 1975 die dreizehnbändige Abenteuerserie mit Jonathan.

8. Olivier Varèse/Gipsy

Enrico Marini, besonders auch in Frankreich und Belgien berühmt, erfand um 1987 diesen Reporter mit seinen kühnen Träumen. Gipsy und der zweibändige Western-Comic *Der Stern der Wüste* stammen ebenfalls von Marini.

9. Titeuf

Titeuf, der freche Knirps mit der coolen Haarlocke, ist 1993 von Zep (eigentlich Philippe Chappuis) ins Leben gerufen worden.

10. Eva Grdjic

Eva ist ein Comic des Zeichners Felix Schaad und des Texters Claude Jaermann. Der Comic-Strip mit den Erlebnissen der korpulenten, griesgrämigen Frau erschien zuerst auch im Nebelspalter, seit 2001 ist er täglich im Tages-Anzeiger zu geniessen.

Quellen: www.swisscomics.ch · Verschiedene

10 weltberühmte Designklassiker

Dass man die Schweiz nicht nur auf die Clichés Uhren, Käse und Schokolade reduzieren kann, zeigen zahlreiche innovative Designer mit Alltagsobjekten, von denen viele inzwischen weltberühmt sind. 10 Beispiele in alphabetischer Reihenfolge.

1. Bahnhofsuhr

1944 gestaltete der Zürcher Ingenieur und Designer Hans Hilfiker die Bahnhofsuhr, die sich seither optisch nicht verändert hat. Seit 1986 kann man den berühmten Klassiker auch am Handgelenk tragen – natürlich in der kleinen Version!

2. Davoser-Schlitten

Leichte norwegische Schlitten kamen im 19. Jahrhundert in die Schweiz. Hier entwickelte man sie weiter. Die Davoser gaben der Form den Namen, hergestellt wird der Schlitten in Rümligen (BE).

3. Girolle

Der Feinmechaniker Nicolas Crevoisier aus Lajoux (JU) suchte eine Methode, den Tête-de-Moine-Käse für seine grosse Familie auf rationellere Weise zu schaben. Heraus kam ein kurbelähnlicher Käsehobel, die Girolle, die er 1982 patentieren liess.

4. Helvetica

1957 schuf der Zürcher Grafiker und Typograf Max Miedinger diese klare, einfache Schrift. Die Helvetica wurde bald weltberühmt und wird in der Werbung, auf Speisekarten, bei der Strassen- oder Bahnbeschilderung usw. verwendet. Weltweite Berühmtheit erlangten neben der Helvetica auch die von Adrian Frutiger entworfenen Univers und Frutiger.

5. Landi-Stuhl

Der Zürcher Hans Coray entwarf den leichten, wetterfesten und eleganten Stuhl mit der charakteristischen Lochung für die Schweizerische Landesausstellung («Landi») von 1939. Das Sitzmöbel aus gehärtetem Aluminium gehört zu den meistverkauften Freilandstühlen des 20. Jahrhunderts und steht in allen bedeutenden Design-Museen der Welt.

6. Möbelbausystem USM

Die Berner Paul Schärer und Fritz Haller entwickelten 1963 das modulare Möbelbausystem. Der Kürzel USM steht für den Produzenten Ulrich Schärer, Münsingen. Das Möbelbausystem wurde 2001 ins Museum of Modern Art in New York aufgenommen.

7. Monteverdi Hai 450SS Coupé

Peter Monteverdi aus Binningen (BL) war Privatrennfahrer, Autobauer und Gründer der gleichnamigen Automarke. Legendär ist sein um 1970 geschaffenes Model Hai 450SS Coupé. Der Supersportwagen zeigt Rasse und gleichzeitig eine «kühle und sachliche Distanziertheit».

8. Sparschäler Rex

1948 liess der aus Davos stammende Alfred Neweczeral sein Schälgerät patentieren. Dank der querliegenden, beweglich angebrachten Klinge folgt es exakt den Konturen von Kartoffeln, Gemüse und Obst. Unter dem Markennamen Rex Sparschäler sind bis heute weit über 70 Millionen Stück verkauft worden. Rex zählt zu den berühmtesten Objekten der Schweizer Design-Geschichte.

9. Stewi Wäscheschirm

Der Erfinder Walter Steiner aus Winterthur schuf 1947 sein praktisches und schönes Alltagsgerät. Für den Vertrieb gründete er die Firma Stewi (Ste =

Steiner, Wi = Winterthur). In den 50er und 60er Jahren eroberte sein Wäsche-
schirm den europäischen Markt.

10. «Türli-Toaster»

Den Toaster-Klassiker der Firma Jura gibt es seit 1936. Er überzeugt mit seiner
einfachen Formgebung und Handhabung. Heute wird er als teils teures
Kultobjekt gesammelt.

> Siehe auch «Erfindungen» [Kapitel Wissenschaft] Seite 256
Quellen: Einzelne Websites · www.swissinfo.ch · www.land-der-erfinder.ch · Wikipedia · Weitere

Die 15 in der Schweiz erfolgreichsten Filme

**ProCinema, der Schweizerische Verband für Kino und Film-
verleih, ist «das zentrale Gedächtnis der Schweizer
Filmszene»; es erstellt Statistiken und Ranglisten. Hier
die erfolgreichsten in der Schweiz gespielten Filme.**

Filmtitel	Regisseur	Jahr
1. Titanic	James Cameron	1998
2. Avatar	James Cameron	2009
3. Findet Nemo	Andrew Stanton	2003
4. Ice Age 2: Jetzt taut's	Carlos Saldanha	2006
5. Ice Age 3: Die Dinosaurier sind los	Carlos Saldanha	2009
6. Harry Potter 1: Der Stein der Weisen	Chris Columbus	2001
7. Die Schweizermacher	Rolf Lyssy	1978
8. Herr der Ringe 3: Die Rückkehr des Königs	Peter Jackson	2003
9. Herr der Ringe 1: Die Gefährten	Peter Jackson	2001
10. Herr der Ringe 2: Die zwei Türme	Peter Jackson	2002
11. Harry Potter 2: Die Kammer des Schreckens	Chris Columbus	2002
12. Casino Royale	Martin Campbell	2006
13. Madagascar 2	Eric Darnell / Tom McGrath	2008
14. James Bond 20: Stirb an einem anderen Tag	Tamahori Lee	2002
15. The World is Not Enough	Michael Apted	1999

Quelle: http://procinema.ch

Die 10 erfolgreichsten Schweizer Filme

Kumulierte Anzahl Kinobesucher von 1976 bis 2010.

Filmtitel	Regisseur	Jahr	Kinobesucher
1. Die Schweizermacher	Rolf Lyssy	1978	940 465
2. Achtung, fertig, Charlie!	Mike Eschmann	2003	560 514
3. Die Herbstzeitlosen	Bettina Oberli	2006	558 875
4. Mein Name ist Eugen	Michael Steiner	2005	542 053
5. Les petites fugues	Yves Yersin	1979	424 543
6. Grounding – die letzten Tage der Swissair	Michael Steiner	2005	370 976
7. Ein Schweizer namens Nötzli	Gustav Ehmck	1988	350 681
8. Ernstfall in Havanna	Sabine Boss	2002	313 604
9. Höhenfeuer	Fredi M. Murer	1985	253 925
10. Vitus	Fredi M. Murer	2006	243 137

Quelle: Bundesamt für Statistik (BFS)

Die 13 erfolgreichsten Filmregisseure

Die Rangliste ergibt sich aus der vom Bundesamt für Statistik (BFS) erstellten Übersicht der 500 in der Schweiz erfolgreichsten Schweizer Filme von 1976 bis 2009. Aufgeführt sind hier alle Regisseure mit ihren Filmen, die in der besagten Zeit insgesamt über 300 000 Kinobesucher hatten.

1. Rolf Lyssy (geb. 1936, Zürich)
* Die Schweizermacher (1978): 940 465 (= jeweils Anzahl Kinobesucher)
* Kassettenliebe (1981): 186 075
* Leo Sunnyboy (1989): 131 592
* Teddy Bär (1983): 51 814
Total: 1 309 946

2. Michael Steiner (geb. 1969, Hergiswil NW)
* Mein Name ist Eugen (2005): 542 053
* Grounding (2005): 370 976
* Sennentuntschi (2010): 138 556
Total: 1 051 585

3. Mike Eschmann (geb. 1967, Zürich)
* Achtung, fertig, Charlie (2003): 560 514
* Breakout (2007): 65 096
* Tell (2007): 55 469
Total: 681 079

4. Fredi M. Murer (geb. 1949, Beckenried NW)
* Höhenfeuer (1985): 253 925
* Vitus (2006): 243 137
* Vollmond (1998): 72 847
* Der grüne Berg (1990): 8006
* Grauzone (1979): 6354
Total: 584 269

5. Bettina Oberli (geb. 1972, Interlaken BE)
* Die Herbstzeitlosen (2006): 558 875
* Im Nordwind (2004): 3015
Total: 559 176

6. Christoph Schaub (geb. 1958, Zürich)
* Giulias Verschwinden (2009): 183 370
* Sternenberg (2004): 122 881
* Jeune Homme (2006): 93 301
* Stille Liebe (2001): 21 954
* Happy New Year (2008): 20 486
* Bird's Nest (mit M. Schindhelm) (2008): 17 476
* Die Reisen des S. Calatrava (1999): 8636
* Dreissig Jahre (1989): 4941
* Am Ende der Nacht (1992): 2744
Total: 475 789

7. Daniel Schmid (geb. 1941, Flims GR)
* Beresina … (1999): 120 215
* Jenatsch (1987): 84 887
* Hécate – Maîtresse de la nuit (1982): 74 166
* Violanta (1977): 70 156
* Hors Saison (1992): 47 883
* Il bacio di Tosca (1984): 38 096
* Das geschriebene Gesicht (1995): 5141
Total: 440 544

8. Xavier Koller (geb. 1944, Ibach SZ)

* Das gefrorene Herz (1980): 180 922
* Der schwarze Tanner (1986): 149 114
* Reise der Hoffnung (1990): 109 959
Total: 439 995

9. Yves Yersin (geb. 1942, Lausanne)

* Les petites fugues (1979): 424 543
Total: 424 543

10. Markus Imboden (geb. 1955, Interlaken BE)

* Komiker (2000): 157 838
* Katzendiebe (1996): 109 765
* Heidi (2001): 82 264
Total: 349 867

11. Alain Tanner (geb. 1929, Genf)

* Jonas… (1976): 139 809
* Messidor (1979): 89 059
* Dans la ville blanche (1983): 49 942
* La femme de Rose Hill (1989): 29 609
* Fourbi (1996): 27 072
* Requiem (1998): 7271
* Jonas et Lila (1999): 5982
Total: 341 473

12. Mark M. Rissi (geb. 1946, Sargans SG)

* Brot und Steine (1979): 160 779
* Die schwarze Spinne (1983): 138 522
* Lisi und der General (1986): 13 720
* Downtown Switzerland (1990): 13 147
* Ghame Afghan (1986): 2526 (Z.arbeit)
Total 328 694

13. Claude Goretta (geb. 1929, Genf)

* La Dentellière (1977): 239 525
* Si le soleil ne revenait pas (1987): 37 684
* La mort de Mario Ricci (1983): 23 992
Total: 301 201

Quelle: Bundesamt für Statistik (BFS), Film- und Kinostatistik, Stand 03/2011

8 sehenswerte Film-, Theater- und Tanzfestivals

In der Schweiz gibt es unzählige Festivals (siehe auch Musikfestivals). Darunter sind traditionelle und weltberühmte, wie etwa das Internationale Filmfestival Locarno oder das Zürcher Theaterspektakel. Ein chronologischer Überblick.

3 x Filmfestivals

1. Internationales Filmfestival Locarno (Locarno/TI)

Das «Festival del film Locarno», wie es im Tessin heisst, geht seit 1946 über die grosse Bühne auf der Piazza Grande. Hier haben jeweils 8000 Zuschauer im August Gelegenheit, die authentische Stimmung dieser weltberühmten Veranstaltung zu geniessen. Das Filmfestival gehört mit jenen von Venedig und Moskau (Start 1930er Jahre) und jenen von Cannes und der Tschechischen Republik (Karlovy Vary, beide 1946 gegründet) zu den ältesten Filmfestspielen der Welt. > www.pardo.ch

2. Solothurner Filmtage (Solothurn)

Die Solothurner Filmtage (SFT), das bedeutendste Filmfestival für den Schweizer Film, präsentieren seit 1966 im Januar eine repräsentative Auswahl an aktuellen Schweizer Filmen. Die im «Forum» gezeigte Werkschau mit den Spiel-, Dokumentar- und Kurzfilmen wird ergänzt durch zwei exklusive Spezialprogramme. >www.solothurnerfilmtage.ch

3. Visions du Réel (Nyon/VD)

«Visions du Réel» wurde 1969 gegründet; in seiner heutigen Form findet es seit 1995 jeweils im April statt. Es gehört zu den wichtigsten internationalen Festivals für Dokumentarfilme. «Visions du Réel» – etwa: Vorstellungen/Visionen des Realen – ist Plattform für Experimentalwerke und Begegnungsstätte rund um das weite Thema der «Wirklichkeit». > www.visionsdureel.ch

5 x Theater- und Tanz-Festivals

1. Zürcher Theaterspektakel (Zürich)

Die Veranstaltung entstand 1980 als internationales Treffen von unabhängigen Theatergruppen. Heute treten jährlich rund 25 bis 30 Gruppen und Einzelkünstlerinnen und -künstler aus der ganzen Welt auf, die durch formale Eigenständigkeit, innovativen Charakter und künstlerische Ambition überzeugen. Das Spektakel findet jeweils Ende August/Anfang September während 18 Tagen auf der Landiwiese in Zürich statt. > www.theaterspektakel.ch

2. Steps (Schweiz)

Steps lädt seit 1988 alle zwei (geraden) Jahre etwa 10 internationale Tanzkompagnien zu einer Tournee durch die Schweiz ein. So finden während eines Monats (April/Mai) in rund 40 Theatern gegen 80 Vorstellungen statt. Konzipiert und realisiert wird das Festival vom Migros-Kulturprozent in Zusammenarbeit mit lokalen Veranstaltern und Theaterhäusern. > www.steps.ch

3. Figura Theaterfestival Baden (Baden/AG)

Seit 1994 präsentiert das Figura Theaterfestival, diese «Internationale Biennale des Bilder-, Objekt- und Figurentheaters», alle zwei (geraden) Jahre Mitte Juni Inszenierungen aus dem In- und Ausland. Dazu kommen zahlreiche Schweizer Erstaufführungen in allen Theatern von Baden und Wettingen und «Figura fuori» auf Strassen und Plätzen. > www.figura-festival.ch

4. Zürcher Festspiele (Zürich)

Die Zürcher Festspiele lenken am Ende einer Spielzeit den Blick auf das Kulturgeschehen in Zürich und zeigen, wie sich die Künste in dieser Stadt begegnen. Daraus ergibt sich eine faszinierende Kombination von Oper, Konzert, Tanz, Theater und Kunst. Die Festspiele finden seit 1997 jeweils im Juni/Juli an verschiedenen Orten der Stadt statt. > www.zuercher-festspiele.ch

5. Theaterfestival Basel (Basel)

Basels Theaterfestival lebt 2012 neu auf. Es präsentiert alle zwei (geraden) Jahre im August/September internationale zeitgenössische Theater- und Tanzcompagnien und versteht sich als Stadtraum- und Publikumsfestival. Ausgerichtet wird das Theaterfestival Basel von der Kaserne Basel und dem Theater Roxy Birsfelden (BL) in Kooperation mit anderen Kulturinstitutionen Basels. > www.kaserne-basel.ch

Quellen: Einzelne Websites · www.theater.ch · Verschiedene

Die 20 grössten Hits

Die Top 20 aller Singles, die in der hiesigen Hitparade seit 1968 klassiert sind. Stand Februar 2011.

Interpret	Titel	Eintritt
1. DJ Ötzi & Nik P.	Ein Stern…	18.2.2007
2. Amy Macdonald	This Is The Life	23.3.2008
3. Guru Josh Project	Infinity 2008	28.9.2008
4. The Black Eyed Peas	I Gotta Feeling	19.7.2009
5. Gossip	Heavy Cross	21.6.2009
6. Lady GaGa	Poker Face	11.1.2009
7. Timbaland Presents One Republic	Apologize	4.11.2007
8. Baschi	Bring en hei	28.5.2006
9. David Guetta feat. Akon	Sexy Bitch	9.8.2009
10. James Blunt	You're Beautiful	21.8.2005
11. Amy Winehouse	Rehab	18.3.2007
12. Mika	Relax (Take It Easy)	4.3.2007
13. Juanes	La camisa negra	7.8.2005
14. Duffy	Mercy	2.3.2008
15. Scorpions	Wind Of Change	17.2.1991
16. Alizée	Moi… Lolita	6.8.2000
17. Jay-Z + Alicia Keys	Empire State Of Mind	27.9.2009
18. Bligg	Rosalie	26.10.2008
19. Coldplay	Viva la vida	20.7.2008
20. Aventura	Obsesión	14.12.2003

Quelle: www.hitparade.ch/Hung Medien

5 berühmte Komponisten

Die Liste der Schweizer Komponisten ist sehr lang. Wir picken fünf besondere Musiker heraus, in chronologischer Reihenfolge.

1. Othmar Schoeck (1886–1957)

Der in Brunnen geborene Schoeck war Komponist und Dirigent. Opern und Lieder bilden das Rückgrat seines Schaffens. Er schrieb etwa 400 Lieder zu Texten grosser Schriftsteller (Heinrich Heine, Hermann Hesse, Gottfried Keller u. a.) und gehört zu den bedeutendsten Schweizer Liedkomponisten des 20. Jahrhunderts. Zu seinen Hauptwerken zählt der Operneinakter *Penthesilea* (1927). > www.othmar-schoeck.ch

2. Frank Martin (1890–1974)

Zu den Schlüsselerlebnissen des Genfers gehörte Bachs Matthäus-Passion, die er als 12-jähriger hörte. Um 1932 befasste er sich eingehend mit der Zwölftontechnik Schoenbergs und verarbeitete sie zu einer eigenen Technik, ohne die tonale Basis in seiner Harmonik aufzugeben. Seine Werke *Le vin herbé* und die *Petite Symphonie Concertante* begründeten seine internationale Anerkennung.

3. Arthur Honegger (1892–1955)

Der als Sohn eines aus Zürich stammenden Ehepaares in Le Havre geborene Musiker blieb sein Leben lang Schweizer Bürger. Er komponierte rund 200 Werke und beherrschte dabei sowohl Symphonie wie Kammermusik, Oratorium und Oper. Er gehörte wie Darius Milhaud und Francis Poulenc zur «Groupe des Six» und war Mittler zwischen deutscher und französischer Musikwelt des frühen 20. Jahrhunderts. Honegger war einer der vielseitigsten Komponisten seiner Generation.

4. Armin Schibler (1920–1986)

Der aus Kreuzlingen stammende Komponist und Musikpädagoge schrieb auch literarische Texte sowie musiktheoretische und -pädagogische Abhandlungen. Sein Werkverzeichnis umfasst 226 Titel, und er war einer der vielseitigsten Komponisten überhaupt. Sein Werk umfasst Jazz, Blues, Pop, Rock, Volks- und Unterhaltungsmusik, Schlager usw. So verwundert es nicht, dass er einer der am meisten gespielten Schweizer Komponisten des letzten Jahrhunderts war. > www.arminschibler.ch

5. Rudolf Kelterborn (geb. 1931)

Der mit zahlreichen Preisen ausgezeichnete Basler komponiert in allen musikalischen Gattungen. Er ist als Dirigent tätig sowie als Dozent für Musiktheorie, Analyse und Komposition an verschiedenen schweizerischen und deutschen Musikhochschulen. Als Gastdozent wirkte er in vielen Ländern der Welt. > www.kelterborn.ch

Quellen: Einzelne Websites · www.miz.ch · Wikipedia · Verschiedene

Die 10 teuersten lebenden Künstler

Die Auflistung zeigt die Rangfolge der Künstlerinnen und Künstler entsprechend des geschätzten Preismaximum, das die einzelnen Kreativen erzielen.

Künstler | Jahrgang | (ca.) Preismaximum für ein Werk in Franken

1. Fischli/Weiss | 1952/1946 | 1 500 000

Das Künstler-Duo Peter Fischli und David Weiss arbeitet mit verschiedensten Ausdrucksformen (Film, Fotografie, Plastik, Multimedia-Installationen etc.). Ihr Film «Der Lauf der Dinge» (1987) machte die beiden Zürcher international berühmt.

2. Urs Fischer | 1973 | 1 000 000

Fischers Schwerpunkte sind Malerei und Objekte. Er hatte verschiedene Solo-Ausstellungen und lebt in seiner Heimatstadt Zürich sowie in Los Angeles.

3. Franz Gertsch | 1930 | 800 000

Der in Mörigen (BE) geborene Künstler malt grossformatige fotorealistische Bilder. 2002 wurde in Burgdorf (BE) das privat finanzierte Museum Franz Gertsch eröffnet.

4. John Armleder | 1948 | 750 000

Der Genfer ist Konzeptkünstler, tätig als Maler, Bildhauer, Performance- und Objektkünstler mit raumfüllenden Installationen.

5. Christoph Büchel | 1966 | 600 000

Der Basler beschäftigt sich hauptsächlich mit Rauminstallationen und Konzeptkunst.

5. Pipilotti Rist | 1962 | 600 000

Ihr bürgerlicher Name ist Charlotte Rist. Die Videokünstlerin aus Grabs (SG) wurde mit ihren Videoinstallationen und Experimentalfilmen weltberühmt.

7. Ugo Rondinone | 1964 | 450 000

Geboren ist Rondinone in Brunnen (SZ), heute lebt er in Zürich und New York. Der Künstler pendelt zwischen verschiedensten künstlerischen Sparten und Ausdrucksmitteln.

8. Olivier Mosset | 1944 | 400 000

Der Berner Kunstmaler machte sich international einen Namen mit seinen monochromen und geometrischen Bildern. Er lebt in Tucson (USA).

8. Thomas Hirschhorn | 1957 | 400 000

Der Berner wuchs in Davos auf, heute lebt er in Paris und macht «politische Kunst». Bekannt wurde er mit seinen Installationen.

10. Jean-Fréderic Schnyder | 1945 | 300 000

Der Basler ist Maler, Grafiker, Fotograf, Objekt- und Installationskünstler.

Quellen: Einzelne Websites · *Bilanz* 11 / 2010 · Wikipedia · Verschiedene

10 weltberühmte Künstler, historisch

Die Kunstszene Schweiz ist vielfältig. Davon zeugt etwa die Art Basel, die berühmteste aller internationalen Kunstmessen. Und das zeigen die Künstler selbst, die seit je immer wieder von sich reden machen, wie unsere Beispiele zeigen.

1. Konrad Witz (um 1400 – um 1446). Maler

Über das Leben des wahrscheinlich in Rottweil im Schwarzwald geborenen Künstlers ist wenig bekannt. Er arbeitete meist in Genf und vor allem Basel, wo er das Bürgerrecht erhielt und schliesslich starb. Witz zählt zu den radikalsten Erneuerern der Malerei in der ersten Hälfte des 15. Jahrhunderts. Zu seinen bekanntesten Werken gehören der *Hl. Christophorus* (Kunstmuseum Basel) und der *Fischzug Petri* (Kunstmuseum Genf).

2. Arnold Böcklin (1827–1901). Maler, Zeichner und Bildhauer

Der bärtige Basler, ein Vertreter des Idealismus, war einer der Grössten seiner Zeit – und ein unruhiger Geist. Mit seiner römischen Frau Angela und der wachsenden Familie zog er durch halb Europa. Böcklins Bilder sind fesselnde

«Montagen aus Mythologie, Natur und Traum». *Die Toteninsel* ist sein berühmtestes Werk (Kunstmuseum Basel). Als 34-Jähriger schrieb er: «Schauen und schaffen möchte ich und mich fern von allem Kunstgesindel halten», und zwanzig Jahre später: «Ich möchte probieren, ob ich ein wenig von dieser langweiligen Erde loskommen kann.» Er starb in San Domenico (Italien).

3. Albert Anker (1831–1910). Maler, Grafiker und Zeichner

Anker, in Ins (BE) geboren, widmete sich erst nach seinem Theologiestudium ganz der Malerei. 1854 trat er in Paris als Schüler ins Atelier Gleyre ein. Fortan pendelte er zwischen Ins (Sommer) und Paris (Winter). Wie kein anderer Schweizer Maler steht Anker mit seinen nostalgisch-ländlichen Werken für ein ideales Bild einer vergangenen heimatlichen Welt. Seine raffiniert komponierten Genrestücke schuf er für ein bürgerliches Publikum. Zu den berühmten Bildern des «Schweizer Bauernmalers schlechthin» gehören *Der Gemeindeschreiber* und die Kinderporträts.

4. Ferdinand Hodler (1853–1918). Maler, Zeichner

Der in Bern geborene Sohn eines armen Tischlers betätigte sich als Ansichtsmaler, bis er in Genf von Barthélemy Menn entdeckt und geschult wurde. Vom Realismus mit seinen «historischen Sujets» kommend, entwickelte er den «Parallelismus», ein gestalterisches Konzept der Symmetrie. Seine Kernthemen in drei Worten: Landschaft, Menschenbild, Symbolismus. Mit dem Werk *Die Nacht* (1889, Kunstmuseum Bern) gelang ihm der Durchbruch. Berühmt ist der erschütternde Zyklus seiner sterbenden Geliebten Valentine Godé-Darel. Hodler ist der im Ausland berühmteste Schweizer Künstler des 19. Jahrhunderts.

5. Sophie Taeuber-Arp (1889–1943). Malerin, Bildhauerin, Designerin, Textilgestalterin und Tänzerin

Sophie Taeuber, deren Porträt die 50-Franken-Note ziert, wurde in Davos geboren und wuchs in Trogen (AR) auf. Nach ihrer künstlerischen Ausbildung zog sie nach Zürich, lernte 1915 Hans Arp kennen, kam durch ihn zur Dada-Bewegung – und wurde deren Protagonistin. 1916 bis 1929 leitete das zierliche Multitalent die Textilklasse an der Zürcher Kunstgewerbeschule mit dem Ziel, Kunst und Alltag schöpferisch zu verbinden. Sophie Taeuber war eine der zentralen Figuren der klassisch-modernen Kunst des 20. Jahrhunderts; sie bereitete den Boden für die Konkreten, die seriellen Künstler und die Vertreter der Minimal Art. > www.sophie-taeuber-arp.com.

6. Alberto Giacometti (1901–1966). Bildhauer, Maler, Grafiker

Der Künstler aus Stampa (GR) lebte und arbeitete ab 1922 hauptsächlich in Paris. Er wandte sich dem Surrealismus zu, doch er kam auf die «von der Wirklichkeit inspirierte Vision» zurück. Für seinen Lebensunterhalt arbeitete er bei einem befreundeten Innenarchitekten. Seine Figurenplastiken blieben lange unpopulär. «Sind sie Erscheinungen, sind sie Entschwindungen?» soll Sartre vor den stabähnlichen Gestalten gefragt haben. Er gab auch gleich die Antwort: «Beides zugleich.» Erst in den 50er Jahren begannen sich die Museen für den grossen Eigenbrötler zu interessieren. Bei einer Kunstauktion 2010 in London brach eine Giacometti-Skulptur den bisherigen Rekord für ein Kunstwerk: Seine lebensgrosse Bronzeplastik *L'Homme qui marche I* erzielte 74 Millionen Euro.

7. Meret Oppenheim (1913–1985). Malerin und Bildhauerin

Die Tochter eines Deutschen und einer Schweizerin wuchs in und bei Basel auf. Als 20-Jährige zog sie nach Paris, wo sie in den Kreisen der Surrealisten André Breton, Marcel Duchamp und Max Ernst verkehrte. Und sie posierte keck für Man Ray auf Aktfotos, was ihr den Ruf der «Muse der Surrealisten» eintrug. Ihr Werk *Pelztasse* (1936, heute im Museum of Modern Art, New York, USA) machte sie weltberühmt. Ihre Brunnen-Skulptur für den Berner Waisenhausplatz (1983) erhitzte jedoch die Berner Gemüter. Meret Oppenheim war die führende Vertreterin des Surrealismus des 20. Jahrhunderts.

8. Jean Tinguely (1925–1991). Maler, Bildhauer und Objektkünstler

Tinguely wuchs in Basel auf, machte hier die Dekorateurlehre und zog 1952 nach Paris. Hier entlud sich seine «von Anarchismus, von Duchamp und vom Surrealismus gespiesene Phantasie». Im folgenden Jahr entwickelte der Lebenskünstler den *Metamechanismus,* «der die funktionelle Verwendung des Zufalls erlaubt», 1954 stellte er seine *Reliefs méta-mécaniques* aus, mit denen er schnell internationales Ansehen erlangte. Immer wieder beschäftigte er sich mit Wasser als Element, das seine Skulpturen erweitert – zu sehen etwa bei der *Schwimmwasserplastik* vor dem Museum Jean Tinguely in Basel. > www.tinguely.ch.

9. Bernhard Luginbühl (1929–2011). Eisenplastiker, Grafiker

Das im Berner Lorrainequartier aufgewachsene Schwergewicht arbeitete nach der Kunstgewerbeschule als freier Künstler. Seit Beginn seiner Arbeiten fühlte er sich zu den «Urkräften der Gestaltwerdung» hingezogen. Anfang der 50er Jahre begann er, seine gigantischen, monumentalen, teils surrealen

Werke zu erschaffen. Berühmt wurden später auch seine Verbrennungs-aktionen. Den Art-brut-Künstler Adolf Wölfli verehrte er am meisten. In Zürich kann man seine Werke *Silver Ghost* und die *Grosse Giraffe* sehen. Auf seinem Bauernhof in Mötschwil im Emmental, wo er mit seiner Grossfamilie lebte, schuf er einen Skulpturenpark. > www.luginbuehlstiftung.ch.

10. Martin Disler (1949–1996). Maler und Bildhauer
Der in Seewen (SO) geborene Autodidakt begann früh mit eigenen Ausstel-lungen. Nach 1971 hatte er viele Gruppen- und Einzelausstellungen. Jene in der Kunsthalle Basel 1980 brachte den internationalen Durchbruch. Liebe, Tod, Angst, Verzweiflung waren seine wichtigen Themen; Abstraktes fliesst in seiner expressiven Malerei mit Figürlichem ineinander. In den 1980er Jahren war Disler der wohl bekannteste Schweizer Künstler seiner Generation. *Molotow-Cocktail,* seine Bronzefiguren *Häutung und Tanz* oder seine *100 Blätter ohne zu schlafen* gehören zu den Highlights seines Schaffens.

Quellen: Historisches Lexikon der Schweiz · Wikipedia · www.wissen.de · Verschiedene

Die 15 ältesten Museen

Der aktuelle Museumsname muss nicht mit dem ursprünglichen übereinstimmen. Es handelt sich aber um dieselbe Institution.

1. Kunstmuseum Basel: Jahr der Eröffnung: 1662 > www.kunstmuseumbasel.ch
2. Musée d'Yverdon et région: 1764 > www.musee-yverdon-region.ch
3. Stiftsbibliothek St. Gallen: 1767 > www.stiftsbibliothek.ch
4. Musée monétaire cantonal (Cabinet des médailles) Lausanne: 1779
   > www.musees.vd.ch/fr/musee-monetaire/accueil
5. Schloss Habsburg: 1804 > www.schlosshabsburg.ch
6. Conservatoire et jardin botaniques Genève: 1817 > www.ville-ge.ch/cjb
7. Musée cantonal de géologie Lausanne: 1818 > www.unil.ch/mcg
8. Muséum d'histoire naturelle Genève: 1820 > www.ville-ge.ch/mhng
9. Musée d'art et d'histoire Fribourg: 1823 > www.fr.ch/mahf
10. Anatomisches Museum Basel: 1824 > http://pages.unibas.ch/anatomie/museum
11. Naturmuseum Solothurn: 1825 > www.naturmuseum-so.ch
12. Musée d'histoire naturelle Fribourg: 1826 > http://www2.fr.ch/mhn/
13. Musée de la nature Sion: 1829 > www.rezoscience.ch

14. Naturhistorisches Museum der Burgergemeinde Bern: 1832
    > www-nmbe.unibe.ch
15. Musée jurassien des sciences naturelles et Jardin botanique: 1832
    > www.mjsn.ch

Quelle: Verband der Museen der Schweiz VMS 2011

Die 15 meistbesuchten Museen

Der Verband der Museen der Schweiz VMS listet in seiner Statistik auch die Tierparks und Botanischen Gärten auf, dabei steht der Zoo Zürich auf dem 1. Rang, der Zoo Basel auf dem 2., der Natur- und Tierpark Goldau auf dem 3. und das Conservatoire et jardin botaniques Chambésy auf dem 9. Rang. Bei unserer Auflistung fehlen diese Institutionen. Die 15 Schweizer Museen, die 2009 über 100 000 Eintritte verzeichneten:

1. Kunstmuseum Basel > www.kunstmuseumbasel.ch
2. Verkehrshaus der Schweiz Luzern   > www.verkehrshaus.ch
3. Fondation Beyeler Riehen   > www.fondationbeyeler.ch
4. Schweizerisches Freilichtmuseum für ländliche Kultur Ballenberg
    > www.ballenberg.ch
5. Conservatoire et jardin botaniques Chambésy   > www.ville-ge.ch/cjb
6. Château de Chillon   > www.chillon.ch
7. Fondation Pierre Gianadda Martigny   > www.gianadda.ch
8. Swiss Science Center Technorama Winterthur   > www.technorama.ch
9. Museo del cioccolato Caslano   > www.alprose.ch
10. Kunsthaus Zürich   > www.kunsthaus.ch
11. Exposition Swissminiatur Melide   > www.swissminiatur.ch
12. Muséum d'histoire naturelle Genève   > www.ville-ge.ch/mhng
13. Musée d'art et d'histoire Genève   > www.ville-ge.ch/mah
14. Château de Gruyères   > www.chateau-gruyeres.ch
15. Le musée Olympique Lausanne   > www.olympic.org

> Buchtipp: Schweizer Museumsführer, Reinhardt Verlag, 2010. Die 11. Auflage des Schweizer Museumsführers stellt in alphabetischer Reihenfolge rund 1100 Museen, Sammlungen und Ausstellungsorte der Schweiz und des Fürstentums Liechtenstein vor.
Quelle: Verband der Museen der Schweiz VMS 2009

Die 10 erfolgreichsten Musiker im Internet

Die folgende Liste ist eine Auswahl Schweizer Websites in der Kategorie «Schweizer Bands», sortiert nach dem internationalen Ranking von Alexa.

Name	Website	Alexa Rang
1. Krokus	krokusonline.com	271093
2. Gotthard	gotthard.com	315384
3. Bligg	bligg.ch	725700
4. DJ Bobo	djbobo.ch	918652
5. Yello	yello.ch	990457
6. Kisha	kisha.ch	1904339
7. Lunik	lunik.com	1989746
8. A. Vollenweider	vollenweider.com	2736136
9. DJ Antoine	djantoine.ch	2809303
10. Patrick Nuo	patrick-nuo.de	2941856

Quelle: Alexa. Das Tochterunternehmen von Amazon.com ist ein Serverdienst, der Statistiken über Website-Zugriffe erstellt und so die meistbesuchten Domains ermittelt. Stand Juli 2011

Die 15 wichtigsten Musikfestivals

Aufgeführt sind je fünf Festivals der Sparten Jazz, Klassik und Pop / Rock (chronologisch). Eine Wertung innerhalb der einzelnen Sparten erscheint wenig sinnvoll, denn alle genannten Festivals sind bekannt, teils gar weltberühmt. Das Montreux Jazz Festival ist spartenübergreifend und erscheint deshalb zweimal (Jazz und Pop/Rock).

Jazz

1. Montreux Jazz Festival

Das 1967 von Claude Nobs initiierte zweiwöchige Festival im Juli ist heute weltberühmt. Seit geraumer Zeit ist nebst Jazz eine breite Palette verschiedener weiterer Stilrichtungen hinzugekommen. > www.montreuxjazz.com

2. Jazz Festival Willisau

Niklaus Troxlers Jazz Festival findet jeweils Ende August statt; es ging 1975 erstmals über die Bühne(n). Inzwischen gehört es zu den wichtigen Events der zeitgenössischen Jazz-Szene. > www.jazzwillisau.ch

3. Internationales Jazzfestival Bern (IJFB)

1976 startete das IJFB, es findet zwischen März und Mai statt. Das Programm ist breit gefächert. > www.jazzfestivalbern.ch

4. Cully Jazz

Seit 1983 im Weinbaugebietes Lavaux. Das Festival findet jeweils im Frühling statt (März / April). > www.cullyjazz.ch

5. Jazz Ascona

Das 10-tägige Jazz-Festival (Juni / Juli) gab's 1985 zum ersten Mal. Es gehört zu Europas grössten Jazz-Veranstaltungen und ist auf New-Orleans-Jazz ausgerichtet. > www.jazzascona.ch

Klassik

1. Lucerne Festival

Das aus drei Teilen bestehende Festival gehört zu den renommiertesten Festivals der klassischen Musik weltweit. Lucerne Festival (August / September) findet bereits seit 1938 statt und ist mit etwa 100 Veranstaltungen das grösste der Festspieltrias. Der Teil zu Ostern konzentriert sich auf sakrale Musik, und beim Festival am Piano (November) treten grosse Pianisten auf.

> www.lucernefestival.ch

2. Menuhin Festival Gstaad

Das Festival wurde 1957 vom Violinisten Yehudi Menuhin gegründet. Es gehört zu den wichtigsten klassischen Veranstaltungen der Schweiz. Rund 50 Konzerte sind auf sieben Wochen im Juli und August verteilt.

> www.menuhinfestivalgstaad.ch

3. Verbier Festival

Bei diesem seit 1994 stattfindenden Festival treten im Juli während über zwei Wochen neben etablierten, berühmten Künstlern auch Nachwuchstalente auf. > www.verbierfestival.com

4. Festival d Opéra Avenches

Im Juli 1995 ging die erste Ausgabe des Opernfestivals Avenches im römischen Amphitheater von Aventicum über die Bühne, und es ist mit jedem Jahr beliebter geworden. > www.avenches.ch/de/opera

5. Martha Argerich Project Lugano

Martha Argerich, die grosse argentinische Pianistin, initiierte 2002 das nach ihr benannte Festival in Lugano. Jeweils im Juni treten 50 bekannte wie auch junge talentierte Pianisten auf. > www.rsi.ch/argerich (ital.)

Pop / Rock

1. Montreux Jazz Festival

Siehe Jazz > www.montreuxjazz.com

2. Paléo Festival Nyon

1976 hiess das Festival noch First Folk Festival, den heutigen Namen erhielt der Event 1986. Das gegen Ende Juli stattfindende grösste Freiluftfestival der Schweiz versteht sich als Bindeglied zwischen Fest und Konzert.

> www.paleo.ch

3. Gurtenfestival Bern

Das viertägige Musikfestival im Juli geht seit 1977 auf dem Gurten, dem Hausberg ob Bern, über die Bühnen. Der Event umfasst ein breites Musikspektrum. Traditionell treten auch nationale Grössen auf. > www.gurtenfestival.ch

4. Openair St. Gallen

Das erste Festival wurde 1977 durchgeführt. Rockmusik bildet die Basis des progressiven Programms. Gefestet wird jeweils ein Weekend Ende Juni.

> www.openairsg.ch

5. Greenfield Festival Interlaken

Der Flugplatz von Interlaken verwandelt sich seit 2005 jeweils im Juni für drei Tage in einen Festival-Platz mit teils hochkarätigen Bands.

> www.greenfieldfestival.ch

> Infos über alle Festivals erhält man über > www.miz.ch.
Quellen: Einzelne Websites · Schweiz Tourismus

Die 6 bekanntesten Pop- und Rockbands

Statistisch lässt sich ein Bekanntheitsgrad schlecht festlegen. In den 60er Jahren waren die Sauterelles die erfolgreichste Popgruppe. Die hier alphabetisch vorgestellten Bands sind (noch) heute die bekanntesten der Pop- und Rockszene.

1. Gotthard

Die Hardrock-Band aus Lugano, 1991 gegründet, ist die national erfolgreichste Schweizer Rockband aller Zeiten. Ihre Studioalben landeten meist schnell auf Platz eins der Hitparade. Chris von Rohr (Ex-Krokus) wurde Produzent und Songwriter. Erste LP: *Gotthard* (1992).   > www.gotthard.com

2. Krokus

Die 1975 in Solothurn ins Leben gerufene Rock-Band um Chris von Rohr etablierte sich auch international und erlangte in den USA gar Platinstatus. Die Band hat bereits mehrere Comebacks hinter sich. Erstes Album: *Krokus* (1976).
> http://krokusonline.seven49.net/Web

3. Patent Ochsner

Die 1991 in Bern gegründete Band mit dem Sänger und Frontmann Büne Huber hatte bereits mit ihrem ersten Album *Schlachtplatte* im selben Jahr einen durchschlagenden Erfolg. Die Band begeistert weiterhin mit ihrer stilistisch vielseitigen Musik, bei der auch ungewohnte Instrumente zum Einsatz kommen.   > www.patentochsner.ch

4. Rumpelstilz/Polo Hofer

Rumpelstilz, die erste wirklich erfolgreiche Mundartrockgruppe, wurde 1971 von Hanery Amman und Polo Hofer gegründet. 1975 erschien das Debüt-Album *Vogelfuetter*. 1978 gingen die Musiker auseinander. «Polo National» machte weiter, zuerst mit Polo's Schmetterding, danach mit der Schmetterband und seither mit verschiedensten Musikern und Sängerinnen.

> www.polohofer.ch

5. Stiller Has

1989 gründeten Endo Anaconda und Balts Nill in Bern ihr Duo, seit 2006 tritt die Band zu viert auf. Stiller Has bewegt sich mit seiner Musik zwischen Ballade, Sprechgesang, Pop, Blues und Rock 'n' Roll. Die Band ist teils auch poetisches Kabarett. Erstes Album: *Stiller Has* (1989). > www.stillerhas.ch

6. Züri West

1984 traten Kuno Lauener, Sam Mumenthaler, Küse Fehlmann und Peter Schmid im Westen von Zürich – also in Bern – das erste Mal auf. Die Berner Band gehört zu den erfolgreichsten Schweizer Mundartrock-Bands. Erste Platte: Splendid (Live-Mitschnitt, 1985). > www.zueriwest.ch

13 denkwürdige Schriftsteller

Die Schweiz hatte schon im 19. Jahrhundert international berühmte Schriftsteller. Doch Literatur galt hierzulande als «Stiefkind unter den schweizerischen Künsten», wie die 1905 gegründete Schweizerische Schillerstiftung feststellte. Maler und Bildhauer hatten bereits seit 1865 ihre eigene Gesellschaft, der Tonkünstlerverein entstand 1900, der Schweizerische Schriftstellerverein (SSV) hingegen erst 1912.

1. Jeremias Gotthelf (1797–1854)

Albert Bitzius, so der bürgerlicher Name des in Murten (FR) geborenen und in Lützelflüh (BE) gestorbenen Schriftstellers, war Pfarrerssohn und selbst als Pfarrer tätig. 1837 erschien sein Roman *Der Bauernspiegel* oder *Lebensgeschichte des Jeremias Gotthelf*, in dem er schonungslos das bäuerliche Leben im Emmental des 19. Jahrhundert schilderte. Seine Romane *Wie Uli der Knecht glücklich wird, Die schwarze Spinne, Wie Anne Bäbi Jowäger haushaltet, Geld und Geist* machten ihn berühmt. > www.gotthelf.ch

2. Gottfried Keller (1819–1890)

Kellers Berufsziel war Kunstmaler. Doch er wurde Schriftsteller und ein Meister der Novellendichtung, zudem einer der erfolgreichsten deutschsprachigen Schriftsteller des 19. Jahrhunderts. Die bekanntesten Werke des Zürchers: *Der grüne Heinrich*, der Novellenzyklus *Die Leute von Seldwyla* und die Novellen *Kleider machen Leute, Der Schmied seines Glücks*.
> www.gottfriedkeller.ch

3. Henri-Frédéric Amiel (1821–1881)

Der Genfer Philosophieprofessor schrieb Gedichtbände, philologische Studien und philosophische Essays. Berühmt aber machte ihn sein fast 17 000 Seiten umfassendes und über 30 Jahre geführtes Tagebuch *Journal intime*, das man nach seinem Tod entdeckte. Dieses Zeugnis einer bewegten Epoche zählt zu den wichtigsten Werken der europäischen Literatur. Leo Tolstoi, Friedrich Nietzsche und andere waren Bewunderer des Monumentalwerkes.
> www.amiel.org, franz.

4. Conrad Ferdinand Meyer (1825–1898)

Dieser Dichter des Realismus gehört mit Gottfried Keller und Jeremias Gotthelf zu den bedeutendsten deutschsprachigen Schweizer Dichtern des 19. Jahrhunderts. Zu seinen bekanntesten Werken zählen der Roman *Jürg Jenatsch* und die Novelle *Der Schuss von der Kanzel.* > www.cfmeyer.ch

5. Carl Spitteler (1845–1924)

Der aus Liestal (BL) stammende Carl Spitteler war Atheist, studierte aber protestantische Theologie. Dank dem Vermögen seiner Frau konnte er sich ab 1892 in Luzern ganz dem Schreiben widmen. Berühmt machte ihn sein Epos *Olympischer Frühling*, für das er 1919 den Nobelpreis für Literatur erhielt. Weitere wichtige Werke: *Prometheus und Epimetheus, Imago* und *Prometheus der Dulder.* > www.carl-spitteler.ch

6. Robert Walser (1878–1956)

Walser hatte zwar grosse Bewunderer, darunter Robert Musil, Kurt Tucholsky und Franz Kafka, doch sein Leben verlief tragisch. Nach erfolglosen Jahren in Berlin kehrte er in seine Heimatstadt Biel zurück, wo er in einer Dachkammer lebte und unter ärmlichsten Bedingungen schrieb. 1933 steckte man ihn in eine Heilanstalt, wo er bis zu seinem Tod lebte. Zu seinen bekannten Werken gehören die Romane *Der Gehülfe* und *Jakob von Gunten* sowie der Erzählband *Fritz Kochers Aufsätze.* > http://robertwalser.ch

7. Blaise Cendrars (1887–1961)

Der Romancier aus La Chaux-de-Fonds lief mit sechzehn von zu Hause weg. Und fortan bereiste er die Welt, darunter Brasilien, China und die Mandschurei. Er war mit Schriftstellern und Künstlern befreundet (Marc Chagall, Fernand Léger, Henry Miller, Amedeo Modigliani), ging in die Fremdenlegion, und immer schrieb er. Cendrars war der grosse Abenteurer unter den Schweizer Schriftstellern. Berühmte Werke: *Gold* (die Geschichte des Generals Johann August Suter), *Moravagine, Dan Yack.* > www.cebc-cendrars.ch

8. Adrien Turel (1890–1957)

Der Romand wurde in Russland geboren, wuchs in Lausanne und Berlin auf und bezeichnete sich selbst als das «enfant terrible einer kommenden Welt». Dem Philosophen und «Sozialphysiker» schwebte ein «vierdimensionaler Mensch» vor. Mit seinen Utopien füllte er 30 000 Manuskriptblätter. Sein bekanntestes Werk ist wohl der Sciencefiction-Krimi *Die Greiselwerke*.
> www.adrienturel.ch

9. Friedrich Glauser (1896–1938)

Der in Wien geborene Glauser war der erste deutschsprachige Krimiautor. Doch sein Leben war ein ständiger Wechsel zwischen Flucht und (Morphium-)Sucht, Internierung und Entlassung. Er war Fremdenlegionär, Gelegenheitsarbeiter und vor allem (meist erfolgloser) Schriftsteller. Am Vorabend der geplanten Hochzeit mit seiner Gefährtin Berthe Bendel brach er zusammen und starb. Glauser schuf die berühmten und oft verfilmten Krimis mit dem Wachtmeister Studer: *Der Chinese, Matto regiert, Die Fieberkurve* usw.

10. Ludwig Hohl (1904–1980)

Der in Netstal (GL) geborene Pfarrerssohn lebte zwischen 1924 und 1937 in Paris, Wien und Den Haag. Dann zog er nach Genf, wo er sich abgeschieden dem Schreiben widmete. Zu seinen Erzählungen gehören *Bergfahrt* sowie *Nuancen und Details*. Sein Hauptwerk, *Die Notizen* oder *Von der unvoreiligen Versöhnung*, entstand in drei Jahren, als Hohl «in grösster geistiger Einöde lebte». Es ist die Summe seines Lebens und Denkens.

11. Max Frisch (1911–1991)

Der studierte Architekt aus Zürich arbeitete zuerst mehrere Jahre auf seinem Beruf. Mit dem grossen Erfolg seines Romans *Stiller* wuchs sein Ansehen als Schriftsteller, dessen Werk sich als ein einziges grosses Tagebuch lesen lässt. Frisch und Dürrenmatt sind die «Nationaldichter» des 20. Jahrhunderts. Berühmte Erzählungen und Romane: *Homo faber, Mein Name sei Gantenbein, Montauk*; Theaterstücke: *Graf Öderland* und *Biedermann und die Brandstifter*.
> www.maxfrisch.de

12. Friedrich Dürrenmatt (1921–1990)

Der Pfarrerssohn aus Konolfingen (BE) feierte als 31-jähriger mit seinem Theaterstück *Die Ehe des Herrn Mississippi* den ersten grossen Erfolg. *Der Besuch der alten Dame* und *Die Physiker* machten ihn weltberühmt und zum meistgespielten Dramatiker der Schweiz. Daneben schrieb er groteske Krimis (*Das Versprechen, Die Panne, Der Richter und sein Henker*). In Essays und in seinen *Stoffen* (*Labyrinth, Turmbau*) zeigte er seine eigenständige Form des «dramaturgischen Denkens». Seine erste Liebe, das Malen, pflegte er sein Leben lang. > www.bundesmuseen.ch/cdn

13. Hugo Loetscher (1929–2009)

Der Zürcher Schriftsteller Loetscher war immer auch Journalist. Und ein Reisender, der mit stilistischer Virtuosität seine Erfahrungen schilderte. Zu den bekanntesten literarischen Werken des Kosmopoliten zählen *Der Immune, Herbst in der grossen Orange.* Reportagen und Essays: *Der Waschküchenschlüssel, Das Hugo-Loetscher-Lesebuch, Wunderwelt. Eine brasilianische Begegnung.*

Ausführliche Informationen über alle Schweizer Autorinnen und Autoren, mit biografischen Angaben und Werkverzeichnis, sind abrufbar über > www.bibliomedia.ch.
Quellen: AdS · Wikipedia · Verschiedene

Die 10 erfolgreichsten Schriftsteller

«Erfolgreich» bedeutet hier kommerziellen oder künstlerischen Erfolg, Bekanntheit und Karriere. Alphabetische Reihenfolge.

1. Melinda Nadj Abonji (geb. 1968)

Die Autorin und Musikerin Melinda Nadj Abonji gewann 2010 mit ihrem Roman *Tauben fliegen auf* als erste Schweizerin überhaupt den Deutschen Buchpreis. Das kam einer kleinen Sensation gleich, und die deutschsprachigen Zeitungen überschlugen sich mit Lobeshymnen.

2. Peter Bieri (geb. 1944)

Der schreibende Philosophieprofessor ist besser bekannt unter seinem Pseudonym Pascal Mercier. Seine beiden Romane *Nachtzug nach Lissabon* und *Lea* sind beide hunderttausendfach verkaufte Bestseller. Damit gehört er neben Martin Suter (siehe unten) zu den erfolgreichsten Autoren der neueren Zeit und ist sicher der erfolgreichste Philosophieprofessor, der unter einem Pseudonym veröffentlicht.

3. Erich von Däniken (geb. 1935)

Der ehemalige Hotelier ist der weitaus meistverkaufte Sachbuchautor des Landes. Seine *Erinnerungen an die Zukunft* (1968) waren bald ein Bestseller, und weitere folgten. Die Weltauflage seiner 35 veröffentlichten Bücher soll sich auf 62 Millionen Exemplare belaufen.

4. Friedrich Dürrenmatt (1921–1990)

Der Berner Maler und Schriftsteller zählt zu den bedeutendsten deutsch-sprachigen Schriftstellern des 20. Jahrhunderts und zu den wichtigsten Dramatikern der modernen Weltliteratur. Zudem ist er der meistgespielte und erfolgreichste Schweizer Dramatiker.

5. Max Frisch (1911–1991)

Der Architekt und Schriftsteller gilt als der meistgelesene Schriftsteller der Nachkriegs-Schweiz, seine Bücher verkaufen sich weltweit in Millionenauf-lage. Zu seinen weltberühmten Longsellern gehören etwa die Theaterstücke *Biedermann und die Brandstifter* oder *Andorra* sowie Romane wie *Stiller, Homo faber* und *Mein Name sei Gantenbein*.

6. Gottfried Keller (1819–1890)

Der Zürcher zählt nicht nur zu den bedeutendsten deutschsprachigen Auto-ren des 19. Jahrhunderts, er gilt auch als der meistverkaufte jener Epoche. Am bekanntesten sind sein Roman *Der grüne Heinrich* sowie der Novellenzyklus *Die Leute von Seldwyla*.

7. Jean-Jacques Rousseau (1712–1778)

Der Genfer Philosoph und Schriftsteller ist der in den Bibliotheken der Welt am meisten aufliegende Autor. Dies nach Angaben von «World's Libraries. Connected» (> www.oclc.org). Sein Werk *Der Gesellschaftsvertrag* (1762) steht demnach in 7670 Bibliotheken weltweit, das ist Rang 425 (gezählt werden auch musikalische Werke). An zweiter Stelle (Rang 768) folgt der Basler Histori-ker Jacob Burckhardt mit *Die Kultur der Renaissance in Italien*. Johanna Spyri mit *Heidi* ist auch hier Spitze, die Autorin steht auf Rang 118 (14 679 Bibliotheken).

8. Carl Spitteler (1845–1924)

Der aus Liestal (BL) stammende Jurist, Hauslehrer, Dichter und Schriftsteller ist der einzige Schweizer, der den Nobelpreis für Literatur erhielt. 1919 wurde er ihm speziell für sein Werk *Olympischer Frühling* überreicht.

9. Johanna Spyri (1827–1901)

Johanna Spyri ist die erfolgreichste Schweizer Schriftstellerin aller Zeiten. Ihre beiden Bücher *Heidis Lehr- und Wanderjahre* und *Heidi kann brauchen, was es gelernt hat* (1880/81) gehören zu den bekanntesten Kinderbüchern der Welt. Es sind zudem die zwei meistverkauften Schweizer Kinderbücher, und sie gehören zu den meistverkauften Büchern überhaupt. Die weltweite Auf-lage des in 50 Sprachen übersetzten *Heidis Lehr- und Wanderjahre* schätzt man auf über 50 Millionen Exemplare.

10. Martin Suter (geb. 1948)

Der Drehbuchautor, Songschreiber und Romancier ist soweit bekannt der erste Schweizer Autor, der es auf Rang Eins der *Spiegel*-Bestsellerliste gebracht hat. Mit seinem Buch *Der Koch* schaffte er dies 2010 innerhalb von nur zwei Wochen. Schon frühere Werke und seine beiden *Allmen und die Libellen* sowie *Allmen und der rosa Diamant* erschienen sofort auf den internationalen Bestsellerlisten. Suter ist damit der bisher erfolgreichste Schweizer Schriftsteller dieses Jahrtausends.

Quellen: Verschiedene

Die 5 ältesten Deutschschweizer Verlage

Über 200 Verlage sind dem Schweizer Buchhändler- und Verleger-Verband (SBVV) angeschlossen. Einige der uralten Buchverlage haben ihren Namen seit der Gründung geändert oder sind von anderen Verlagen übernommen worden, aber sie existieren weiterhin.

1. Schwabe Verlag. 1488, Basel

Die anno 1488 durch Johannes Petri gegründete Schwabe AG bezeichnet sich als ältestes Druck- und Verlagshaus der Welt. Im 17. Jahrhundert gingen Verlag und Druckerei von den Erben Petri in neue Hände über und wurden 1868 schliesslich von Benno Schwabe übernommen. Schwerpunkte: Geisteswissenschaften mit den Sachgebieten Altertumswissenschaften, Kultur-, Kunst- und Kirchengeschichte, Medizin, Psychologie, Sprach- und Literaturwissenschaft, Basel u.a.   > www.schwabe.ch

2. Orell Füssli. 1519, Zürich

1519 baute Christoph Froschauer eine Druckerei auf und wurde später zum Verleger von Zwingli und Erasmus von Rotterdam. Nach mehreren Wechseln über die Jahrhunderte hiess die Firma ab 1798 Orell, Füssli & Co., seit 1890 ist das «Art. Institut Orell Füssli» eine AG. Schwerpunkte: Bücher und Neue Medien zu den Themen Management, Sachbuch, Recht, Zeitgeschichte und Lifestyle sowie Schul- und Bilderbücher.   > www.ofv.ch

3. Stämpfli Verlag AG. 1799, Bern

1799 wurde Gottlieb Stämpfli obrigkeitlicher Drucker in der «Hoch-Obrigkeit-lichen Druckerei» Berns. Nach seinem frühen Tod führte seine Gattin den Betrieb selbständig weiter. Schwerpunkte: Herausgeber von umfassenden juristischen Informationen. Sachbuch: Kunst und verwandte Gebiete, Bernensia, Literatur, Geschichte und Politik, Religion u. a.   > www.staempfliverlag.com

4. Verlag Sauerländer. 1807, Aarau

Heinrich Remigius Sauerländer übernahm 1807 die seit 1803 gemeinschaftlich mit dem Basler Samuel Flick geführte Buchdruckerei, Buchhandlung und den Verlag als alleiniger Inhaber. Heute gehört der Verlag zur Cornelsen-Verlagsgruppe. Schwerpunkte: Lehrmittel für alle Bildungsstufen der Schweiz.
> www.sauerlaender.ch

5. Buchverlag Huber. 1809, Frauenfeld

Schwerpunkte: Kultur- und Zeitgeschichte der Schweiz, Volkswirtschaft / Management u. a. Heute gehört Huber zur Orell Füssli Verlag AG.
> www.verlaghuber.ch

> Weitere Infos zu allen SBVV-Verlagen über > www.sbvv.ch.
Quellen: Einzelne Websites · SBVV

Die 11 Stätten des Unesco-Welterbes

Die Unesco hat es sich 1972 in einem internationalen Über-einkommen zur Aufgabe gemacht, die Kultur- und Naturgüter der Welt, die einen «aussergewöhnlichen universellen Wert» besitzen, zu erhalten. Das Welterbe setzt sich aus den beiden Welterbe-Beständen Weltkulturerbe und Weltnaturerbe zusammen. In der Schweiz sind dafür auf nationaler Ebene zwei Fachbehörden des Bundes zuständig: das Bundesamt für Kultur (BAK) und das Bundesamt für Umwelt (BAFU). Stand 2011.

1. 1983 – Altstadt von Bern (Weltkulturerbe)

Die Altstadt von Bern wurde auf der Aare-Halbinsel errichtet, welche natürlichen Schutz von drei Seiten bot. Auf der vierten Seite wurden eine Mauer und ein Wehrturm (heute Zeitglocken) sowie vorgelagert ein Stadtgraben errichtet.   > http://bern-altstadt.ch

2. 1983 – Kloster St. Johann Müstair (Weltkulturerbe)

Um 1900 entdeckten Kunsthistoriker hinter weiss-grauem Putz entlang verschiedener Tafeln einen weltweit einzigartigen Freskenzyklus über das Leben und Wirken Christi aus karolingischer Zeit . > www.muestair.ch

3. 1983 – Stiftsbibliothek und Stiftsbezirk St. Gallen (Weltkulturerbe)

Die Stiftsbibliothek umfasst über 2000 Handschriften aus karolingischer und ottonischer Zeit. Der Stiftsbezirk beeindruckt wegen seiner einzigartigen architektonischen Verkörperung von 1200 Jahren Geschichte.

> www.stiftsbibliothek.ch

4. 2000 – Burgen von Bellinzona (Weltkulturerbe)

Die Tre Castelli von Bellinzona sind im ganzen Alpengebiet das einzige noch vorhandene Beispiel mittelalterlicher Militärarchitektur und gehören zu den bedeutendsten Zeugen der Befestigungsbaukunst in der Schweiz.

> www.bellinzonaturismo.ch

5. 2001 – Jungfrau-Aletsch-Bietschhorn (Weltnaturerbe)

Die Weltnaturerbestätte um Jungfrau, Aletschgletscher und Bietschhorn umfasst ein Gebiet von über 800 Quadratkilometern. Das Gebiet wurde aufgrund seiner aussergewöhnlichen Naturschönheit, der grossen Vielfalt an natürlichen Erscheinungen und Prozessen und als gutes Beispiel für die Alpenbildung ausgewählt. > www.jungfraualetsch.ch

6. 2003 – Monte San Giorgio (Weltnaturerbe)

Der pyramidenförmige Berg im Südtessin ist über 1096 Meter hoch und für seine paläontologischen Reichtümer berühmt.

> www.welterbe.ch/welterbestaetten/monte-san-giorgio.html

7. 2007 – Weinbaugebiet Lavaux (Weltkulturerbe)

Bereits im 11. Jahrhundert kultivierten Mönche an den steilen Abhängen zum Genfersee ihre Weinreben. Mit seinen 14 Dörfern und kleinen Städten spiegelt Lavaux auf eindrückliche Art die intensive Nutzung der Weinrebe auf einer Fläche von 898 Hektaren sowie die Entwicklung einer lebendigen Kulturlandschaft wider. > www.lavaux-unesco.ch (franz.)

8. 2008 – Rhätische Bahn in der Landschaft Albula/Bernina (Weltkulturerbe)

Die mehr als 100 Jahre alte Bahnstrecke der Rhätischen Bahn zwischen Thusis und dem italienischen Tirano über Albula und Bernina ist bezüglich Bautechnik und Linienführung eine einzige Meisterleistung.

> www.rhb-unesco.ch

9. 2008 – Tektonikarena Sardona (Weltnaturerbe)

In der faszinierenden Gebirgslandschaft um den Piz Sardona im Grenzgebiet der Kantone St. Gallen, Glarus und Graubünden lassen sich tektonische Prozesse auf anschauliche, weltweit einzigartige Weise im Gelände beobachten.

> www.tektonikarenasardona.ch

10. 2009 – Uhrenindustrie: La Chaux-de-Fonds und Le Locle (Weltkulturerbe)

Diese Zwillingsstädte zeugen von einer vollkommenen Symbiose zwischen Urbanistik und Industrie. Ein progressiver unternehmerischer Geist und das Streben nach sozialer Gerechtigkeit haben erlaubt, die Bedürfnisse der Uhrenindustrie und der Uhrmacher in Einklang zu bringen.

> www.urbanisme-horloger.ch

11. 2011 – Pfahlbauten um die Alpen (Weltkulturerbe)

Die «Pfahlbauten» sind prähistorische Siedlungsreste in Seen und Mooren rund um die Alpen. Die transnationale serielle Stätte umfasst 111 der rund 1000 bekannten Fundstellen in sechs Ländern (Schweiz, Deutschland, Frankreich, Italien, Slowenien, Österreich) – 56 in der Schweiz.

> www.palafittes.ch (offizielle Website)

Extra: Immaterielles Kulturerbe

Neben dem Unesco-Welterbe gibt es das vom Bundesamt für Kultur (BAK) initiierte Immaterielle Kulturerbe. Hier geht es um die «Förderung von traditionellen und zeitgenössischen kulturellen Ausdrucksformen, weil kulturelle Vielfalt Ausdruck der Einzigartigkeit und Pluralität der Identitäten ist und Austausch, Innovation und Zusammenarbeit zwischen Gesellschaft und Individuum fördert». Ein Inventar ist im Aufbau.

> Mehr darüber auf www.lebendige-traditionen.ch.

Quelle: Unesco Schweiz · Bundesamt für Kultur (BAK)

133

6. ESSEN & TRINKEN

Die 20 ältesten Apfelsorten

ProSpecieRara, die «Schweizerische Stiftung für die kultur-historische und genetische Vielfalt von Pflanzen und Tieren», hat mehrere beachtenswerte Ziele. So engagiert sich die Stiftung etwa für alte Obstsorten, die in der Schweiz eine lange Tradition und einen soziokulturellen Bezug zum Land haben. ProSpecieRara hilft mit, oft in Vergessenheit geratene Apfelsorten zu erhalten. Hier 20 Beispiele von teils uralten Sorten mit manchmal exotisch anmutenden Namen (in alphabetischer Reihenfolge).

1. Aargauer Herrenapfel (um 1763)
Den gelbgrünen Apfel aus dem Kanton Aargau kennt man seit 1763. Es ist ein guter Wirtschaftsapfel, (robust, kein ausgeprägter Geschmack, guter Ertrag, also ideal zum Keltern).

2. Aargauer Jägerapfel (17. Jh.)
Der Apfel mit dem feinen, saftigen Fleisch eignet sich gut als Küchen-, Tafel- und Wirtschaftsapfel.

3. Basler Winterapfel (1744)
Der Tafelapfel mit dem festen, saftigen Fleisch braucht Anbauanlagen mit langer Vegetationszeit.

4. Bernhardzeller (17. Jh.)
Der Ostschweizer Apfel war einst weit verbreitet, heute ist er selten geworden. Die Frucht ist klein und grüngelb, das Fleisch saftig und süss-weinsäuerlich. Man verwendet ihn als Koch-, Most-, Dörr- und Tafelapfel.

5. Beutchin (15. Jh.)
Eine eher wilde Sorte von den Juraweiden (1000 m ü. M.). Sie stammt vermutlich aus Neuchâtel und er ist geeignet zum Kochen, Dörren, Mosten und für Apfelgelee.

6. Breitacher (1774)
Die alte Schweizer Sorte war einst eine beliebte Tafelsorte, heute ist der kleine und plattrunde Apfel selten.

7. Bumetta (17. Jh.)
Der Tafelapfel stammt aus dem Kanton Graubünden.

8. Charnavelle (1735)
Der gerbstoffhaltige Most- und Kochapfel stammt aus dem Kanton Wallis.

9. Fraurotacher (1743)
Der in St. Gallen angebaute, vielseitig verwertbare Tafelapfel ist mittelgross, gelbgrün, flächig karminrot, saftig und süss-würzig.

10. Fuchsapfel (1774)
Es handelt sich vermutlich um eine alte Schweizer Sorte, die dem Breitacher ähnelt und sich zum Dörren eignet.

11. Küttiger Dachapfel (1770)
Die Aargauer Regionalsorte ist mittelgross, grün, später gelb, das Fleisch sehr saftig, der Geschmack herb und säuerlich, wenig süss.

12. Malzicher (18. Jh.)
Der eher kleine Süssapfel aus dem Kanton Freiburg ist grünlich bis gelblich mit roten Tupfen. Er hat einen würzigen Geschmack.

13. Morre de Cochon (vor 1774)
Die Sorte aus der Westschweiz mit der dunkelroten Deckfarbe eignet sich zum Dörren.

14. Nägelapfel (um 1650)
Der Most- und Tafelapfel aus dem Kanton Thurgau ist heute selten anzutreffen.

15. Schneiderapfel (um 1746)
Der beliebte und verbreitete Stammbildner aus dem Kanton Zürich hat eine rötliche Deckfarbe und schmeckt süss-säuerlich. Guter Most- und Kochapfel.

16. Spätlauber (vor 1750)
Der grün-gelbe Most- und Küchenapfel mit den rötlichen Bäckchen aus dem Thurgau liebt schwere Tonböden und wärmere Lagen. Das Fleisch ist fest und knackig.

17. Spitzweissiker (um 1759)
Der Allzweckapfel mit dem crèmeweissen, knackigen und saftigen Fleisch stammt aus dem Kanton Zürich.

18. Stadler Hagapfel (um 1755)
Der Wirtschaftsapfel (Kt. Zürich) ist wulstig, grün, mit roter Deckfarbe. Er schmeckt säuerlich-süss.

19. Süssholz (vor 1700)

Der Tafel-, Koch- und Mostapfel aus dem Kanton Aargau hat crèmeweisses Fleisch und ist praktisch säurefrei.

20. Venioude (1731)

Die Regionalsorte aus Troistorrents (Kt. Wallis) wird mit zunehmender Reife gelb. Der Tafelapfel hat einen speziellen Duft.

Weitere Informationen über > www.prospecierara.ch.
Quelle: www.prospecierara.ch

10 uralte Birnensorten

Dieselbe Stiftung ProSpecieRara hat sich auch um alte Birnensorten verdient gemacht. Hier 10 Beispiele in alphabetischer Reihenfolge.

1. Amboney (1354)

Anno 1354 wuchs in Donneloye (VD) ein Baum mit dem Namen «Abunel» (wurde zu Amboney). Die gelblichgrüne, glatte kleine Birne eignet sich vor allem zum Trocknen. Das Fruchtfleisch ist fest, saftig und aromatisch.

2. Eierbirne (18. Jh.)

Die grüngelbe, schon vor 1797 bekannte Tafel-, Koch- und Mostbirne verdankt den Namen ihrer Form.

3. Kannenbirne (um 1390)

Die hellgelbe, sonnseits rosa bis rote Birne wurde bereits um 1390 erwähnt. Das Fleisch ist süss und gerbstoffhaltig.

4. Längler (um 1760)

Die langen, oft gekrümmten Früchte haben gelblichweisses, süssherbes Fruchtfleisch. Die Sorte eignet sich für die Küche, zum Dörren oder zum Brennen.

5. Schwarzrädler (18. Jh.)

Die Koch- und Dörrbirne aus dem Kanton Thurgau hat ein saftiges, süsswürziges Fruchtfleisch.

6. Schweizer Heubirne (um 1700)

Die Ostschweizer Tafel- und Wirtschaftsbirne war schon früh verbreitet. Die Früchte sind klein, das Fleisch ist fest, ziemlich saftig und süss.

7. Sept en gueule (14. Jh.)

Erste Aufzeichnungen sind in der Romandie bereits aus dem 14. Jahrhundert bekannt. Der Geschmack der kleinen, runden Früchte ist sehr süss. Alte Bäume sind riesig und haben einen Kronendurchmesser von bis zu 20 m.

8. Wasserbirne (18. Jh.)

Die alte Schweizer Most- und Dörrbirne hat saftiges Fruchtfleisch und schmeckt süssherb. Die Bäume können mächtig und sehr alt werden.

9. Wettinger Holzbirne (1675)

Die aus dem Kanton Aargau stammende Sorte ist schon sehr lange bekannt. Die kleine, gelbgrüne Birne eignet sich zum Kochen.

10. Wildling von Sargans (1627)

Die uralte, in Sargans gefundene Sorte wurde durch Reiser verbreitet. Die mittelgrosse Tafelbirne schmeckt köstlich. Der Baum liebt feuchten Boden und eine geschützte Lage und kann über 100 Jahre alt werden.

Quelle: www.prospecierara.ch

5 innovative Bier-Ideen

Die unterschiedlichen Bier-Ideen zielen auf dasselbe, dass nämlich qualitativ hochstehendes Bier gebraut wird und die Schweiz eine vielfältige Bierkultur bewahrt.

1. Bier-Museum. Rüthi (SG)

Pierre Cobbioni eröffnete 2007 sein Museum. Bierkrüge, -gläser und -flaschen sowie Plakate, Schilder usw. schmücken die urchigen Räume: Bierschenke, Heimatstübli, Bierschwemme, Brotzeitstuben und Biergarten zum Hang hin.
> www.biermuseum.ch

2. Brasserie Federal. Hauptbahnhof Zürich

Unter dem imposanten Bahnhofdach bietet die Brasserie über 100 Schweizer Biere und verschiedene landestypische Spezialitäten. Da wird die Ware zur wahren Bierkultur! > www.brasserie-federal.ch

3. Brauerei Schützengarten. St. Gallen

Johann Ulrich Tobler hatte eine Bier-Idee: Er wollte eine Brauerei und gründete sie 1779. Sie besteht noch heute und stellt buchstäblich ausgezeichnetes

Bier her: die Brauerei gewann 2011 bei den Bier-Qualitätsprüfungen der DLG (Deutsche Landwirtschafts-Gesellschaft) mit ihrem Lager hell, Edelspez Premium und St. Galler Klosterbräu gleich dreimal Gold.

4. Solothurner Biertage. Solothurn

Unter dem Motto «Biere probieren und kennenlernen» feiern Bierfreunde jeweils an drei Tagen im April diese fröhlichen Tage (und Nächte). Rund 20 Brauereien präsentieren über 100 feine handverlesene Biere. > www.biertage.ch

5. www.biervielfalt.ch

Die Gesellschaft zur Förderung der Biervielfalt (GFB) will erreichen, dass die Schweizer Brauereien viele verschiedene Biere brauen. Das versucht sie mit ihrer vielseitigen Website, die eine hauseigene Online-Zeitung, Bier-Events, Bier-News, Übersicht über Bier-Vereine, Links zu Brauereien und Literaturhinweise vereint. > www.biervielfalt.ch

> Buchtipp: Matthias Wiesmann, Bier und wir. Geschichte der Brauereien und des Bierkonsums in der Schweiz, Verlag Hier + Jetzt, 2011.
Quellen: Einzelne Websites · Verschiedene

Die 5 bekanntesten Kantons-Brote

Rund 250 verschiedene Brottypen werden hierzulande gebacken. Und die Vielfalt wächst, doch die Kantonsbrote bleiben. Wir stellen die fünf bekanntesten Typen in alphabetischer Reihenfolge vor.

1. Basler Brot

Der wegen des hohen Wassergehalts sehr weiche Teig, die grossen, unregelmässigen Poren und die mehlig-knusprige Kruste verleihen dem Brot eine Sonderstellung unter den Kantonsbroten. Im Fachbuch «Der Schweizer Bäcker-Konditor» taucht es 1944 erstmals in der jetzigen Form auf.

2. St. Galler Brot

Vor allem das St. Galler Brot aus Halbweissmehl ist beliebt. Die hohe Form und die charakteristische «Nase» über dem Einriss machen es unverwechselbar. Es wird in obgenanntem Buch erstmals in der heutigen Form erwähnt.

3. Tessinerbrot

Das Tessinerbrot besteht meist aus Weissmehl; die Zugabe von etwas Pflanzenöl gibt ihm seine feine Teigstruktur. Je nach Gutdünken des Bäckers besteht es aus vier bis sechs Teilen, die man leicht abbrechen kann. Sein Alter ist unbekannt.

4. Walliser Roggenbrot

Das runde, ziemlich flache Brot mit der gefurchten Kruste besteht aus Roggenvollkornmehl. Ein Sauerteig mit besonders langer Gärung verleiht ihm sein Aussehen und seinen typischen Geschmack. Das traditionelle Brot wird im Idealfall im Holzofen gebacken und ist lange haltbar. Das Bundesamt für Landwirtschaft (BLW) hat die Bezeichnung «Walliser Roggenbrot» 2004 ins Register der Ursprungsbezeichnungen (AOC) eingetragen.

5. Zürcherbrot

Das längliche Ruchmehl- oder Halbweissmehlbrot mit den schrägen Einschnitten, der goldbraunen Kruste und der leicht unregelmässigen Porung gilt als Standardbrot: Es ist das meistverbreitete und -verkaufte Brot der Schweiz. Die Käufer nennen es allerdings Langbrot und kennen den Namen Zürcherbrot gar nicht.

Quellen: www.schweizerbrot.ch · Kulinarisches Erbe der Schweiz / www.kulinarischeserbe.ch · www.swissworld.org · Verschiedene

Die 8 beliebtesten Fleischsorten

1987 erreichte der Fleischkonsum in der Schweiz einen Spitzenwert und war rund doppelt so hoch wie nach Ende des Zweiten Weltkrieges. Doch in der darauffolgenden Dekade sank der Verbrauch um etwa 20 Prozent. Heute essen die Schweizer pro Kopf jährlich 53,6 kg Fleisch (2010). Die Grossverteiler Migros und Coop setzen rund 70% des Fleisches ab, die 1700 Metzgereien der Schweiz haben einen Marktanteil von 25%, und der Rest wird von Detailhändlern und Direktvermarktern verkauft. Der Fleischkonsum 2010, pro Kopf:

1. Schweinefleisch	25,3 kg
2. Rindfleisch	11,2 kg
3. Geflügel	11,0 kg

4. Kalbfleisch	3,5 kg
5. Schaf- und Lammfleisch	1,2 kg
6. Wild und Kaninchen	0,9 kg
7. Pferdefleisch	0,7 kg
8. Ziegenfleisch	0,1 kg
Dazu: Fisch und Krustentiere	8,8 kg

Quellen: www.schweizerfleisch.ch · Proviande

Die 5 populärsten Fleischspezialitäten

Der Verein «Kulinarisches Erbe der Schweiz» hat erstmals gesamtschweizerisch die traditionellen Nahrungsmittel der Schweiz erfasst und ihre Herstellung, Eigenschaften und Geschichte beschrieben. Zum Beispiel Fleischspezialitäten.

1. Bündnerfleisch

Bündnerfleisch, die luftgetrocknete, aus Stotzenfleisch vom Rind hergestellte Rohpökelware, kommt, wie der Name sagt, aus dem Kanton Graubünden. Die Herstellung beschrieben manche Reiseschriftsteller, so auch Johann Gottfried Ebel während seiner Schweizer Reise anno 1793: «Die Luft ist so trocken, dass von Sils bis St. Moritz hinab vom Monat October bis Merz alles Fleisch nicht im Rauch, sondern an der Luft gedörrt wird.» Das ist heute noch so. Bündnerfleisch ist nie geräuchert.

2. Cordon bleu

Das Cordon bleu ist ein mit Käse- und Schinkentranchen gefülltes paniertes «Plätzli». Ob man für das originale Cordon bleu Fleisch vom Kalb oder Schwein verwendet, ist umstritten. Über seine Entstehung gibt es mehrere Geschichten. *Cordon bleu* heisst übersetzt «Blaues Band». Dieses Blaue Band wurde einst als Orden an Persönlichkeiten verliehen, dann wieder war es eine Auszeichnung für die schnellste Atlantik-Überquerung mit dem Schiff und anderes mehr. Doch keine dieser *Cordons bleus* haben einen schlüssigen Zusammenhang mit der Fleischspeise, die Herkunft des Namens bleibt ein Rätsel. Wie immer – das Cordon bleu gehört längst zu den Klassikern der Schweizer Fleischküche.

3. Fleischvögel

Die Fleischspeise besteht in der klassischen Variante aus einem mit Speck, Petersilie, Zwiebeln und Weissbrotstückchen gefüllten und zusammengerollten Rinds- oder Kalbs-«Plätzli». Man kennt sie in der ganzen Schweiz. Wie die Vögel zur Speise kamen, ist unsicher; vielleicht findet man die Lösung im «Bernischen Kochbuch» aus dem Jahre 1796: «Mach das Fleisch zusammen wie ein Vogel». Doch das Gericht ist älter, das zeigt das Rezept für «Vögell auss kelberem flaisch zue braten» in einem Walliser Kochbuch von 1581.

4. «Gnagi»

«Gnagis» sind ausser Mode gekommen und nur noch ein Liebhaber-Essen. Bekannt aber bleiben sie, zumindest für die älteren Generationen. Gnagis sind gepökelte «Wädli», «Füessli», «Öhrli», «Schwänzli», «Schnörrli» vom Schwein mitsamt Knochen zum «Gnagen». Das «Gnagi» wird mit dem Schwein assoziiert; vor hundert Jahren war es laut Idiotikon schlicht ein harter Brocken. Zu diesem Herbst- und Winteressen, oft Teil einer Metzgete, passt auch eine währschafte Erbsensuppe.

5. Mostbröckli

Der Leckerbissen ist ein gepökeltes, geräuchertes und getrocknetes Stück Rind- oder Kuhfleisch vom Stotzen (Hinterbein). Der Name der Appenzeller Spezialität komme daher, dass man die dünn geschnittenen Tranchen mit einem Glas Most verspeist. Eine andere Erklärung besagt, dass man dem Fleisch beim Einsalzen Most beifügt, um es mürbe zu machen. Beides passt.

Weitere Infos über > www.kulinarischeserbe.ch.
Quellen: Kulinarisches Erbe der Schweiz / www.kulinarischeserbe.ch · HB

Die 10 am meisten gegessenen Früchte

Die Schweiz gehört, bezogen auf die Bevölkerung, zu den obstreichsten Ländern der Welt. Angebaut wird heute zum grössten Teil in Obstkulturen auf Niederstammbäumen. Bei den Äpfeln, der bei uns weitaus beliebtesten Frucht, hat sich Gala in den letzten Jahren klar zur Hauptsorte der inländischen Tafeläpfelproduktion entwickelt (vor dem einstigen Leader Golden Delicious), bei den Birnen die Williams-Sorte. Zwei Drittel der einheimischen Tafelfrüchte kommen aus den Anbaugebieten Thurgau, Wallis und Waadt. Inlandverbrauch in kg pro Person und Jahr, Durchschnittswerte:

1. Äpfel	15,8 kg
2. Orangen / Mandarinen	12,4 kg
3. Bananen	9,0 kg
4. Beeren	6,4 kg
5. Trauben	4,5 kg
6. Pfirsiche	3,5 kg
7. Birnen	3,3 kg
8. Aprikosen	2,0 kg
9. Zwetschgen	1, 2 kg
10. Kirschen	0,8 kg

Quellen: Schweizer Obstverband / www.swissfruit.ch

Die 8 am meisten konsumierten Gemüse

Der Gemüsekonsum wächst kontinuierlich. In den letzten zwei Jahrzehnten stieg er um ein Viertel auf 80 kg Frischgemüse pro Kopf und Jahr. Die zwei ersten Ränge sind traditionell vergeben, wobei Tomaten und Karotten manchmal ihre Positionen wechseln (jährlicher Pro-Kopf-Verbrauch, Durchschnittswert).

1. Tomaten	8,6 kg
2. Karotten	8,5 kg
3. Eisbergsalat	4, 2 kg
4. Peperoni	3,6 kg
5. Zwiebeln	3,0 kg
6. Salatgurken	2,8 kg
7. Zucchetti	2,6 kg
8. Kopfsalat	2, 2 kg

Quellen: szg/www.swissveg.ch

Die 7 typischsten Gerichte

Welche Gerichte sind nach Meinung der Schweizerinnen und Schweizer die typischsten? Hier die Antwort, gemäss einer repräsentativen Meinungsumfrage des Markt- und Meinungsforschungsinstituts LINK im Auftrag der *Coopzeitung*.

1. Fondue	42%
2. Rösti	25%
3. Raclette	12%
4. Züri-Gschnätzlets	6%
4. Ghackets mit Hörnli	6%
6. Birchermüesli	3%
7. Café complet	2%

Quelle: *Coopzeitung* 36/2009, Repräsentative Meinungsumfrage LINK

5 urtypische Getränke

Zumindest fünf Getränke sind aus der Schweiz kaum wegzudenken. Und einige dieser «Nationalgetränke» wurden weltberühmt.

1. Nescafé

1920 gab es in Brasilien einen Kaffeebohnen-Berg. Um einen Preiszerfall zu verhindern, schüttete man tonnenweise Bohnen ins Meer. Zehn Jahre später wandte sich die brasilianische Regierung an Nestlé, um für dasselbe Problem eine bessere Lösung zu finden. 1936 erfand Max Morgenthaler, Nahrungsmittelchemiker bei Nestlé, den Instant-Kaffee, den man Nescafé (aus Nestlé und Café) taufte und 1937 patentierte. Durch die im Zweiten Weltkrieg an die amerikanischen GIs verteilten Nescafé-Rationen wurde er bald weltberühmt.

2. Ovomaltine

1903 entwickelte der Pharmazeut Albert Wander auf der Basis eines Malz-Extraktes ein neues Instant-Getränk als Kraft-Nahrung. Die Zutaten: Gerstenmalz, Ei und Kakao. Das Ei (ovo) und das Malz gaben ihm den Namen. Zuerst wurde Ovomaltine als Krankennahrung nur in Apotheken verkauft, erst 1922 wurde sie als Lebensmittel zugelassen. Im gleichen Jahr begann Wander auch in den USA zu produzieren.

3. Pepita

Pepita kommt aus dem Hause Eptinger. Sein Vorgänger hiess Sissa-Grape und wurde 1938 eingeführt, doch wegen der Zuckerrationierung bald wieder eingestellt. 1949 folgte Pepita und erlangte schnell Kultstatus. Woher der Name stammt, kann niemand mit Sicherheit sagen.

4. Rivella

Nachdem Jean Barth erfolglos versucht hatte, in den USA ein Bierrezept auf Molkebasis zu verkaufen, gab er das Rezept an seinen Bruder Robert. Der experimentierte weiter und erfand 1952 auf der Basis von Milchsäure ein völlig neues Getränk, das er Rivella taufte – abgeleitet vom italienischen *rivelazione*, Offenbarung. Rivella besteht aus Milchserum (35 %), Kräuter- und Früchteextrakten, Wasser, Zucker, Fruchtzucker und / oder Süssstoffen sowie Kohlensäure. Auf das Rivella rot folgte 1958 Rivella blau, 1999 Rivella grün.

5. Süssmost

Süssmost ist zwar keine Schweizer Erfindung, doch der Thurgauer Pflanzenphysiologe Hermann Müller forschte um 1900 nach Methoden zur gewerblichen Süssmostherstellung und wurde über die Grenzen hinaus zum Pionier der unvergorenen pasteurisierten Fruchtsäfte. Die Schweiz hatte bald den Ruf, weltweit der beste Süssmostproduzent zu sein. 1912 begann die Obstweingenossenschaft Ramsei als erste Schweizer Mosterei, Süssmost zu produzieren.

Quellen: Einzelne Websites · Wikipedia · HB · Verschiedene

8 geschützte Käse

Die Eidgenossen essen pro Kopf und Jahr rund 20 Kilo Käse. Emmentaler und Gruyère sind die meistkonsumierten der circa 450 hiesigen Sorten. Käse sind nicht nur ein Kulturgut, sondern ebenso eine wirtschaftliche Grösse. Daher sind viele bekannte Marken geschützt.

1. Appenzeller ®

Ein Laib des würzigen, vollfetten Halbhartkäses aus Rohmilch wiegt 6 bis 8 Kilo. Erste urkundliche Hinweise gab es bereits anno 1282, und im 19. Jahrhundert fanden sich erste Dokumente, die explizit den Appenzeller Käse erwähnten. Er ist eine national und international geschützte Marke. 1995 wurde das Qualitätsmanagement seiner Produktion «ISO-9001»-zertifiziert. > www.appenzeller.ch

2. Emmentaler

Charakteristisch bei diesem vollfetten Hartkäse aus Rohmilch sind vor allem die grossen Löcher, das süsslich-nussige Aroma und das Gewicht der runden Laibe, die bis 120 Kilos wiegen. Der (wie man sagt) aus dem Jahre 1542 stammende Käse hat im Ausland leider nur einen beschränkten Schutz, doch in der Schweiz ist er seit 2006 im Register der «geschützten Ursprungsbezeichnungen» (AOC) eingetragen. > www.emmentaler.ch

3. Gruyère/Greyerzer

Der Gruyère hat seine Ursprungsbezeichnung (AOC) seit 1991. Sein Ursprung geht wohl auf den ersten Grafen von Gruyère zurück; anno 1655 wurde der uns heute als Gruyère bekannte Käse nach der gleichnamigen Freiburger Gemeinde als *gruière* bezeichnet. Der Rohmilchkäse hat eine elfenbeinerne Farbe und einen salzigen Grundton, und ein Laib wiegt bis zu 40 kg.
> www.gruyere.com/de

4. Raclette du Valais

Der «Bratchäs», wie man ihn einst nannte, soll bereits 1291 geschmolzen und auf Unterlagen abgestreift worden sein. Laut anderen Quellen datiert seine Erfindung auf das Jahr 1875. Die geschützte Marke *Raclette Suisse®* soll nun Garant sein für Naturreinheit und Spitzenqualität. Der Name kommt von französisch *racler*, «schaben, abkratzen».

5. Sbrinz

Der extraharte, pro Laib bis 45 Kilo wiegende, leicht spröde und salzige Alpkäse ganz ohne Löcher wird seit dem 17. Jahrhundert in der Innerschweiz und dem Berner Oberland hergestellt. Das Milchprodukt soll auf das Jahr 1530 zurückgehen, wo von einem «brientzer käss» die Rede war. Seine geschützte Ursprungsbezeichnung (AOC) hat er seit 2001. > www.sbrinz.ch

6. Schabziger

Der gereifte Sauermilchkäse aus Ziger, Salz und dem legendären Zigerklee kommt aus dem Kanton Glarus und ist uralt. Bereits anno 1463 «genehmigten die Glarner Bürger ein Gesetz, das alle Zigerhersteller verpflichtete, ihr Produkt nach Qualitätsvorgaben zu produzieren und mit einem Herkunftsstempel zu kennzeichnen». Daher gilt der Schabziger als ältestes Markenprodukt der Schweiz. > www.geska.ch

7. Tête de Moine

Der Halbhartkäse aus Rohmilch mit seinem sehr feinen Teig wird nicht geschnitten, sondern mit der «Girolle» zu feinen Rosetten geschabt. Die Ursprünge des Jura-Käses führen ins 12. Jahrhundert zu den Mönchen (franz.

moine) des Kloster Bellelay zurück. Um 1793 wurde er erstmals in den Akten als «Tête de Moine» bezeichnet, 2001 folgte die AOC-Registrierung.
> www.tetedemoine.ch

8. Vacherin Mont-d Or

Der milde Weichkäse mit dem AOC-Gütesiegel wird im Waadtländer Jura und Jurafuss aus thermisierter Milch hergestellt. In den Verkauf gelangt er in der typischen Schachtel aus Fichtenholz. Charakteristisch ist seine aufgeworfene Rinde, seine Höhe beträgt 3 bis 5 cm, der Durchmesser 10 bis 32 cm, im Handel ist er seit 1865. Der Käse wird immer von Ende September bis April produziert.
> www.vacherin-montdor.ch/de/

>>> *Tilsiter* siehe unter «Berühmte Lebensmittel …» untenstehend [gleiches Kapitel], Seite 149
Mehr Käse-Infos über > www.switzerland-cheese.ch.
Quellen: Einzelne Websites · Kulinarisches Erbe der Schweiz/www.kulinarischeserbe.ch · HB ·
Verschiedene

5 berühmte Lebensmittel mit spannender Geschichte

Hinter vielen Erfindungen stehen zum Teil erstaunliche oder kuriose Geschichten. Fünf Beispiele aus dem Bereich der Ernährung illustrieren dies.

1. Birchermüesli

Die weltberühmte Speise verdankt ihren Namen dem Zürcher Maximilian Oskar Bircher (1867–1939). Der Mediziner interessierte sich besonders für den Zusammenhang zwischen Krankheitsursache und Heilung. Schon früh verschrieb er seinen Patienten eine «Früchtediätspeise». Er vereinte Obst, Milch, Hafer und Nüsse in einem Gericht und erweckte so die alten Esssitten zu neuem Leben. Seine Patienten fanden Gefallen an dieser Diätspeise, die Mund-zu-Mund-Propaganda machte sie bekannt, und bald führten auch immer mehr Gaststätten das «Müesli» auf der Speisekarte. Der Volksmund taufte die Speise irgendwann nach ihrem «Erfinder» – seither heisst sie eben Birchermüesli.

2. Beurre Café de Paris

Die Wirtin Madame Boubier tüftelte in den 1930er Jahren an einer mit Kräutern angereicherten Buttersauce für Fleischgerichte. Nach ihrem Tod ging das

Rezept auf ihre Tochter über. Die wiederum heiratete einen Monsieur Dumont, der 1942 in Genf ein Restaurant übernahm, das Café de Paris. Das von seiner Frau übernommene Rezept sollte die Grundlage bilden für sein Brasserie-Konzept, bei dem ein einziges Menü serviert wurde: Entrecôte mit eben jener Sauce. Sein Gericht taufte er Entrecôte Café de Paris. Das Restaurant Café de Paris gibt es noch heute an derselben Stelle (Rue du Mont-Blanc 26). Und serviert wird wie anno dazumal das gleiche Menü, inklusive Pommes frites und mit der «Beurre Café de Paris» nach dem geheimnisvollen Rezept.

3. Maggi

Julius Maggi, 1846 als Sohn eines italienischen Flüchtlings geboren, wurde zum einflussreichsten Mühlenbesitzer der Schweiz. Als der Kanton Zürich den staatlichen Getreidehandel aufhob, geriet er in Schwierigkeiten und musste sich nach etwas anderem umsehen. Ein Vortrag des Arztes Fridolin Schuler «Über die Ernährung der Fabrikbevölkerung und ihre Mängel» beeindruckte Julius Maggi so stark, dass er auf Abhilfe sann. Er entwickelte aus Hülsenfrüchten – Erbsen, Bohnen und Linsen – nährstoffreiche Fertigsuppen, die er 1886 auf den Markt brachte. Berühmtheit erlangte er dann mit der flüssigen Maggi-Würze und dem Bouillonwürfel, der zum Symbol für moderne Ernährung schlechthin wurde. Seither steht der Familienname als Synonym für diese weltweit verbreitete Würze.

4. Meringue

Die besten Meringues seien jene aus aus Meiringen – dort seien sie schliesslich erfunden worden, behaupten die Konditoren am Fusse des Hasliberges. Danach soll ein italienischer Konditor in Meiringen die Meringue um 1600 zum ersten Mal hergestellt haben. Es besteht weitgehend Übereinstimmung, dass der Schöpfer der weltberühmten, aus geschlagenem Eiweiss und Zucker hergestellten Süssigkeit ein Zuckerbäcker namens Casparini oder Gasparini war. Allerdings datiert man seine Erfindung besser auf Anfang des 18. Jahrhunderts. Gasparini, so eine der vielen Legenden, sei an den Hof des Herzogs von Lothringen berufen worden, um dessen Tochter Maria die Zuckerbäckerkunst beizubringen. Die Prinzessin habe die Süssigkeit ihrem späteren Gemahl, König Ludwig XV., in Versailles bekannt gemacht. Vom Königshof habe die Meringue dann ihren Siegeszug rund um die Welt angetreten.

5. Tilsiter

Nach dem Deutsch-Französischen Krieg 1870/71 suchte die deutsche Regierung in der Schweiz Leute für die Milchwirtschaft. Viele Schweizer meldeten sich und wanderten nach Preussen aus, wo sie sich immer mehr auf die

Käseherstellung spezialisierten und ab 1871 eigene Käserein gründeten. In der Stadt Tilsit begannen einige, einen nur 4 bis 5 Kilo schweren Käse herzustellen, und um 1900 verarbeitete man die Milch weitgehend zu Tilsiter. Einige Schweizer kehrten wieder in die Heimat zurück. So auch die Thurgauer Otto Wartmann und Hans Wegmüller. In ihrem Gepäck hatten sie das Rezept für Tilsiter – benannt nach eben jener Stadt Tilsit, die seit 1946 Sowjetsk heisst und in der russischen Exklave Kaliningrad liegt. 1893 begannen die beiden mit der Herstellung von Schweizer Tilsiter. Mit Erfolg, wie man weiss.

> www.tilsiter.ch

Quellen: HB · Verschiedene

8 urschweizerische Lebensmittel

1. Aromat
Das Würzmittel von Knorr war (und ist teils noch heute) Bestandteil vieler Beizen-Menagen. Erfunden wurde das typisch schweizerische Pulver 1953 in der hiesigen Filiale der deutschen Firma Knorr. Zu Beginn hiess es «Knorrs Pflanzenextrakt», es war gedacht als Alternative zum flüssigen Maggi. Später taufte man es wegen der darin enthaltenen Aromen um. Aromat wird in Thayngen (SH) abgefüllt.

2. Cenovis
Der Braumeister Alex Villinger aus Rheinfelden (AG) wollte die an Proteinen, Mineralstoffen und Vitaminen reiche Bierhefe, die beim Brauen anfällt, weiter verwenden. Er experimentierte – und fand 1931 die Erfolgsrezeptur für die Marke Cenovis. Sie hat sich bis heute nicht verändert, und längst ist die würzigsalzige Paste ein (vor allem in der Romandie) beliebter Brotaufstrich.

> www.cenovis.ch/de/tradition/

3. Gerber Gala
Die Gerberkäse AG Thun wurde 1836 gegründet. 1911 gelang es Walter Gerber und Fritz Stettler, mit einem besonderen Schmelzverfahren Laibkäse länger haltbar zu machen. 10 Jahre später kam der berühmte Schmelzkäse in der bekannten Rundschachtel auf den Markt. 1936 schliesslich wurde Gala lanciert, der cremige Frischkäse aus Doppelrahm mit der feinen Säure.

4. Hero Konserven
Gustav Henckell und Gustav Zeiler gründeten 1886 in Lenzburg (AG) eine «Conservenfabrik». Carl Roth ersetzte den verstorbenen Zeiler, daraus ent-

stand 1910 die Marke «Hero» (aus *H*enckell und *Ro*th). Die Parmadoro-Tomatenprodukte kamen 1933 auf den Markt, 15 Jahre später die Ravioli aus der Dose, die sofort zum Hit wurden – und es bis heute sind.   > www.hero.ch

5. Kressi-Essig

Der Genfer Charles Chirat, der 1859 mit zwei Kollegen eine Firma gegründet hatte, versuchte sich 25 Jahre später an der Herstellung von Essig. Das Resultat trägt bis heute den Namen Kressi. Und da man schon den Essig hatte, begann sein Sohn 1900 mit der Herstellung von Feinwaren in Essig, den Chirat-Cornichons usw.

6. Roland-Bretzeli

Die 1939 gegründete Roland Murten AG stellt verschiedene Sorten Gebäck her, doch berühmt sind vor allem die Roland-Bretzeli. Sie wurden im ersten Jahr, 1951, noch von Frauenhänden geformt, danach kam eine Maschine zum Einsatz: die einzige Anlage Europas mit dieser Schlingtechnik. Einzigartig sind auch die Bretzeli.   > www.roland.ch

7. Thomy-Senf

1930 entstand die Firma Thomi & Franck AG. Man handelte mit Senf, der damals noch offen in grossen Steintöpfen verkauft wurde. Hans Thomi erkannte, dass er eine neue Verpackung brauchte. 1934 präsentierte die Firma mit der berühmten blauen Aluminiumtube eine Weltneuheit. Um diese Innovation zu betonen, ersetzte der global denkende Thomi das «i» seines Namens durch ein «y». 1951 erfolgte die Herstellung der ersten industriellen Mayonnaise in Europa. Seit 1997 gehört Thomy zu Nestlé Schweiz AG.
> www.thomy.ch

8. Zweifel-Pomy-Chips

Zweifel-Weine sind weniger bekannt als die Pomy-Chips. Dabei begann das Handelsunternehmen viel früher schon mit Weinen, es folgte eine Saftmosterei, und erst 1950 begann ein Cousin von Heinrich Zweifel mit der Produktion von Kartoffelchips. 1958 übernahm die Familie Zweifel die Chips-Produktion und wurde innert kürzester Zeit zum grössten Chips- und Snack-Unternehmen der Schweiz.

> Buchtipp: Alfred Haefeli (Hrsg.), In aller Munde. Die 100 beliebtesten Schweizer Lebensmittel, Faro Verlag, 2009
Quellen: Einzelne Websites · Verschiedene

5 altbekannte Mineralwässer

Die Schweizer Mineralwässer sind zwar von gleicher Qualität, aber wegen ihrer verschiedenartigen Entstehung trotzdem immer anders, etwa was den Mineralgehalt betrifft. Vor 100 Jahren tranken die Schweizer wenig Mineralwasser. Mitte des letzten Jahrhunderts lag der Pro-Kopf-Verbrauch noch unter 10 Litern, bis 2010 stieg er aber rasant auf 113 Liter. Das in der Schweiz abgefüllte Mineralwasser stammt aus über 20 Quellen.

1. Allegra Passugger

Anno 1562 gab es erste schriftliche Hinweise auf Heilquellen bei Passugg in der Rabiosaschlucht (GR), doch sie wurden vergessen und erst 300 Jahre später wiederentdeckt. 1874 nutzte man sie erstmals kommerziell. 2005 führten einheimische Investoren die beiden Bündner Marken Allegra und Passugger zusammen. > www.allegra-passugger.ch

2. Eptinger

In einem 1693 erstellten Gutachten hiess es, «dass das Eptinger Wasser das Blut reinigt ... bei allerlei Hautproblemen wirkt und zudem die Esslust fördert». Das aus der Gemeinde Eptingen (BL) stammende Wasser hat eine hohe Gesamtmineralisation (2391 mg/l). > www.eptinger.ch

3. Henniez

Die Römer entdeckten die Quelle um 200 n. Chr., doch geriet sie später für lange Zeit in Vergessenheit. Erst im 17. Jahrhundert wurde das Bäderwesen in Henniez (VD) wieder aufgenommen. 1880 wurde das Wasser von Henniez offiziell als Mineralwasser deklariert. Seit 2007 gehört es zu Nestlé.
> www.henniez.ch

4. Rhäzünser

Anno 1797 gab es eine erste Erwähnung der Quelle bei Rhäzüns (GR), 50 Jahre später wurde sie gefasst. Ärzte empfahlen das Wasser bei Nieren- und Blasenleiden, Gicht und Rheumatismus. Heute gehört Rhäzünser zur Feldschlösschen Getränke AG. > www.rhaezuenser.ch

5. Valser

Die 1622 erstmals erwähnte St. Petersquelle aus Vals wurde wohl schon in prähistorischer Zeit genutzt. Doch erst 1960 erschloss man sie kommerziell. Heute gehört Valser zur Coca-Cola Company.   > www.valser.ch

Mehr Informationen auf > www.mineralwasser.ch.
Quellen: Einzelne Websites · www.mineralwasser.ch · Verschiedene

10 alte einheimische Rebsorten

Chasselas ist die in der Schweiz am meisten verbreitete Rebsorte, vor allem im Wallis, wo sie allerdings Fendant heisst. In der Ostschweiz wird vorwiegend Riesling×Sylvaner angebaut. Ausserhalb der Schweiz nennt man sie Müller-Thurgau, gezüchtet wurde sie vom Rebforscher Hermann Müller aus dem Kanton Thurgau. Die rote Hauptsorte ist der Pinot Noir, im Genfer Weingebiet und im Waadtland der Gamay, im Tessin der Merlot. Dazu gibt es über 40 uralte Raritäten. Wir stellen 5 weisse und 5 rote Rebsorten vor, sie stammen vorwiegend aus dem Wallis, wo der grösste Bestand alter Rebsorten herkommt.

Weisse Sorten

1. Amigne (Anbau: VS)
Die Rebsorte, eine Spezialität von Vétroz, produziert angenehm trockene Weine. Der Name der ausschliesslich im Wallis wachsenden Sorte geht wohl auf die Römer zurück; sie wurde bereits von Horaz (65–8 v.Chr.) beschrieben.

2. Completer (GR)
Die erstmals anno 1321 namentlich erwähnte Sorte wird bis heute in Malans angebaut. Sie ist eventuell mit dem Lafnetscha aus dem Oberwallis verwandt. Der Name des körperreichen Weins leitet sich vermutlich von lateinisch Completorium ab, dem abendlichen Gebet der Mönche.

3. Himbertscha (VS)
Die Sorte aus dem Oberwallis galt als fast ausgestorben, doch der Visper Winzer Josef-Maria Chanton entdeckte sie während seines Önologiestudiums wieder. Seit 1984 produziert er den strohgelben, an Moos, Haselnuss und Melisse erinnernden Wein exklusiv.

4. Lafnetscha (VS)

Die 1856 erstmals urkundlich erwähnte, im Oberwallis angebaute Rebsorte ist eine Kreuzung zwischen Humagne Blanc x Completer. Wegen seiner Herbheit und Säure sollte er nicht jung getrunken werden.

5. Rèze (VS)

Die schon von Plinius dem Älteren (23–79) beschriebene und im Wallis 1313 erstmals erwähnte Rebsorte ist heute äusserst selten. Sie wird nur bei Siders und im Val d'Anniviers angebaut. Der bernsteinfarbene Gletscherwein schmeckt Sherry-artig.

Rote Sorten

1. Bondola (TI)

Bondola war früher im Tessin weit verbreitet, wurde aber immer mehr vom Merlot verdrängt. Im Sopraceneri wird die Rebsorte noch auf gegen 30 ha angebaut und zum lokalen Verbrauch verwendet.

2. Cornalin (VS)

Der Cornalin, eine Kreuzung der ursprünglich aus dem Aostatal stammenden Sorten Mayolet und Petit Rouge, ist eine der ältesten im Wallis angebauten Rebsorten. Er gilt als Schmuckstück des Walliser Erbes, und seit 1993 besteht ein Erbgutschutz des fruchtigen, purpurroten Weines.

3. Durize (VS)

Die sehr alte und heute ebenso seltene Rebsorte wächst nur noch auf einer Fläche von 0,65 Hektar Rebfläche um den Ort Fully. Die frühreifende Sorte ergibt im Idealfall einen vollmundigen Wein.

4. Eyholzer (VS)

Die autochthone Walliser Sorte ist alt, wird heute jedoch nur noch auf einer verschwindend kleinen Fläche von 0,25 ha angebaut. Sie ist nach dem gleichnamigen Ort nahe bei Visp benannt. Der seltene Rotwein hat ein Johannisbeeren-Aroma.

5. Humagne Rouge (VS)

Die alpine Rebsorte ist eine absolute Spezialität des Wallis, und dazu identisch mit der Corniola, einer alten Sorte des Aostatals. Die Anbaufläche hat wieder zugenommen. Der feine Wein passt zu Wildgerichten.

Weitere Infos über > www.weinlandschweiz.ch und www.swisswine.ch.
Quellen: www.weinlandschweiz.ch · www.swisswine.ch · Verschiedene

5 Restaurant-Tops

Die Schweizer Gastro-Szene hat zwar weder den weltbesten Koch noch das berühmteste Restaurant, doch sie ist mit Tradition innovativ, wie die folgenden Beispiele zeigen.

1. Allalin

Das höchstgelegene Drehrestaurant der Welt erreicht man mit der Gebirgs-U-Bahn «Metro Alpin», der welthöchsten unterirdischen Standseilbahn. In einer Stunde kann man bei Saaser Hauswurst oder Käseschnitte Walliser-Art das 360°-Panorama mit Allalin, Alphubel, Mischabelgruppe, Berner Alpen und den Gipfeln der italienischen Alpen an sich vorbeiziehen lassen.

> www.drehrestaurant-allalin.ch

2. blindekuh

Das 1999 in Zürich gegründete und weltweit erste Dunkelrestaurant eröffnet eine völlig neue Ess-Dimension. Dabei nehmen die Augen eine Auszeit. Die blinden und sehbehinderten Service-Mitarbeitenden helfen den Gästen beim ungewohnten Erlebnis. Die Stiftung Blind-Liecht ist Trägerin der beiden Betriebe in Zürich und Basel. > www.blindekuh.ch

3. Haus Hiltl

Das 1898 eröffnete Haus Hiltl ist das erste vegetarische Restaurant Europas. Aus dem einst biederen Lokal ist ein modernes Unternehmen geworden und eines der meist besuchten Gastro-Lokale in Zürich. Nebst dem eigentlichen Restaurant umfasst das Hiltl die Teile Club Hiltl, Bar-Lounge, Take away, Catering und Laden. > www.hiltl.ch

4. Koch & Kellner

Daniel Ciapponi, Geschäftsführer im Schlössli Wörth in Neuhausen am Rheinfall (SH), glaubte an seine Lehrlinge – und gab ihnen gleich eine eigene Beiz. So entstand 2007 das erste Lehrlingsrestaurant der Schweiz (oder gar Europas?). Die aussergewöhnliche Lage mit direktem Blick auf den Rheinfall verstärkt noch den Reiz des Gourmet-Restaurants, das (fast) ausschliesslich von Lehrlingen betrieben wird. > www.kochundkellner.ch

5. Smallest Whisky Bar on earth

Gunter Sommer hatte eine Idee. Und daraus entstand in Sta. Maria Val Müstair auf 8,53 m² das kleinste Pub der Welt. Und doch haben hier 200 internationale Whisky-Sorten Platz. (Rekorde werden immer wieder gebrochen, deshalb: Stand 2011.) > www.smallestwhiskybaronearth.com

Quellen: Einzelne Websites · Verschiedene

Die 5 ersten ausländischen Restaurants

**Heute isst man total global, doch vor ein paar Jahr-
zehnten präsentierte sich die Szene noch ganz anders,
und ausländisch essen war etwas Besonderes.**

1. Als erstes *italienisches* Restaurant in der Deutschschweiz eröffnete das «Cooperativo» 1898 in Zürich.
2. Das erste *chinesische* Restaurant der Schweiz war 1934 das «Dragon d'Or» in Genf.
3. Das erste *koreanische* Restaurant in der Schweiz war 1977 das «Korea Pavillon» in Zürich.
4. Das erste *japanische* Restaurant der Schweiz, das «Sala of Tokyo», eröffnete 1980 in Zürich.
5. Das erste *mexikanische* Restaurant der Schweiz war 1986 das «Tres Kilos» in Zürich.

Quelle: Maurus Ebneter/Wirteverband Basel-Stadt

5 Schokoladen-Tops

**Dem 1901 gegründeten Verband Chocosuisse
(www.chocosuisse.ch) sind 18 in der industriellen Fertigung
von Schokolade und Schokoladeerzeugnissen tätige
Unternehmen angeschlossen. Und Schweizer waren immer
wieder Pioniere dieser süssen Sache, wie eine kleine
chronologische Übersicht zeigt.**

1. Tafelschokolade

François-Louis Cailler (1796–1852) lernte in Turin das süsse Handwerk. Zurück in der Schweiz, eröffnete er 1819 bei Vevey die erste Schweizer Schokolade-fabrik. Er baute eine Steinwalze und verkaufte fortan seine Schokolade in Form von Tafeln. Dies war eine bahnbrechende Neuerung, denn die Italiener boten ihre Ware in Stangen an, von denen sich der Kunde je nach Bedarf ein Stück abschnitt.

2. Haselnuss–Schokolade

Charles-Amédée Kohler (1790–1874) war Grossist von Kolonialwaren, 1830 begann er mit der Produktion von Schokolade. Ihm gelang als erstem die Verbindung von Schokolade und Haselnüssen. Mit seinen Söhnen stellte er danach in Lausanne sein neues Produkt her.

3. Milchschokolade

Daniel Peter (1836–1919), gelernter Kaufmann und Kerzenfabrikant, lernte die Tochter des Chocolatiers François-Louis Cailler kennen und kam so auf den Schokoladen-Geschmack. Die Freundschaft zu seinem Nachbarn Henri Nestlé, der mit Milch- und Mehlmischungen experimentierte, brachte ihn auf die Idee, Milch mit dunkler Schokolade zu vermengen. 1875 begann die industrielle Herstellung der Milchschokolade.

4. Toblerone

Theodor Tobler (1876–1941) gründete mit seinem Vater in Bern die Fabrik Chocolat Tobler & Cie. Inspiriert durch den italienischen «Torrone», eine türmchenartige Nougat-Honig-Mandelmischung, kreierte er eine neue Schokolade, die er 1909 patentieren liess: die Toblerone (ein Wortspiel aus den Namen «Tobler» und «Torrone»). Die Schokolade in Dreieckform wurde schnell zum weltweiten Bestseller und ist noch heute die wohl berühmteste Schokolade überhaupt.

5. Weisse Schokolade

Diese Süssigkeit wurde um 1930 erstmals in der Schweiz von Nestlé industriell hergestellt. Bei der Herstellung der weissen Schokolade verwendet man nur die Kakaobutter (der man das Kakaopulver entzogen hat), Zucker und Milch.

Quellen: HB · chocosuisse.ch · Verschiedene

Die 5 typischsten Spirituosen

Die hier vorgestellten Spirituosen werden zwar teilweise auch in anderen Ländern hergestellt, doch sind die geistigen Wässerchen ein besonderes schweizerisches Kulturgut.

1. Absinth

1797 richtete Daniel-Henri Dubied im jurassischen Val-de-Travers die erste Absinth-Destillerie ein. Das alkoholische Getränk geriet wegen seiner heimtückischen Wirkung, hervorgerufen durch das im Wermutkraut enthaltene Nervengift Thujon, bald in Verruf und wurde 1910 in der Schweiz verboten. Schwarzbrenner hatten danach Hochkonjunktur. Seit der Aufhebung des Verbots im Jahr 2005 erlebt die «grüne Fee» eine Renaissance.

2. Bätziwasser/Träsch

Die beiden sind nahe Verwandte mit Eigenheiten. Während das Bätziwasser aus gedörrten Apfelschnitzen hergestellt wird, verwendet man beim Träsch frische Äpfel und Birnen. Das Bätziwasser trinkt man vor allem im Kanton Obwalden, den Träsch in der ganzen Schweiz. Bätzi meinte ursprünglich die Abfälle von Kernobst; Träsch kommt von Trester.

3. Damassine

Der typische Schnaps aus dem Jura verdankt seinen Namen der *Prunus damascena*. Diese Pflaumenart hat ihre Heimat vielleicht in Damaskus und wird seit 200 Jahren in der Ajoie angebaut und gebrannt. Die Frucht ist kugelig bis länglich und rund 2 cm gross. Der Geschmack des exquisiten Eau-de-vie wird hymnisch mit dem «eingekochter Pflaumen, Zimt, Schokoladekuchen und Tabakblätter» verglichen. > www.damassine.ch

4. Enzianschnaps

Die Wurzeln des Gelben Enzians *(Gentiana lutea)* werden im Herbst geerntet, geputzt, zermalmt und in Fässern gelagert. Mit Zugabe von Wasser, Hefe und weiteren Zutaten fermentiert die Masse während zweier Monate. Danach folgt der Brand. Enzian, die uralte Heilpflanze, wird vor allem im Jura und in den Voralpen traditionell zu einem aromatisch-bitteren Eau-de-vie verarbeitet.

5. Kirsch

Der klare Steinobstbrand ist der wichtigste hiesige Schnaps. In den Kantonen Basel-Landschaft und Zug wird am meisten gebrannt, aber auch in mehreren

Innerschweizer Kantonen wird Kirsch hergestellt. Aus Reiseberichten erfährt man, dass er schon im 18. und 19. Jahrhundert bei Wanderungen mitgeführt wurde, und bereits vor 250 Jahren war Kirsch ein wichtiges Handelsprodukt.

Quellen: Einzelne Websites · HB · Kulinarisches Erbe der Schweiz / www.kulinarischeserbe.ch · Verschiedene

Die 10 berühmtesten Süss- und Confiseriewaren

In den einzelnen Kantonen und Regionen gibt es eine Vielzahl süsser Spezialitäten. Der Verein Kulinarisches Erbe der Schweiz, der sich um den Erhalt der kulinarischen Volkskunde der Schweiz verdient macht, hat über 170 verschiedene Schweizer Gebäcke beschrieben. Wir stellen die zehn berühmtesten vor.

1. Biberfladen

Die Geschichte des runden, 3 bis 4 cm hohen Lebkuchengebäcks aus den beiden Appenzeller Halbkantonen geht ins 16. Jahrhundert zurück. Im *Ostschweizer Lebkuchenbuch* von 1597 wird von *piperzelten* berichtet. «Biber» leitet sich eventuell vom lateinischen *piper* (Pfeffer) her, was damals Gewürz ganz allgemein meinte.

2. Basler Läckerli

Zu den Zutaten des Läckerlis gehören Mehl, Honig, Zucker, Mandeln, Nelken, Muskatnuss, Orangeat und Kirsch. Die ersten Rezepte tauchten bereits im 17. Jahrhundert auf, doch in den Basler Ratsbüchern kommt der Ausdruck «Läckerli» erstmals 1720 vor. Die Berner, Zürcher und St. Galler stellten ihre Leckerli (mit e) später mit teils unterschiedlichen Rezepten her.

3. Brunsli

Der Teig des Konfekts, das besonders gerne zu Weihnachten genascht wird, besteht aus Eiweiss, Schokolade, Zucker und Mandeln. Es wird heute in der ganzen Schweiz gebacken, doch es stammt wohl aus Basel. Dort gab es bereits um 1750 ein Rezept.

4. Dreikönigskuchen

Das landesweit bekannte und bei Kindern so beliebte kranzförmige Hefegebäck ist eine neuere Erfindung. Es wurde 1952 vom legendären Schweizer Gebäckforscher Max Währen zusammen mit der Bäckereifachschule Richemont entwickelt.

5. Grittibänz (auch Griiti-, Gritibänz, Benz, Bänz, Grättimaa)

Eines der ältesten Zeugnisse einer Teigfigur in Menschenform am Nikolaustag findet man in einem Nikolausspruch in Zürich aus dem Jahre 1546. Dabei handelte es sich um eine weibliche Gestalt, und das blieb auch lange so. Erst im 19. Jahrhundert verwandelte sich die Figur in einen Mann. In Basel wird der Grättimann aus süssem Hefeteig hergestellt und mit Hagelzucker bestreut. Andernorts verwendet man einen ungesüssten Hefeteig.

6. Magenbrot

Das Magenbrot taucht erstmals in den Kochbüchern des 19. Jahrhunderts auf. Damals war der Teig eine Mandel-Zucker-Eier-Masse. Erst im Fachbuch «Lebkuchen» von 1946 wird ein Lebkuchen-Magenbrot-Rezept mit Glasur beschrieben.

7. Bündner Nusstorte

Die Confiserieware besteht aus Mürbeteig, der mit einer karamellisierten Masse aus grob gehackten Baumnüssen gefüllt ist. Die runde, flache Bündner Nusstorte, wie wir sie heute als Aushängeschild und beliebtes Mitbringsel kennen, trat ihren Siegeszug aber erst in den 1960er Jahren an. Früher bestand sie aus einem mit Nüssen vermengten Eier-Zucker-Teig.

8. Tirggel

Der Tirggel, dieses sehr harte und dünne, auf der Oberfläche mit einem Sujet versehene Honiggebäck, war im 15. und 16. Jahrhundert ein Luxusartikel. Das Kleingebäck aus Honig, Mehl und Gewürzen wurde erstmals in Zürich erwähnt, und dort wird es heute um Weihnachten und am Sechseläuten gegessen.

9. Willisauer Ringli

Willisauer Ringli, die harten, ringförmigen, bräunlichen Guetzli aus Zucker, Mehl, Honig und Gewürzen, dürfen per Recht nur im Luzerner Städtchen Willisau hergestellt werden. Zu verdanken hat man das Kleingebäck dem Bäcker Heinrich Maurer, der sich um 1845 in Willisau niederliess. Seine zweite Gattin brachte das Rezept mit in die Ehe. Ab 1850 buk Maurer die «Ringli» in seinem Holzbackofen.

10. Zuger Kirschtorte

Die Zuger Kirschtorte ist rund und etwa 5 cm hoch. Sie besteht aus einem mit Kirsch getränkten Biskuit, das zwischen zwei mürben Japonaisböden liegt. Sie wurde 1921 von Heinrich Höhn, Konditor aus Herisau, erfunden. Schutzmarke seiner Erfindung ist eine Etikette, die den Zuger Zytturm mit einem blauen Band zeigt. Der Ruhm der Zuger Kirschtorte reicht weit über die Landesgrenzen hinaus.

Vertiefende Informationen über > www.kulinarischeserbe.ch.
Quellen: Einzelne Websites · Kulinarisches Erbe der Schweiz / www.kulinarischeserbe.ch · HB · Verschiedene

5 Dauerbrenner-Täfeli

Moden und Namen der meisten Bonbons ändern sich schnell und schneller. Doch es gibt die (sauer-)süssen Klassiker, die den Zeitgeist überleben. Fünf Beispiele.

1. Wybert-Pastillen

1846 stellte der Basler Arzt Emanuel Wybert nach einem Rezept Husten-Pastillen her, nach seinem Erfinder zuerst Wybert-Tabletten («Wybärtli») genannt. Sein Freund Hermann Geiger, Besitzer der noch heute bestehenden Goldenen Apotheke in Basel, verkaufte sie in seinem Laden während einer grassierenden Grippe-Epidemie. 1910 taufte man sie in Gaba-Tabletten um (Kürzel von Goldene Apotheke Basel). 1999 wurde die Marke verkauft; sie heissen nun Wybert-Pastillen, werden aber weiterhin nach dem ursprünglichen Rezept hergestellt.

2. Sugus

Als Ende der 1920er Jahre die Rohstoffe für Schokolade rar und teuer wurden, suchte man bei Suchard nach einer Alternative. Und fand in Krakau ein Weichbonbon, das man weiterentwickelte. 1931 stellte die Firma die Bonbons unter dem Namen Sugus (der Name kann von hinten und von vorn gelesen werden) zum ersten Mal in der Schweiz her. Die Marke gelangte von Suchard in Neuenburg über Kraft Foods zu Wrigley und von dort schliesslich zum Nahrungsmittelkonzern Mars. Der klassische Geschmack von Sugus ist bis heute weitgehend unverändert geblieben. Seit 2007 gibt es die Geschmacksrichtungen Apfel, Kirsche, Birne und Pfirsich.

3. Cola-Fröschli

Das Hartbonbon in der Form eines auf dem Bauch liegenden Frosches mit dem charakteristischen Cola-Geschmack wiegt rund fünf Gramm. Es besteht aus Zucker und Glukosesirup sowie Farb- und Aromastoffen. Das Cola-Fröschli wird seit 1938 hergestellt. Erfinder war der Confiseur André Klein, der auch das Läckerli-Huus gegründet hatte.

4. Ricola

Emil Richterich, Gründer des Unternehmens Richterich & Co., Laufen (kurz Ricola), mischte 1940 erstmals sein heute weltberühmtes Kräuterbonbon. Das viereckige Täfeli enthält 13 aromatisierte Kräuter, darunter Andorn, Bibernelle, Ehrenpreis, Eibisch, Frauenmantel, Holunder, Malve, Pfefferminze, Salbei, Schafgarbe, Schlüsselblume, Spitzwegerich und Thymian. Heute wird es in unzählige Länder exportiert.

5. Tiki

Die Brausetabletten wurden 1907 von Hynek Boleslav Allan in Tschechien erfunden. Ende des Zweiten Weltkriegs flüchtete sein Sohn Guy vor den Russen in die Schweiz. 1947 begann er nach dem Rezept seines Vaters Tiki herzustellen. Der Name stammt aus der Südsee und bedeutet dort «erster Mensch». Die Firma Landolt + Hauser sorgte für den Vertrieb. 1991 übernahm die Firma Domaco die Marke.

Quellen: Einzelne Websites · Verschiedene

Die 20 häufigsten Wirtshausnamen

1. Rössli	11. Linde
2. Bahnhof	12. Traube
3. Löwen	13. Ochsen
4. Kreuz	14. Frohsinn
5. Sternen	15. Adler
6. Hirschen	16. Rose
7. Post	17. Central
8. Krone	18. Bellevue
9. Bären	19. Mühle
10. Sonne	20. Freihof

Quelle: www.baizer.ch, Dossier Geschichte: «Wirtshausnamen im Wandel der Zeit». Nach Auswertung diverser elektronischer Verzeichnisse. Kettenbetriebe sind nicht berücksichtigt worden.

Die 5 bekanntesten hiesigen Würste

400 Wurstsorten gibt es in der Schweiz. Offiziell. Doch da unzählige Metzger ihre eigenen Rezepte haben, sind es bedeutend mehr. Das Inventar des Vereins Kulinarisches Erbe der Schweiz umfasst 52 Wurstspezialitäten. Wir zeigen die bekanntesten von ihrer unbekannten Seite, alphabetisch.

1. Bauernschüblig

Den Schüblig gibt es in vielen Varianten, dabei ist der Bauernschüblig wohl die älteste. Die paarweise verkaufte, rund 20 cm lange Rohwurst aus Rind- und Schweinefleisch entstammt der bäuerlichen Hausmetzgerei. Die Wurst war laut *Idiotikon* bereits im 13. Jahrhundert bekannt: Anno 1293 war der Cellerarius (Wirtschaftsverwalter eines Klosters) des Stifts Grossmünster zur Abgabe von zwei Würsten an den Canonicus (Chorherr) verpflichtet, die Würste nannte man damals *inschubelinge*.

2. Cervelat

Die Schweizer Nationalwurst hat unzählige Synonyme: Klöpfer, Stumpen, Filet im Darm, Arbeiterforelle usw. Die geräucherte und meist aus Rindfleisch und Wurstspeck hergestellte Brühwurst war gemäss dem ältesten bekannten Rezept aus dem 16. Jahrhundert einst eine «Luxuswurst». Im Kochbuch der Augsburgerin Sabina Welserin findet man die Anleitung «Wie man zerwùla-wirstlach machen soll». Die Zutaten bestanden aus Schweinefleisch, Speck und Käse. Gewürzt war sie mit damals teuren Gewürzen wie Pfeffer, Ingwer, Zimt, Nelken, Muskatnuss und Zucker, gefüllt in zuvor mit Safran gefärbte Därme. Manche mutmassen, dass der Name von franz. *cervelle* (Hirn) stammt oder dann vom einstigen Befehl aus der Küche: «Servez-la!» – Serviert sie (die Wurst)!.

3. Landjäger

Der Landjäger ist eine viereckig gepresste, hart getrocknete, stark gewürzte Rohwurst aus durchwachsenem Rind- und Schweinefleisch sowie Speck. Die Bezeichnung war bereits im 19. Jahrhundert bekannt, die Rezepte variierten jedoch teils erheblich. Woher die paarweise verkaufte 17 cm lange Wurst ihren Namen hat, ist nicht sicher. Vielleicht, so geht eine Geschichte, von den deutschen Gendarmen, jener ab 1809 militärisch organisierten Polizei auf dem Lande, die man eben Landjäger nannte. Die waren oft tagelang unterwegs, als eiserne Ration diente ihnen nebst Brot auch eine Dauerwurst – der Landjäger.

4. Salsiz

Der Salsiz kommt vor allem aus dem Bündnerland. Die viereckige Rohwurst aus Schweine- und Rindfleisch, Speck und Gewürzen hat ihren Namen vom italienischen *salsiccia*, Wurst. Wann genau sie zum ersten Mal hergestellt wurde, weiss man nicht, doch bis weit ins 20. Jahrhundert war es eine traditionelle Wurst der Hausmetzgerei. Heute ist sie in der ganzen Schweiz ein Begriff.

5. St. Galler Bratwurst

Die St. Galler Bratwurst ist eine weisse ungeräucherte Brühwurst aus Kalb- und Schweinefleisch, wobei das Kalbfleisch der entscheidende Bestandteil ist: Denn erst, wenn der Muskelfleischanteil aus mindestens 50 Prozent Kalbfleisch besteht, darf sie per Lebensmittelgesetz die Bezeichnung St. Galler Kalbsbratwurst tragen. Geht man zurück zu ihren Anfängen im 14. Jahrhundert, sieht man, dass die ursprüngliche St. Galler Bratwurst gemäss Metzgerordnung eine reine Schweinswurst sein musste!

> Mehr über www.kulinarischeserbe.ch.
> Buchtipp: Fritz von Gunten, Alles ist Wurst, ott verlag, 2006
Quellen: Kulinarisches Erbe der Schweiz / www.kulinarischeserbe.ch · www.metzgerei.ch · HB · Verschiedene

7. SPORT

15 Erstbesteigungen von Schweizer Bergen

Mit seinem 1729 erschienenen Lobgedicht «Die Alpen» weckte Albrecht von Haller die Neugierde von Schwärmern und Abenteurern. Fortan rückte die Bergwelt ins Zentrum der Reisenden. Das Draufgängertum der Abenteurer verdrängte die einstige Angst vor den Bergdämonen. Vor allem die Engländer machten ab den 1850er Jahren die Schweizer Alpen zum «Place to be». Fünfzehn Erstbesteigungen in chronologischer Reihenfolge.

Jahr	Gipfel (Gebirge)	Höhe	Erstbesteiger
1. 1744	Titlis	3239 m	I. Hess, J.E. Waser
2. 1811	Jungfrau	4158 m	J.R. und H. Meyer, J. Bortis, A. Volker
3. 1812	Finsteraarhorn	4274 m	A. Volker, J. Bortis, A. Abbühl
4. 1824	Tödi	3614 m	A. Bisquolm, P. Curschellas
5. 1850	Les Diablerets	3210 m	G.S. Studer, M. Ulrich, J.D. Ansermoz, J. Madutz
6. 1850	Piz Bernina	4049 m	J.W. Coaz, J. und L. Raguth Tscharner
7. 1855	Dufourspitze	4634 m	E.J. Grenville Smyth, C. Smyth, C. Hudson, J. Birbeck, E.-J. Stephenson, U. Lauener, J. und M. Zum Taugwald
8. 1858	Eiger	3970 m	C. Barrington, C. Almer, P. Bohren
9. 1858	Dom	4545 m	J.L. Davies, J. Zum Taugwald, J. Kronig, H. Brantschen
10. 1859	Bietschhorn	3934 m	L. Stephen, J. Siegen, J. Ebener
11. 1861	Schreckhorn	4078 m	L. Stephen, C. und P. Michel, U. Kaufmann
12. 1861	Weisshorn	4506 m	J. Tyndall, J.J. Benet / Bennen, U. Wenger
13. 1862	Dent Blanche	4357 m	T.S. Kennedy, W. Wigram, J.B. Croz, J. Kronig

| 14. 1864 | Zinalrothorn | 4221 m | L. Stephen, F.C. Grove, M. und J. Anderegg |
| 15. 1865 | Matterhorn | 4478 m | E. Whymper, D.R. Hadow, C. Hudson, F. Douglas, M.A. Croz, P. Taugwalder Vater u. Sohn |

Quelle: Schweiz. Alpines Museum, Bern

Die 5 Fussballclubs, die die meisten Meister-Titel holten

Seit der Gründung der National-Liga im Jahr 1933 wird die Schweizer Meisterschaft in einer Einheitsmeisterschaft mit Dauerwettbewerb ausgetragen. Davor war der Fussball-Meister in Finalspielen der drei regionalen Gruppensieger erkoren worden. Hier die Meister in der höchsten Schweizer Liga ab der Saison 1933 / 34, Stand Ende der Saison 2010 / 11.

1. Grasshopper Club Zürich	19 Titel
2. FC Basel	14 Titel
3. FC Zürich	10 Titel
4. Servette FC Genève	10 Titel
5. BSC Young Boys und Lausanne-Sports	je 5 Titel

Quelle: Swiss Football League

Die 10 besten Fussballclubs

Die besten Fussballclubs gemäss der ewigen Rangliste der National-Liga A – Axpo Super League ab Saison 1933 / 34 bis Saison 2010 / 11. Jeder Sieg wird über die gesamten 77 Saisons mit zwei Punkten gewertet, jedes Unentschieden mit einem Punkt. Final- und Entscheidungsspiele um den Auf- oder Abstieg (später Barragespiele) werden nicht berücksichtigt. Die halbierten Punkte aus der Qualifikation werden ebenfalls nicht berücksichtigt. Die nachträglichen Punkteabzüge gegen Luzern (2) und Servette (3) sind nicht berücksichtigt.

Klub	Saisons	Spiele	Siege	Remis	Niederl.	Punkte
1. Grasshopper Club	75	2216	1129	538	549	2796
2. Servette FC	72	2072	969	495	608	2433
3. BSC Young Boys	71	2072	887	522	663	2296
4. FC Basel	67	1956	897	449	610	2242
5. Lausanne-Sports	69	1972	864	488	620	2216
6. FC Zürich	66	1980	866	474	640	2206
7. FC Lugano	54	1520	567	429	524	1563
8. FC St. Gallen	48	1324	500	385	601	1385
9. FC Sion	42	1252	494	377	453	1365
10. FC Luzern	50	1504	482	378	644	1342

Quelle: Swiss Football League

Die 15 besten Fussballer aller Zeiten

Die Rangliste des *Tagesanzeigers* wurde aufgrund einer Mischrechnung erstellt: «Dabei wurde den Erfolgen, welche die Spieler in ihren Vereinen und in der National-mannschaft erreicht hatten, Rechnung getragen. Es wurde berücksichtigt, welche Rolle die Spieler in ihren Mannschaften spielten und wie stark sie ihre Ära prägten. Natürlich wurden die fussballerische Qualität und die Ausstrahlung der Kandidaten auch nicht ausser Acht gelassen.»

1. Stéphane Chapuisat (geb. 1969)

103 Länderspiele (1989–2004). Wichtigste Klubs: Malley, Lausanne, Uerdingen, Dortmund, GC, YB. 1995 und 1996 mit Dortmund deutscher Meister. 1997 gewann er mit dem BVB Champions League und Weltpokal. Viermal wurde «Chappi» Schweizer Fussballer des Jahres. Zudem war er hierzulande zweimal Torschützenkönig und einmal Meister.

2. Ciriaco Sforza (geb. 1970)

79 Länderspiele (1991–2001). Wichtigste Klubs: GC, Aarau, Kaiserslautern, Bayern München, Inter Mailand. 1998 mit Aufsteiger Kaiserslautern als Captain deutscher Meister. 1996 gewann er mit den Münchnern den Uefa-Cup. In der Schweiz je einmal Meister und Cupsieger.

3. Max «Xam» Abegglen (1902–1970)

68 Länderspiele (1922–37). Wichtigste Klubs: Cantonal, Lausanne, GC. Mit den Grasshoppers holte der Stürmer sechs Meistertitel und fünf Cupsiege. Grösster internationaler Erfolg 1924 bei Olympia in Paris (die Schweiz holte Silber und er schoss sechs Tore).

4. Fredy Bickel (1918–1999)

71 Länderspiele (1936–54). Wichtigster Klub: Grasshoppers. Er wurde siebenmal Meister und neunmal Cupsieger. Bei der WM 1938 erzielte er beim 4:2 gegen «Grossdeutschland» den Ausgleich zum 2:2.

5. Köbi Kuhn (geb. 1943)

63 Länderspiele (1962–76). Wichtigster Klub: FC Zürich. Wurde mit dem FCZ sechsmal Meister und fünfmal Cupsieger.

6. Karl Odermatt (geb. 1942)

50 Länderspiele (1963–73). Wichtigste Klubs: Basel, Young Boys. Er war Regisseur und Gallionsfigur in den goldenen Jahren des FC Basel. Wurde mit dem FCB fünfmal Meister, dreimal Cupsieger, mit YB einmal Cupsieger.

7. Alex Frei (geb. 1979)

84 Länderspiele (seit 2001). Wichtigste Klubs: Basel, Thun, Luzern, Servette, Rennes, Dortmund. Rekordtorschütze der Nati.

8. Severino Minelli (1909–1994)

80 Länderspiele (1930–43). Wichtigste Klubs: Servette, GC, FC Zürich. Er war einer der besten Verteidiger der Welt.

9. Johann Vogel (geb. 1977)

94 Länderspiele (1995–2007). Wichtigste Klubs: GC, PSV Eindhoven, Milan, Betis Sevilla, Blackburn. Wurde mit GC dreimal Meister und viermal mit dem PSV.

10. Jacky Fatton (geb. 1925)

53 Länderspiele (1946–55). Wichtigste Klubs: Servette, Lyon. Er wurde dreimal NLA-Torschützenkönig und schoss in 440 Erstligaspielen 307 Tore.

11. Heinz Hermann (geb. 1958)

117 Länderspiele (1978–91). Wichtigste Klubs: GC, Xamax, Servette, Aarau. Rekordinternationaler mit 117 Länderspielen. Wurde mit GC viermal Meister und einmal Cupsieger, mit Xamax zwei weitere Male Meister. Von 1984 bis 88 fünfmal Schweizer Fussballer des Jahres.

12. Seppe Hügi (1930–1995)

34 Länderspiele (1951–61). Wichtigste Klubs: Basel, FC Zürich. Er war dreimal in Folge Torschützenkönig. 1953 Meister mit Basel. 1960 schoss er gegen Frankreich 5 Tore.

13. Kubilay Türkyılmaz (geb. 1967)

62 Länderspiele (1988–2001). Wichtigste Klubs: Bellinzona, Servette, Bologna, Galatasaray, GC, Luzern, Brescia, Lugano. Zweimal wurde «Kubi» mit GC und einmal mit Galatasaray Meister.

14. Geni Meier (1930–2002)

42 Länderspiele (1953–62). Wichtigste Klubs: FC Schaffhausen, YB. Wurde mit YB viermal in Folge Meister (1957-60) und zweimal Cupsieger. 1953 und 1959 Torschützenkönig.

15. Stéphane Henchoz (geb. 1974)

72 Länderspiele (1993–2005). Wichtigste Klubs: Xamax, Hamburger SV, Blackburn, Liverpool, Celtic Glasgow, Wigan. Er stand während sechs Jahren im Zentrum der Abwehr des FC Liverpool. 2001 krönte er seine Karriere mit dem «kleinen Triple» (Uefa-Cup, Cup und Liga-Cup).

Quelle: *Tagesanzeiger*, Juni 2010

Die 10 Fussball-Rekordspieler der «Nati»

Name	Anzahl Spiele	Zeitraum
1. Heinz Hermann	117	1978–1991
2. Alain Geiger	112	1980–1996
3. Stéphane Chapuisat	103	1989–2004
4. Johann Vogel	94	1995–2007
5. Hakan Yakin	87	2000–2011
6. Alexander Frei	84	2001–2011
7. Patrick Müller	81	1998–2008
8. Severino Minelli	80	1930–1943
9. Ciriaco Sforza	79	1991–2001
10. Andy Egli	77	1979–1994

Quellen: Wikipedia · SFV

Die 10 besten Fussball-Torschützen der «Nati»

Name	Tore	Zeitraum
1. Alexander Frei	42	2001–2011
2. Kubilay Türkyılmaz	34	1988–2001
3. Max «Xam» Abegglen	32	1922–1937
4. André Abegglen	30	1927–1943
5. Jacques Fatton	29	1946–1955
6. Adrian Knup	26	1989–1996
7. Josef «Seppe» Hügi	23	1951–1961
8. Charles Antenen	22	1948–1962
9. Lauro Amadò	21	1935–1948
10. Stéphane Chapuisat	21	1989–2004

Quellen: Wikipedia · SFV

Die 10 erfolgreichsten Fussball-Torschützen

Schnitt Tore pro Spiel. Stand: 2011

Name	Zeitraum	Spiel	Schnitt
1. Leopold Kielholz	1942–1952	17	0,71
2. Josef «Seppe» Hügi	1951–1961	34	0,68
3. Paul Sturzenegger	1922–1930	15	0,67
4. Willy Jäggi	1927–1935	21	0,62
5. André «Trello» Abegglen	1927–1943	52	0,58
6. Kubilay «Kubi» Türkyılmaz	1988–2001	60	0,57
7. Jacques Fatton	1946–1955	53	0,55
8. Hans-Peter Friedländer	1933–1938	22	0,54
8. Adrian Knup	1989–1996	48	0,54
10. Alexander Frei	2001–2011	84	0,50

Quellen: Wikipedia · SFV

Die 5 erfolgreichsten Skirennläufer bei Weltmeisterschaften

Von 1948 bis 1980 zählten die Olympischen Winterspiele auch als Weltmeisterschaften (1931–2010).

Platz und Name	von – bis	Gold	Silber	Bronze	Gesamt
1. Pirmin Zurbriggen	1985–1989	4	4	1	9
2. Rudolf Rominger	1936–1939	4	1	2	7
3. David Zogg	1931–1935	3	4	0	7
4. Bernhard Russi	1970–1976	2	1	0	3
5. Michael von Grünigen	1996–2001	2	0	2	4

Quellen: FIS · Wikipedia

Die 5 erfolgreichsten Skiläuferinnen bei Weltmeisterschaften

Von 1948 bis 1980 zählten die Olympischen Winterspiele auch als Weltmeisterschaften (1931–2010).

Platz und Name	von – bis	Gold	Silber	Bronze	Gesamt
1. Erika Hess	1980–1987	6	0	1	7
2. Vreni Schneider	1987–1991	3	2	1	6
3. Maria Walliser	1987–1989	3	0	1	4
4. Madeleine Berthod	1954–1956	2	2	0	4
5. Anny Rüegg	1934–1935	2	1	2	5

Quellen: FIS · Wikipedia

Die 15 Sportarten mit den meisten Verletzungen

Verletzungen nach Sportarten, Durchschnitt 2004–2008.

1. Fussball	54 300
2. Skifahren (inkl. Touren)	43 210
3. Radfahren, Biking (ohne Strassenverkehr)	33 150
4. Snowboardfahren	24 460
5. Schlitteln	10 080
6. Baden, Schwimmen	9140
7. Bergwandern	8660
8. Volleyball	8610
9. Inlineskating, Rollschuhlaufen	8430
10. Geräteturnen	8170
11. Laufen, Jogging	7730
12. Land-, Roll- und Unihockey	6760
13. Pferdesport	6590
14. Basketball	5930
15. Handball	5090

Quelle: bfu - Beratungsstelle für Unfallverhütung, Hochrechnung

Die 10 grössten Sportler aller Zeiten

Für das Ranking der *Newsnetz*–Umfrage von 2009 waren nicht zuerst die sportlichen Ergebnisse massgebend, sondern die weltweite Bedeutung der Sportart sowie die internationale Leistung und der Bekanntheitsgrad des Athleten ausserhalb der Schweiz.

1. Roger Federer   72.6%
Der wohl grösste Tennisspieler aller Zeiten.   > www.rogerfederer.com

2. Pirmin Zurbriggen   3.9%
Einer der erfolgreichsten Skirennfahrer überhaupt.   > www.zurbriggen.ch/pirmin

3. Ferdy Kübler   3.6%
Erster Schweizer Tour-de-France-Sieger.   > www.gpferdykuebler.ch

4. Clay Regazzoni   3.1%
Er gewann 1974 in der Formel 1 die Vizeweltmeisterschaft.
> www.clayregazzoni.com

5. Bernhard Russi   2.5%
Grossartiger Skirennfahrer (Abfahrt).   > www.bernhardrussi.ch

6. Vreni Schneider   2.4%
Sie gehört zu den erfolgreichsten Skirennfahrerinnen.   > www.vrenischneider.ch

7. Martina Hingis   1.8%
1997 bis 2001 stand Hingis 209 Wochen lang an der Spitze der Tennis-Weltrangliste.   > www.hingis.ch

7. Stéphane Chapuisat   1.8%
Vielleicht der beste Schweizer Fussballer aller Zeiten.

9. Hugo Koblet   1.5%
War mit Ferdy Kübler in den 1950er Jahren Auslöser einer Radsport-Euphorie in der Schweiz.

10. Simon Ammann   1.3%
Mit vier Goldmedaillen ist Ammann der erfolgreichste Skispringer bei olympischen Einzelwettbewerben.   > www.simonammann.ch

(andere[r] 5.4%)

Quelle: *Newsnetz*, gemeinsame Online-Newsplattform von *Basler Zeitung, Berner Zeitung, Bund, Tages-Anzeiger* und *Thurgauer Zeitung*

Die 10 bestverdienenden Sportler

Das Ranking beruht auf Quellen der Sportredaktion des *SonntagsBlicks*. Die Redaktion erstellte nach Gesprächen mit Insidern das Lohn-Ranking des Schweizer Sports. «Aufgrund der Recherchen wurden die Jahres-Saläre der Schweizer Sport-Stars geschätzt und die Top 50 erstellt. Dabei handelt es sich um die Bruttolöhne inklusive Prämien und Werbeeinnahmen. Bei Fussballern oder Eishockeyspielern, die in Realität oftmals Nettosaläre erhalten, wurde ein Bruttoertrag errechnet.» Unsere Auswahl der Top 50 berücksichtigt die Spitzen-Verdiener der darin vorkommenden Disziplinen Tennis, Fussball, Eishockey, Basketball, Rad- und Motorsport sowie Ski alpin (Männer / Frauen), Skispringen und Langlauf. Bei den Top 50 sind die Fussballer weitaus am stärksten vertreten. Doch gerade hier ändern die Zahlen schnell. Das Ranking des *Sonntags- Blicks* erschien am 3. Juli 2011. Angaben in Schweizer Franken.

1. Roger Federer (29, Tennis) 39 Mio.

2. Jonas Hiller (29, Eishockey, Anaheim) 4,3 Mio.

3. Philipp Degen (28, Fussball, Liverpool) 4, 1 Mio.

4. Thabo Sefolosha (27, Basketball, Oklahoma) 2,9 Mio.

5. Fabian Cancellara (30, Rad) 2,6 Mio.

6. Sébastien Buemi (22, Formel 1, Toro Rosso) 2 Mio.

7. Carlo Janka (24, Ski alpin) 1, 1 Mio.

8. Simon Ammann (30, Skispringen) 900 000.

9. Dario Cologna (25, Langlauf) 700 000 (311 250 Fr. Preisgeld)

10. Lara Gut (20, Ski alpin) 600 000

Quelle: www.blick.ch/sport/schweizer-sportler-die-topverdiener-dsid24247

8. POLITIK

12 mal Ausländeranteil der letzten 101 Jahre

Die Schweiz hatte schon immer einen hohen Ausländeranteil, ausgenommen zwischen 1920 und 1940 (Krisenjahre, Kriege). Die grösste Zunahme gab es in den Jahrzehnten des wirtschaftlichen Aufschwungs nach dem Zweiten Weltkrieg. 1910 lag der Ausländeranteil mit knapp 15 Prozent gleich hoch wie 1980. Seit 1983 ist er stetig angestiegen. Europaweit nimmt die Schweiz damit einen Spitzenplatz ein. Ende August 2011 lebten 1 751 301 Ausländer in der Schweiz.

1.	1910	14,7%
2.	1920	10,4%
3.	1930	8,7%
4.	1940	5,2%
5.	1950	6,1%
6.	1960	10,8%
7.	1970	17,2%
8.	1980	14,8%
9.	1990	18,1%
10.	2000	20,6%
11.	2010	21,9%
12.	2011	22,3%

Quelle: Bundesamt für Statistik (BFS)/PKS/ESPOP & BFS/PETRA

Ausländeranteil nach Kantonen

Die statistischen Zahlen ändern von Jahr zu Jahr, die nachfolgenden Angaben sind tendenziell.

1.	Genf	38,4%	7.	Neuenburg	23,0%
2.	Basel-Stadt	31,6%	7.	Schaffhausen	23,0%
3.	Waadt	30,2%	9.	St. Gallen	21,8%
4.	Tessin	25,7%	10.	Aargau	21,7%
5.	Zürich	23,8%	11.	Thurgau	21,3%
6.	Zug	23,7%	12.	Wallis	20,8%

13. Glarus	20,0 %	20. Appenzell AR	13,9 %
14. Solothurn	19,5 %	21. Bern	12,9 %
15. Basel-Landschaft	19,0 %	21. Obwalden	12,9 %
16. Schwyz	18,3 %	23. Jura	11,8 %
17. Freiburg	18,1 %	24. Nidwalden	10,9 %
18. Luzern	16,5 %	26. Appenzell IR	9,9 %
19. Graubünden	16,3 %	27. Uri	9,3 %

Quellen: Bundesamt für Statistik (BFS), 2010 · Kantonale Statistiken, Stand 2009-11

Die 10 grössten Ausländer-Gruppen

Gemäss Bundesamt für Statistik besitzen «86,3% der ständigen ausländischen Wohnbevölkerung der Schweiz die Staatsangehörigkeit eines europäischen Staates; mehr als die Hälfte diejenige eines Mitgliedstaates der EU oder der EFTA». Die Italiener bilden die stärkste Ausländergruppe. «Die Verschiebung zu Gunsten geografisch weiter entfernter Herkunftsländer setzt sich fort. Der Anteil der Staatsangehörigen eines ausser-europäischen Landes ist seit 1980 um sieben Prozent-punkte auf knapp 13,7% gestiegen.»

Stand 2009

1. Italien	17,0 %
2. Deutschland	14,7 %
3. Portugal	12 %
4. Serbien und Montenegro	10,6 %
5. Asien / Ozeanien	6,1 %
6. Frankreich	5,4 %
7. Türkei	4,2 %
7. Amerika	4,2 %
9. Spanien	3,8 %
10. Afrika	3,4 %
(Übriges Europa gesamt	18,7 %)

Quellen: Bundesamt für Statistik (BFS)· PETRA · www.swissworld.org · *Blick* 2006

Kantone nach Bevölkerungsdichte

Einwohner pro km².

1. Basel-Stadt	5078	14. Neuenburg	214
2. Genf	1607	15. Freiburg	164
3. Zürich	782	15. Bern	164
4. Basel-Landschaft	527	17. Schwyz	159
5. Zug	464	18. Nidwalden	148
6. Aargau	427	19. Tessin	119
7. Solothurn	320	20. Appenzell IR	91
8. Schaffhausen	254	21. Jura	84
9. Luzern	250	22. Obwalden	71
10. Thurgau	247	23. Wallis	59
11. St. Gallen	234	24. Glarus	56
12. Appenzell AR	218	25. Uri	33
12. Waadt	218	26. Graubünden	27

Quellen: Bundesamt für Statistik (BFS) – Statistisches Lexikon der Schweiz, Stand 2009

Die 5 Bundesräte mit der längsten / kürzesten Amtsdauer

Die längste Amtszeit eines Bundesrates dauerte über 32 Jahre, die kürzeste rund 14 Monate. Gesundheitliche Probleme, frühzeitiger Tod und Rücktritt sind die Gründe für die kurzen Amtszeiten.

Längste Amtsdauer

Name | Partei | Kanton | Heimatort | Amtszeit

1. Karl Schenk | FDP | BE | Signau | 12.12.1863–18.7.1895 (Tod)
Karl Schenk stand während fast seiner gesamten Amtszeit dem Departement des Innern vor; er war sechsmal Bundespräsident.

2. Adolf Deucher | FDP | TG | Steckborn | 10.4.1883–10.7.1912 (Tod)

Adolf Deucher stand fünf verschiedenen Departementen vor: Justiz- und Polizeidepartement, Post- und Eisenbahndepartement, Departement des Innern, Handels-, Industrie- und Landwirtschaftsdepartement, Politisches Departement.

3. Giuseppe Motta | CVP | TI | Airolo | 14.12.1911–23.1.1940 (Tod)

1912–1919: Finanz- und Zolldepartement, 1920-1940: Politisches Departement.

4. Wilhelm M. Naeff | FDP | SG | Altstätten | 16.11.1848–31.12.1875

Während seiner Amtszeit stand Naeff folgenden Departementen vor: 1848–1852: Post- und Baudepartement, 1853: Politisches Departement, 1854: Handels- und Zolldepartement, 1855–1859: Post- und Baudepartement, 1860–1866: Postdepartement, 1867–1872: Handels- und Zolldepartement, 1873: Finanz- und Zolldepartement, 1873: Eisenbahn- und Handelsdepartement, 1874–1875: Finanz- und Zolldepartement.

5. Philipp Etter | CVP | ZG | Menzingen | 28.3.1934–19.11.1959

Er übernahm das Departement des Innern.

Kürzeste Amtsdauer

1. Louis Perrier | FDP | NE | Ste-Croix | 12.3.1912–16.5.1913

Perrier, Vorsteher des Post- und Eisenbahndepartement hatte das Ziel, die letzten privaten Eisenbahnen der Schweiz in Bundesbesitz überzuführen. Er starb unerwartet.

2. Rudolf Friedrich FDP | ZH | Winterthur | 8.12.1982–20.10.1984

Vorsteher des Eidgenössischen Justiz- und Polizeidepartements. Er führte die so genannte «Lex Friedrich» ein, die den Kauf von Boden in der Schweiz für Ausländer beschränkte. Er trat wegen gesundheitlicher Probleme zurück.

3. Max Weber | SPS | ZH | Zürich | 13.12.1951–8.12.1953

Finanz- und Zolldepartement. Er trat frühzeitig zurück.

4. Victor Ruffy | FDP | VD | Lutry | 6.12.1867–29.12.1869

Finanz-, dann Militärdepartement. Er erlag 47-jährig einer akuten rheumatischen Entzündung.

5. Gustave Ador | LPS | GE | Genève | 26.6.1917–31.12.1919

Vorsteher des Politischen Departementes und des Departements des Innern. Er trat zurück.

Quellen: Bundesamt für Statistik (BFS) · Wikipedia

Die 5 gewählten Bundesräte, die die Wahl ausschlugen

Fünfmal passierte es, dass ein Bundesrat seine Wahl ausschlug.

1. Johann Jakob Stehlin (1803–79, BS), LPS. Gewählt: 11.7.1855

2. Antoine Ruchonnet (1834–93, VD) FDP. Gewählt: 10.12.1875
1881 wurde Ruchonnet dann doch noch vereidigt, und zwar als Vertreter der liberal-radikalen Fraktion (der heutigen FDP). Er wurde so zum Nachfolger von Fridolin Anderwert, der sich am Weihnachtstag 1880 das Leben nahm.

3. Charles Estoppey (1820–88, VD), FDP. Gewählt: 18.12.1875

4. Karl Hoffmann (1820–95, SG), FDP. Gewählt: 22.2.1881

5. Francis Matthey (1942, NE), SPS. Gewählt: 3.3.1993
Matthey war anstelle der von seiner Partei nominierten Christiane Brunner gewählt worden. Eine Woche nach der dramatischen Nicht-Wahl Brunners lehnte Matthey seine Wahl ab und machte damit den Weg frei für einen erneuten Versuch der SP, einer Frau ins Amt zu verhelfen. Brunner wurde wieder verschmäht, man erkor Ruth Dreifuss zur neuen Bundesrätin.

Quelle: Bundesamt für Statistik (BFS)

Die 15 kleinsten Gemeinden

Die Einwohnerzahl ändert naturgemäss dauernd.
Die nachfolgenden Zahlen sind eine Momentaufnahme aus dem Jahr 2009.

Gemeinde	Kt.	Einwohner
1. Corippo	TI	18
2. Martisberg	VS	20
3. Bister	VS	27
3. Gresso	TI	27
5. Mulegns	GR	28
6. Goumoens-le-Jux	VD	35
6. Pigniu	GR	35

8. Cauco	GR	36
8. Kammersrohr	SO	36
8. Selma	GR	36
11. Monible	BE	38
12. Vaugondry	VD	39
13. St. Martin	GR	40
14. Romairon	VD	41
15. Calpiogna	TI	43

Quelle: Bundesamt für Statistik (BFS) – Demografisches Porträt der Schweiz, 2009

Anzahl Gemeinden nach Kanton

Zwischen den beiden letzten Volkszählungen 2000 und 2010, so das Bundesamt für Statistik (BFS), «gab es eine Abnahme von 312 Gemeinden oder durchschnittlich 30 Gemeinden pro Jahr». Im Januar 2011 zählte man in der Schweiz noch 2551 Gemeinden. «Einer der Gründe für die zahlreichen Gemeindezusammenschlüsse», so das BFS, «liegt in der grossen Anzahl von Klein- und Kleinstgemeinden in der Schweiz, welche vermehrt die überkommunale Zusammenarbeit suchen, um ihre Aufgaben zu bewältigen.» Die nachfolgende Liste zeigt die Veränderungen zwischen 1990 und 1. Januar 2011. Weitere Fusionen sind anstehend oder bei Erscheinen dieses Buches bereits vollzogen.

Kanton	Anzahl Gemeinden	
	2011	1990
1. Bern	383	412
2. Waadt	339	385
3. Aargau	220	232
4. Graubünden	178	213
5. Tessin	157	247
6. Zürich	171	171
7. Freiburg	167	259
8. Wallis	141	163
9. Solothurn	121	130
10. Luzern	87	107

11. Basel-Landschaft	86	73
11. St. Gallen	85	90
13. Thurgau	80	179
14. Jura	64	82
15. Neuenburg	53	62
16. Genf	45	45
17. Schwyz	30	30
18. Schaffhausen	27	34
19. Uri	20	20
19. Appenzell AR	20	20
21. Nidwalden	11	11
21. Zug	11	11
23. Obwalden	7	7
24. Appenzell IR	6	6
25. Glarus	3	29
25. Basel-Stadt	3	3

Quelle: Bundesamt für Statistik (BFS)

22 Grundrechte

Gemäss Bundesverfassung der Schweizerischen Eidgenossenschaft gibt es die folgenden 22 Grundrechte (Stand am 7.3.2010):

1. Menschenwürde (Art. 7)
2. Rechtsgleichheit (Art. 8)
3. Schutz vor Willkür und Wahrung von Treu und Glauben (Art. 9)
4. Recht auf Leben und auf persönliche Freiheit (Art. 10)
5. Schutz der Kinder und Jugendlichen (Art. 11)
6. Recht auf Hilfe in Notlagen (Art. 12)
7. Schutz der Privatsphäre (Art. 13)
8. Recht auf Ehe und Familie (Art. 14)
9. Glaubens- und Gewissensfreiheit (Art. 15)
10. Meinungs- und Informationsfreiheit (Art. 16)
11. Medienfreiheit (Art. 17)
12. Sprachenfreiheit (Art. 18)
13. Anspruch auf Grundschulunterricht (Art. 19)

14. Wissenschaftsfreiheit (Art. 20)
15. Kunstfreiheit (Art. 21)
16. Versammlungsfreiheit (Art. 22)
17. Vereinigungsfreiheit (Art. 23)
18. Niederlassungsfreiheit (Art. 24)
19. Schutz vor Ausweisung, Auslieferung und Ausschaffung (Art. 25)
20. Eigentumsgarantie (Art. 26)
21. Wirtschaftsfreiheit (Art. 27)
22. Koalitionsfreiheit (Art. 28)

Quelle: www.admin.ch/ch/d/sr/101/index.html

Die Kantone und ihr Beitritt zur Eidgenossenschaft

1. 1291: Nidwalden, Obwalden, Schwyz, Uri
2. 1332: Luzern
3. 1351: Zürich
4. 1352: Glarus, Zug
5. 1353: Bern
6. 1481: Freiburg, Solothurn
7. 1501: Basel, Schaffhausen
8. 1513: Appenzell Ausserrhoden, Appenzell Innerrhoden
9. 1803: Aargau, Graubünden, St. Gallen, Tessin, Thurgau, Waadt
10. 1815: Genf, Neuenburg, Wallis
11. 1979: Jura

Quellen: Einzelne Kantone · www.schweizinfo.ch

Die 8 flächengrössten / -kleinsten Kantone

Die 8 flächengrössten

1. Graubünden	7105 km²
2. Bern	5959 km²
3. Wallis	5224 km²

4. Waadt	3212 km²
5. Tessin	2812 km²
6. St. Gallen	2026 km²
7. Zürich	1729 km²
8. Freiburg	1671 km²

Die 8 flächenkleinsten

1. Basel-Stadt	37 km²
2. Appenzell IR	173 km²
3. Zug	239 km²
4. Appenzell AR	243 km²
5. Genf	282 km²
6. Nidwalden	276 km²
7. Schaffhausen	298 km²
8. Obwalden	491 km²

Quelle: Bundesamt für Statistik (BFS)

Die 5 Parteien mit den meisten Mitgliedern

Aus Interessenverbänden entstanden die ersten Parteien in der Schweiz. Heute sind rund sieben Prozent aller Schweizerinnen und Schweizer Mitglied einer Partei. Die vielgestaltige Parteienlandschaft ist ein Spiegelbild der Gesellschaft. Die Parteien mit den meisten Mitgliedern sind natürlich nicht automatisch die stärksten.

1. FDP. Die Liberalen (FDP). 130 000 Mitglieder

Aus der im jungen Bundesstaat dominierenden liberalen und demokratischen Bewegung entstand 1894 die Freisinnig-Demokratische Partei FDP. 2009 fusionierten die Freisinnig-Demokratische und die Liberale Partei zur «FDP. Die Liberalen». Zitat der Partei: «Die Liberalen stehen für Wahlfreiheit und Leistung in einer offenen Chancengesellschaft.» > www.fdp.ch

2. Christlichdemokratische Volkspartei (CVP). 100 000 Mitglieder

Die CVP wurde 1912 gegründet. Zitat der Partei: «Die CVP ist eine Wirtschafts-partei. Als liberal-soziale Kraft sucht sie den Ausgleich zwischen Individuum und Gemeinschaft, Eigenverantwortung und Solidarität.» > www.cvp.ch

3. Schweizerische Volkspartei (SVP). 90 000 Mitglieder

Die SVP entstand 1971 aus dem Zusammenschluss der Bauern-, Gewerbe- und Bürgerpartei mit den Demokratischen Parteien der Kantone Glarus und Graubünden. Zitat der Partei: «Die SVP setzt sich konsequent für die Anliegen ihrer Wählerinnen und Wähler ein.» > www.svp.ch

4. Sozialdemokratische Partei der Schweiz (SP). 30 000 Mitglieder

Zitat der Partei: «Die SP macht Politik für alle, nicht bloss für ein paar wenige. Denn stark sind wir dann, wenn wir miteinander Verantwortung überneh-men.» > www.spschweiz.ch

5. Grünliberale Partei Schweiz (glp). 27 000 Mitglieder

Gegründet 2007. Zitat der Partei: «Eine intakte Umwelt ist unsere Lebens-grundlage. Die Grünliberalen wollen eine lebenswerte Welt ohne Altlasten erhalten, damit auch künftige Generationen das Leben geniessen können.» > www.grunliberale.ch

Mehr über die im Parlament vertretenen Parteien über > www.parlament.ch.
Quellen: Einzelne Websites · www.wahlen.ch · www.swissinfo.ch · Bundesamt für Statistik (BFS) · www.parlament.ch

10 grosse Schlachten der alten Eidgenossen

1. 1315 Schlacht am Morgarten (15. November, bei Sattel SZ)
1500 Schwyzer Soldaten gelang es, aus dem Hinterhalt mit ihren Handsteinen und Halbarten dem habsburgischen Heer eine katastrophale Niederlage beizufügen. Die Schlacht wurde zum Mythos für die schweizerische Abwehrbereitschaft.

2. 1386 Schlacht bei Sempach (9. Juli, LU)
Höhepunkt des Konfliktes zwischen den Habsburgern und den Eidgenossen und Geburtsstunde der Legende um Winkelried, der den Truppen von Luzern und der Innerschweiz den Sieg gegen die Feinde ermöglicht haben soll.

3. 1388 Schlacht bei Näfels (9. April, GL)
Ein paar hundert Glarner, verstärkt durch Urner und Schwyzer, schlugen das mehrfach überlegene Heer der Österreicher.

4. 1405 Schlacht bei Stoss (17. Juni, AR)
Freiheitskampf der Appenzeller gegen das Kloster St. Gallen und mit ihm verbündete süddeutsche Städte.

5. 1444 Schlacht bei St. Jakob an der Birs (26. August, bei Basel)
Die Schlacht war Teil des Alten Zürichkriegs und des Konflikts zwischen Basel und Habsburg. Obwohl die Eidgenossen am Schluss wegen der grossen Übermacht eine vernichtende Niederlage erlitten, wurde die Schlacht zum Heldenmythos der Eidgenossenschaft.

6. 1446 Schlacht von Ragaz (6. März, SG)
Die mit Habsburg verbündeten Zürcher konnten nie das Siegesglück erringen, so auch nicht in der letzten militärischen Auseinandersetzung im Alten Zürichkrieg zwischen Eidgenossen und Habsburgern.

7. 1476 Schlacht bei Grandson (2. März, VD)
Die Schlacht bei Grandson ist eine der drei grossen Schlachten der Burgunderkriege. Diese bezeichnen die Auseinandersetzungen der achtörtigen Eidgenossenschaft mit dem burgundischen Herzog Karl dem Kühnen (1474–1477).

8. 1478 Schlacht bei Giornico (28. Dezember, TI)

Ausgelöst wurden die kriegerischen Handlungen durch die Weigerung des Herzogs Galeazzo M. Sforza von Mailand, die 1466 den Urnern zugesprochene Leventina abzutreten. Die Eidgenossen gingen als glorreiche Sieger vom Schlachtfeld.

9. 1499 Schlacht bei Dornach (22. Juli, SO)

Die bedrohten Solothurner riefen die verbündeten Eidgenossen zu Hilfe und schlugen in einem Überraschungsangriff das österreichische Heer vernichtend. Es war die letzte Schlacht des Schwabenkrieges.

10. 1515 Schlacht bei Marignano (13./14. September, Italien)

In der Schlacht bei der lombardischen Stadt Marignano (heute Melegnano) erlitten die Eidgenossen gegen französische Truppen eine verheerende Niederlage. Damit waren die eidgenössischen Grossmachtsambitionen definitiv ausgeträumt. Im Lauf der Jahrhunderte entwickelte sich daraufhin die schweizerische Neutralitätspolitik.

Quellen: www.geschichte-schweiz.ch · Wikipedia · Verschiedene

5 aufsehenerregende Streiks

Die meisten Streiks zählte man zwischen 1880 und 1910, im Mittel waren es 80 pro Jahr. Um das Ende des Ersten Weltkrieges erlebte die Streiktätigkeit einen neuen Höhepunkt, nach dem Zweiten Weltkrieg kam es zu einer weiteren Streikwelle, an der sich 1946 so viele Arbeitnehmer beteiligten wie nie mehr seit 1920. Während der Wirtschaftskrise Mitte der 1970er Jahre gab es erneut eine kleine Streikwelle; seit Mitte der 1990er Jahre nimmt die Streikbeteiligung wieder zu. Fünf aufsehenerregende Streiks in chronologischer Reihenfolge.

1. Landesstreik 1918

Der landesweite Generalstreik war eine der schwersten politischen Krisen der Schweiz. Am 11. November 1918 rief das Oltener Aktionskomitee (OAK) den Generalstreik aus, um den politischen und sozialen Forderungen der Arbeiterschaft Nachdruck zu verleihen. Dazu gehörten die Einführung der AHV und der Proporzwahl für den Nationalrat, die 48-Stunden-Woche und das

Frauenstimmrecht. Gegen 300 000 Arbeiter legten ihre Arbeit nieder. Die Landesregierung antwortete mit der Mobilisierung der Armee, die sich den Streikenden mit Kavallerie und Maschinengewehren entgegenstellte. Am 14. November kam es zum Abbruch. Eine unmittelbare Konsequenz war die Einführung der 48-Stunden-Woche.

2. Zürcher Gipserstreik 1963

1963 führten die Gipser in Zürich den bis heute letzten grossen Handwerkerkampf in der Nachkriegszeit: 15 Wochen lang verweigerten 1000 Gipser die Arbeit.

3. Frauenstreik 1991

«Wenn Frau will, steht alles still.» Unter diesem Motto fand am 14. Juni 1991 der landesweite Frauenstreik statt, zu dem der Schweizerische Gewerkschaftsbund aufgerufen hatte. Über eine halbe Million Frauen protestierten gemeinsam gegen die vielfältige Diskriminierung von Mädchen und Frauen und forderten gleiche Rechte für Mann und Frau.

4. Nationaler Bauarbeiterstreik 2002

Am 4. November legten die Bauarbeiter rund 100 Baustellen lahm. Man sprach vom grössten Streik der Schweiz seit 55 Jahren. Es ging vor allem um die vertragliche Vereinbarung zur Frühpensionierung auf dem Bau, die vom Baumeisterverband nicht eingehalten wurde.

5. SBB-Cargo-Streik 2008

Die Angestellten der Industriewerke der SBB Cargo in Bellinzona protestierten gegen den beschlossenen Abbau von 126 Stellen. Nach rund einem Monat Streik wurde die Arbeit am 9. April wieder aufgenommen. Es kam zu langen Verhandlungen am runden Tisch. Man wurde sich einig: Die Werkstätte von SBB Cargo in Bellinzona hat eine Zukunft, muss aber rentabler werden.

Quellen: Historisches Lexikon der Schweiz · www.labournet.de · www.socialinfo.ch · www.pvb.ch · www.swissworld.org · Verschiedene

17 angenommene Volksinitiativen

Von den zwischen 1891 und 2000 zustande gekommenen 238
Volksinitiativen wurden 69 zurückgezogen, 126 abgelehnt
und nur gerade 12 Initiativen angenommen. Zwischen 2001
und 2010 bejahten die Stimmbürger fünf Volksinitiativen.
Am deutlichsten wurde die Initiative für einen arbeitsfreien
Bundesfeiertag angenommen, am knappsten wurde die
Initiative «Rückkehr zur direkten Demokratie» angenommen.

Abstimmung	Inhalt	JA-Stimmen
1. 1891	Schächtverbot	60,0 %
2. 1908	Absinthverbot	63,5 %
3. 1918	Proporzwahl des Nationalrates	66,4 %
4. 1920	Spielbankenverbot 55,2 %	
5. 1921	Staatsvertragsreferendum	71,3 %
6. 1928	Erhaltung der Kursäle	51,9 %
7. 1949	Rückkehr zur direkten Demokratie	50,7 %
8. 1982	Preisüberwachung 56,1 %	
9. 1987	Schutz der Moore	57,8 %
10. 1990	Atomkraftwerkbau-Moratorium	54,5 %
11. 1993	Bundesfeiertag	83,8 %
12. 1994	Schutz der Alpen	51,9 %
13. 2002	Beitritt zur UNO	54,6 %
14. 2004	Lebenslange Verwahrung von Sexual- und Gewaltstraftätern	56,2 %
15. 2005	Gentechanbau-Moratorium	55,7 %
16. 2008	Unverjährbarkeit pornografischer Straftaten an Kindern	51,9 %
17. 2009	Gegen den Bau von Minaretten	57,5 %

Quellen: HistStat, Bundeskanzlei · Wikipedia

9. MEDIEN

20 Meilensteine beim Schweizer Fernsehen

Das Schweizer Fernsehen feierte 2003 die ersten 50 Jahre seines Bestehens. Wir zeigen eine Auswahl von Daten, die diese 50 Jahre beleuchten. Seit dem 1. Januar 2011 bildet das Schweizer Fernsehen das Unternehmen Schweizer Radio und Fernsehen (SRF).

1. 6. Mai 1939

Anlässlich der Schweizerischen Landesausstellung in Zürich von 6. Mai bis 29. Oktober 1939 waren die ersten flimmernden Bilder in Schweizer Wohnzimmern zu sehen.

2. 4. Juni 1951

Ein Versuchsbetrieb wurde grösstenteils durch den Bund finanziert. 1952 erhielt die SRG eine provisorische Konzession, dazu erteilte das Post- und Eisenbahndepartement der SRG eine provisorische Konzession für den Programmdienst mit Beginn am 1. März.

3. März–Juli 1952

Die Bevölkerung von Basel-Stadt lehnte eine staatliche Unterstützung für einen Basler Versuchsbetrieb ab. «Für eine gesunde Jugend, eine gesunde Familie, ein gesundes Volk und gegen den kulturellen Rückschritt», so lauteten die Parolen gegen den Versuchsbetrieb. (1956 gründete der Berner Schriftsteller Erwin Heimann eine «Aktionsgemeinschaft gegen das Fernsehen», die über die «vielfältigen Gefahren des Fernsehens aufklären» wollte. 1974 gab es ausserdem den «Hofer-Club», der sich dem Kampf gegen den Linkstrend des Fernsehens verschrieb.) Dank der Unterstützung durch Private, den Kanton Basel-Landschaft und die Fernsehindustrie konnte während der Basler Mustermesse doch noch ein Fernsehprogramm ausgestrahlt werden. Am 12. Juli 1952 war aus Mangel an Geld und Publikumsinteresse jedoch Schluss mit dem Basler Experiment.

4. 23. November 1953

Bereits im Juli war der Fernsehbetrieb im Studio Bellerive gestartet. Vier Monate später war die offizielle Eröffnung des Versuchsbetriebs. Der schweizerische Fernsehdienst sendete nun an fünf Abenden pro Woche ein einstündiges Programm, und zwar am Sonntag, Montag, Mittwoch, Donnerstag und Freitag. Der Fernsehsender Uetliberg wurde am 26. November 1953 offiziell eingeweiht. Am 1. Januar 1958 startete der reguläre Fernsehbetrieb.

5. 1. Mai 1954

In Zürich wurde der erste Reportagewagen mit drei Kameras dem Betrieb übergeben.

6. 24./25. Mai 1957

Die Generalversammlung der SRG beschloss die etappenweise Integration des Fernsehens in die Radiobetriebe.

7. 18. April 1960

Der 100 000. Fernsehkonzessionär wurde gefeiert. 1968 waren es bereits eine Million, 1981 zwei Millionen und 2011 geschätzte drei Millionen.

8. 5. Juli 1960

Die bisherige «Schweizerische Rundspruchgesellschaft» wurde zur «Schweizerischen Radio- und Fernsehgesellschaft SRG». Die Reorganisation war notwendig geworden, weil die Fernsehkonzession nur der SRG, nicht aber den Mitgliedgesellschaften erteilt worden war.

9. 1. Februar 1965

Beginn der Werbesendungen im Fernsehen DRS mit vorerst zwölf Minuten in drei Blöcken an allen Wochentagen. Der Minutenpreis betrug 6000 Franken. Im ersten Werbespot um 19.25 Uhr wurden an jenem Montag beworben: Ovomaltine, Via/Radion, Lindt-Schokolade, Opel Kadett, Maggi-Suppen, Schweizerischer Bankverein, Pepsi Cola und Coop-Kaffee (Eigenmarke). Ab 1. September 1969 wurden auch farbige Werbespots ausgestrahlt.

10. 1. Oktober 1968

Offizielle Einführung des Farbfernsehens. Anfänglich kam nur mit Übernahme ausländischer Sendungen Farbe ins Spiel.

11. 12. Dezember 1971

Das erste schweizerische Fernsehspiel in Farbe wurde ausgestrahlt: «Ein Kind ist verschwunden» von Sylvia Frey und Jo Scheuerer.

12. 22. September 1973

Einweihung des Fernsehstudios Zürich-Seebach. Zuvor war das Schweizer Fernsehen 20 Jahre lang im Studio Bellerive eingemietet.

13. 3. März 1978

Max Frisch und Kurt Furgler diskutierten in der Sendereihe «Unter uns gesagt». Das legendäre Streitgespräch zwischen dem Schriftsteller und dem damaligen Bundesrat ging in die Fernsehgeschichte ein.

14. 1. Januar 1984

Die SRG und der Schweizerische Zeitungsverlegerverband (SZV) starteten den Betriebsversuch mit der Bildschirmzeitung «Teletext».

15. 13. Juli 1984

ZDF, ORF und SRG gründeten in Mainz das werbefreie deutschsprachige Satellitenprogramm 3sat. Sendebeginn von 3sat war der 1. Dezember 1984.

16. 1. Januar 1985

Die SRG präsentierte sich in der Öffentlichkeit und am Bildschirm mit einem einheitlichen Signet. Das neue SRG-Signet bestand aus acht gleichförmigen Elementen, die in einer inneren kleinen und einer äusseren grossen Gruppe rhombusförmig angeordnet sind.

17. 7. Januar 1985

Mit dem «Programm 85» startete beim Fernsehen DRS die grösste Reform seit Bestehen. Dazu gehörten eine völlig neu gestaltete «Tagesschau», klarere Programmstrukturen und regelmässigere Erscheinungsrhythmen. Am selben Tag wurde der neue PTT-Sender St. Chrischona in Basel in Betrieb genommen.

18. 1. Februar 1993

Das sich immer schneller ändernde mediale Umfeld, in dem sich SF DRS behaupten musste, führte zum Tagesfernsehen «TAF». «TAF» brachte von 9 bis 16 Uhr ein umfangreiches Programm von Serien, Shows, Lebenshilfe und Klatsch. In dieser Form lief «TAF» Ende 2000 aus.

19. 2. Dezember 1996

Als erster deutschsprachiger Rundfunkveranstalter war das Schweizer Fernsehen DRS mit einem eigenen Forum via CompuServe erreichbar. Im September 2002 wurde die Website des Schweizer Fernsehens DRS neu gestaltet.

20. 2003

Mit zahlreichen Sendungen und Kommunikationsangeboten feierten SF DRS und die SRG SSR idée suisse «50 Jahre Schweizer Fernsehen».

Detaillierte Informationen über > www.chronik.sf.tv
Quelle: www.chronik.sf.tv

30 Fernseh-Premieren 1953–2003.

1. 29. August 1953

Erste Ausgabe der «Tagesschau» mit lediglich zwei Berichten. Ab November 1953 gibt es regelmässig vier Ausgaben, die sich nun «Tele-Tagesschau» nennt. 1955: «Tagesschau» erstmals in zwei Sprachen. Die «Télé-Tagesschau» wird in «Téléjournal» umgetauft. Juni 1958: «Tagesschau» erstmals in drei Sprachen. Bis 1966 erscheint in der «Tagesschau» kein Sprecher am Bildschirm. Es gibt nur Filme, Fotos und Karten. Die Texte werden von einem Off-Sprecher verlesen. 1973: «Tagesschau» neu in Farbe. 1992: «Tagesschau» wird renoviert, «Meteo» wird zu einer eigenen Kurzsendung ausgebaut.

2. 25. Dezember 1953

Erste Kindersendung

3. 25. April 1954

Erste Direktübertragung eines Fussball-Länderspiels: das Spiel Deutschland – Schweiz.

4. 24. Mai 1956

Erster «Grand Prix Eurovision de la Chanson», übertragen aus dem Kursaal in Lugano.

5. 25. Oktober 1956

«Was bin ich?» erscheint erstmals als Koproduktion mit der ARD im Programm des Deutschschweizer Fernsehens.

6. 9. Dezember 1956

Start des Quiz «1-2-0, eifach, dopplet oder nüt». Ab Anfang 1958 bis Mai 1959 heisst das Quiz «Dopplet oder nüt», ab November 1963 wird es mit Mäni Weber zum Einschaltquotenhit.

7. 21. Dezember 1956

Der erste Wetterbericht.

8. Am 9. Januar 1960

Erste Direktübertragung des Lauberhornrennens. 2010 feiert man das 50-Jahre-Jubiläum.

9. 15. Mai 1961

In Montreux findet der erste internationale Wettbewerb für Unterhaltungssendungen im Fernsehen um die «Goldene Rose von Montreux» statt. 2004 zieht die Rose d'Or nach Luzern zu einem privaten Veranstalter um.

10. 14. **Juni** 1961

Erste Schulfernseh-Versuchssendungen.

11. 7. **Januar** 1962

Die Sendereihe «Für Stadt und Land» mit Wysel Gyr beginnt. Sie wird es bis Ende 1979 auf 275 Sendungen bringen.

12. 26. **Mai** 1965

Premiere der Eurovisionssendung «Spiel ohne Grenzen» mit Beteiligung des Fernsehens DRS. Vertreter verschiedener Städte treten in einem spielerisch-sportlichen Wettstreit gegeneinander an.

13. 4. **September** 1967

Erstmals «Hits à gogo», mit der das Schweizer Fernsehen zum ersten Mal eine Beatsendung lanciert. Letzte Sendung: 1973.

14. 24. **Januar** 1969

Die 13. Ausgabe der ZDF-Sendung «Aktenzeichen XY ... ungelöst» mit Eduard Zimmermann erscheint an diesem Freitag erstmals als Koproduktion mit dem Fernsehen DRS. Bei SF DRS bis 2004.

15. 23. **Februar** 1974

Kurt Felix präsentiert zum ersten Mal den «Teleboy»: eine Live-Unterhaltungssendung mit Musik, Sketches und einem Spiel um Situationen und Reaktionen mit zwei Ehepaaren als Kandidaten. Nachfolgesendung wird 1982 «Iischtige bitte».

16. 18. **Oktober** 1976

An diesem Montag wird die erste Ausgabe der Unterhaltungssendung «Musik & Gäste» gesendet, präsentiert von Heidi Abel. Ausstrahlung der 75. und letzten Ausgabe ist am 26. Oktober 1984.

17. 7. **Januar** 1980

Erste Ausgabe der Quizreihe «Tell-Star», die vom bisherigen Sportjournalisten Bernard Thurnheer moderiert wird. Die 250. und letzte Ausgabe wird am 23. Dezember 1991 ausgestrahlt.

18. 8. **Januar** 1984

Premiere der 40-teiligen Serie «Motel», die Woche für Woche am Original-schauplatz in Egerkingen gedreht wird und den Alltag gewöhnlicher Leute in der heutigen Zeit wiedergeben will. Die 40. und letzte Folge wird am 30. Dezember 1984 ausgestrahlt.

19. 24. Juni 1984

«Kultur aktuell» füllt zum ersten Mal die durch die Sommerpause des Kultur-
magazins «Schauplatz» entstehende Lücke. Ab Juli 1987 wird «Kultur aktuell»
zum Wochenmagazin.

20. 21. März 1987

Start der Spielshow «Supertreffer» mit Kurt Felix und Hund Sheriff. Am 30.
November 1991 ist Schluss. Nachfolgesendung wird «Benissimo» mit Bernard
Thurnheer.

21. 27. März 1987

Kurt Aeschbacher präsentiert die erste Ausgabe der Unterhaltungssendung
«Grell-pastell». In acht Jahren moderiert Kurt Aeschbacher 36 Sendungen.
Schluss ist Ende 1994. Darauf folgt 2001 «Aeschbacher».

22. 7. März 1990

Start von «Pingu», einer Trickfilm-Serie für Kinder im Vorschulalter.

23. 19. April 1990

Start von «Viktors Programm», der Sendung mit Satire-, Komik- und Talk-
elementen. Ab Februar 1995 bis Ende 2002: «Viktors Spätprogramm».

24. 20. August 1990

Die Nachrichtensendung «10vor10» wird erstmals ausgestrahlt, die von
Montag bis Freitag an die Stelle der Spätausgabe der «Tagesschau» tritt.

25. 24. Februar 1992

Premiere von «Risiko», der Nachfolgesendung von Bernard Thurnheers «Tell-
Star». Nach 152 Ausgaben wird das Quiz Ende 2000 zum letzten Mal ausgestrahlt. Ab Februar 2001: «Eiger, Mönch & Kunz» ersetzt «Risiko».

26. 27. August 1993

Die im Januar renovierte «Freitagsrunde» erscheint jetzt in neuem Dekor und
mit neuem Signet unter dem Namen «Arena».

27. 28. August 1994

Start der «Sternstunden», eines dreistündigen Sonntagvormittagprogramms
zu Religion, Philosophie und Kunst.

28. 4. November 1994

Start der Sitcom («Situation Comedy») «Fascht e Familie». Drehort der ersten
20 Folgen ist Sitterdorf TG (bis Oktober 1999).

29. 10. Oktober 1999

Start der Sonntagabend-Soap «Lüthi und Blanc». Die Schweizer Soap wird wöchentlich ausgestrahlt. Sie spielt in der Deutschschweiz, im Jura und im Tessin. Am 13. Mai 2007 wird «Lüthi und Blanc» zum letzten Mal ausgestrahlt.

30. 7. Dezember 2003

Mit der Auftaktsendung lanciert das Schweizer Fernsehen DRS «MusicStar».

Mehr über > www.chronik.sf.tv.
Quelle: www.chronik.sf.tv

Die 10 ältesten Fernseh-Sendungen…

… die es immer noch gibt, wenn auch teils unter neuem Namen.

1. «Tagesschau». Erstmals: 29. August 1953.

(Siehe auch «Fernseh-Premieren»)

2. «Wort zum Sonntag». Erstmals: 13. Juni 1954.

Die Sendung hiess zu Beginn «Zum heutigen Sonntag», ab 8. Januar 1958 wurde sie in «Wort zum Sonntag» umbenannt und ab 16. August statt am Sonntag bereits am Samstagabend ausgestrahlt.

3. «Svizra Rumantscha». Erstmals: 17. Februar 1963.

Am Anfang hiess die Sendung «Il Balcun tort», ab 2. September 1990 dann «Svizra Rumantscha».

4. «Rundschau». Erstmals: 10. Januar 1968.

Vorläufersendung der «Rundschau» war das Aktualitätenmagazin «Prisma», das am 2. April 1954 erstmals gesendet wurde. Es wurde abgesetzt und im Februar 1966 wieder aufgenommen für ein politisches Nachrichtenmagazin mit Hans O. Staub.

5. «Kassensturz». Erstmals: 4. Januar 1974.

Nach einem Jahr wurde das «Magazin für Konsum, Geld und Arbeit» vom Freitag, 19 Uhr, auf den Montag verlegt und eröffnete um 20.20 Uhr das Hauptprogramm.

6. «Einstein»/«MTW». Erstmals: 8. Januar 1975.

Das wissenschaftliche Magazin hiess bei der Erstsendung und die folgenden 32 Jahre «Menschen, Technik, Wissenschaft» («MTW»). Am 29. März 2007 wurde «MTW» zum letzten Mal ausgestrahlt. Die Nachfolgesendung heisst «Einstein».

7. «Samschtig-Jass». Erstmals: 20. September 1975.

Schon ab 1. August 1967 gab es die Jass-Sendung «Stöck-Wys-Stich» mit Kurt Felix als Präsentator. 1984 bis 1992 gab es zudem den «Mittwoch-Jass», daraus wurde ab 6. Juli 1992 der «Donnschtig-Jass».

8. «Sportpanorama». Erstmals: 8. Januar 1977.

«Sport am Wochenende» wurde am 19. November 1961 erstmals ausgestrahlt, die sonntägliche Sendung blieb während gut 30 Jahren im Programm. Das «Sportpanorama» gibt es weiterhin.

9. «Schweiz aktuell». Erstmals: 28. September 1981.

Die Sendung hiess zuerst «DRS aktuell» und löste «Blickpunkt» ab. Seit 20. August 1990 heisst das Gefäss «Schweiz aktuell».

10. «Club». Erstmals: 8. Januar 1985.

Zuerst hiess die Diskussionsrunde «Zischtigsclub», ab 8. Januar 1985 wurde daraus der «Club».

Quelle: www.chronik.sf.tv

Die 10 meistgesehenen Fernseh-Sendungen

Rang	Datum	Sendung	Reichweite in Tausend
1.	12. April 1986	Wetten, dass…?	1829
2.	21. März 1987	Supertreffer	1770
3.	3. Februar 1985	Ski WM Bormio: Abfahrt Herren	1749
4.	3. Februar 1985	Einer wird gewinnen	1739
5.	26. Juni 2006	Fussball WM: Achtelfinal CH–Ukraine	1733
6.	15. Oktober 2000	Tagesschau	1688
7.	11. Juni 2008	Fussball: EURO 2008 CH–Türkei	1652

8.	4. April 1987	Wetten, dass…?	1637
9.	20. Januar 1985	Ski-Weltcup:	
		Wengen Abfahrt Herren	1628
10.	10. Dezember 1988	Nase vorn	1619

Quelle: Forschungsdienst SRG SSR idée suisse

Die 10 wichtigsten Medien nach Umfragewert

Gemäss einer repräsentativen Umfrage von Brand Asset Valuator der Young & Rubicam Gruppe sind bei den Jungen Internet und Mobiltelefon weitaus die wichtigsten Medien. Bei den über 50-Jährigen bleibt das Fernsehen (SF1) die Nummer 1, doch die digitalen Medien holen ebenfalls auf. Magazine und Wochenzeitungen haben einen schweren Stand. Zukunftsprognosen gibt es viele. Hier der Ist-Zustand.

18- bis 29-Jährige

1. Internet	60,7 %
2. Mobiltelefon	57,5 %
3. TV	35,1 %
4. Radio	26,0 %
5. Gratiszeitungen	16,9 %
6. iPhone / Smartphone	14,9 %
7. Tageszeitungen	11,1 %
8. Games	8,7 %
9. Teletext	7,7 %
10. Magazine und Wochenzeitungen	5,8 %

50+ Jahre alt

1. TV	39,1 %
2. Tageszeitungen	36,7 %
3. Radio	34,2 %
4. Mobiltelefon	31,9 %

5. Internet	31,2%
6. Gratiszeitungen	13,6%
7. Fachzeitschriften	11,8%
7. Teletext	8,9%
9. Magazine und Wochenzeitungen	8,9%
10. iPhone/Smartphone	4,7%

Quelle: Repräsentative Umfrage, Brand Asset Valuator, 2010

15 Meilensteine beim Schweizer Radio DRS

**Die Pionierzeit des Radios fiel in die Jahre vor dem Ersten
Weltkrieg. Angehörige der Armee, Universitäts-
dozenten und Private erprobten die «drahtlose» Telegraphie
und Telephonie. Das Radio galt damals als wichtiges
strategisches Kommunikationsmittel. Während des Ersten
Weltkrieges war folgerichtig in den meisten Staaten
die private, zivile Nutzung der Radiotechnologie verboten.**

1. 1911
Die ersten Radioempfangskonzessionen werden vergeben.

2. 1923
Die Bundesbehörden bewilligen Versuche für Lokalradios. Während der
7. Mustermesse erfolgen erste Sendungen über einen 20-Watt-Sender vom
Bernoullianum in Basel, die in der Messe direkt empfangen werden können.

3. 1929
Das Parlament bewilligt einen Millionenkredit für den Bau von drei starken
Landessendern.

4. 1930
Der Empfang ist nicht mehr nur über Kopfhörer, sondern nun auch über
Lautsprecher möglich.

5. 1931
Gründung der SRG als Dachorganisation aller regionalen Radiogesellschaf-
ten. Die Mittelwellen-Landessender Beromünster (Deutschschweiz), Sottens
(französischsprachige Schweiz) und Monte Ceneri (italienischsprachige
Schweiz, 1933) werden in Betrieb genommen.

6. 1935

Am Nationalfeiertag wird die erste Gemeinschaftssendung der drei Landes-sender ausgestrahlt, über den Völkerbundsender Prangins bei Genf sogar nach Übersee. Dies gilt als Geburtsstunde des «Kurzwellendienstes» (ab 1978 «Radio International», heute «swissinfo/Schweizer Radio International»).

7. 1952

Inbetriebnahme des ersten UKW-Senders auf dem St. Anton (AI). Ab 1961 werden regelmässig Lokalsendungen über UKW ausgestrahlt.

8. 1956

Einführung des 2. Radioprogramms mit stundenweisen Sendungen auf UKW. 1983 startet die dritte Senderkette DRS 3, 2007 DRS 4 News.

9. 1964

Die Radio- und Fernsehgesellschaft der deutschen und rätoromanischen Schweiz (DRS) konstituiert sich.

10. 1967

Bei den Programm-Ansagen wird «Schweizerischer Landessender Beromüns-ter» durch «Schweizer Radio» ersetzt.

11. 1981

Radio DRS sendet jetzt rund um die Uhr (24 Std.). Die ersten Compact-Disc-Geräte werden in den Studios installiert.

12. 1983

Der Bundesrat erteilt auf der Grundlage der Rundfunk-Versuchsverordnung (RVO) privaten und kommerziellen Lokalradios zeitlich befristete Sende-konzessionen auf den 1. November hin.

13. 1998

Der 1931 eingeführte Telefonrundspruch (TR) stellt seinen Betrieb ein. Als Ersatz bietet Schweizer Radio International vier Spartenprogramme an.

14. 1999

SR DRS startet mit Virus ein eigenes Jugendradio. Es ist das erste vollständig digitale Radio der Schweiz.

15. 2011

Schweizer Radio und Fernsehen: Unter diesem Dach produzieren seit dem 1. Januar 2011 über 2000 Mitarbeitende drei Fernseh- und sechs Radio-programme sowie ergänzende Multimedia-Angebote.

Quelle: www.srf.ch (Die Geschichte des Radios in der Schweiz–Broschüre)

Die 10 ältesten privaten Radiosender

In der Schweiz gibt es laut Bakom über 30 private «gemeldete Radioprogramme». Hier die 10 ältesten noch bestehenden, teils fusionierten Sender.

1. Radio 24

Seit November 1979. Der erste und grösste, von Roger Schawinski initiierte Privatradiosender nahm vom italienischen Pizzo Groppera aus seine Sendungen in Richtung Zürich auf.   > www.radio24.ch

2. Radio Basilisk

Das Basler Privatradio ging am 1. November 1983 erstmals auf Sendung.
> www.basilisk.ch

2. Radio Zürisee

Dieses private Radio aus Zürich ging ebenfalls am 1. November 1983 zum ersten Mal auf Sendung.   > www.radio.ch

2. Radio Sunshine

Der Radiosender mit Sitz in Rotkreuz sendet auch seit dem 1. November 1983, aber in der Zentralschweiz.   > www.sunshine.ch

5. Radio LoRa

Das älteste alternative Lokalradio der Schweiz sendet seit dem 14. November 1983 aus Zürich.   > www.lora.ch

6. Radio Munot

Der kleine Radiosender mit Sitz in Schaffhausen ging am 23.November 1983 mit dem Klang des Nüüni-Glögglis vom Munot auf Sendung.
> www.radiomunot.ch

7. Radio Pilatus

Das Privatradio mit Sitz in Luzern ist heute der reichweitenstärkste Sender der Zentralschweiz. Radio Pilatus ging am 1. Dezember 1983 auf Sendung.
> www.radiopilatus.ch

8. Canal 3

Der zweisprachige Radiosender in Biel ist seit dem 29. Februar 1984 auf Sendung.   > www.canal3.ch/DE

9. Radio BeO

Am 6. Juni 1987 sendete Radio BeO das erste Mal, aus einem Studio in Interlaken. > www.radiobeo.ch

10. Radio FM1

Gesendet wurde bei Radio Ri ab 1986 in Buchs SG. 2008 fusionierte der Ostschweizer Radiosender mit Radio Aktuell zu Radio FM1. > www.radiofm1.ch

Quellen: Einzelne Websites· Verschiedene

Die 10 auflagestärksten Tageszeitungen

Trotz Internet und fortschreitender Digitalisierung lesen 90, 2 Prozent der über vierzehn Jahre alten Schweizer und Schweizerinnen immer noch mehr oder weniger regelmässig eine Zeitung. Dies besagt eine Erhebung der WEMF AG für Werbemedienforschung. Im Aufwind sind weiterhin die Gratisblätter. Die Leserzahlen April 2010 bis April 2011, Deutschschweiz.

1. 20 Minuten (Gratisblatt)	1 379 000
2. Blick am Abend (Gratisblatt)	635 000
3. Blick	622 000
4. Tages-Anzeiger	508 000
5. Aargauer Zeitung	391 000
6. Berner Zeitung	353 000
7. Neue Zürcher Zeitung	292 000
8. Neue Luzerner Zeitung	276 000
9. St. Galler Tagblatt	264 000
10. Südostschweiz	236 000

Quellen: WEMF AG für Werbemedienforschung (09/2011) · persoenlich.com · Tageszeitungen

10. REISEN & TOURISMUS

5 unvergleichliche Bahnfahrten

Die Schweiz hat ein rund 5600 Kilometer langes Schienennetz und gegen 50 Eisenbahngesellschaften. Entsprechend vielfältig sind die Bahnstrecken durchs Land. Wir stellen 5 Perlen in alphabetischer Reihenfolge vor.

1. Bernina Express: Thusis – Tirano

Die über 100 Jahre alte Bahnstrecke der Rhätischen Bahn gilt als schönste Nord-Süd-Verbindung. Der Weg führt von Graubünden ins Veltlin, von einer Gletscherwelt hinunter in eine mediterrane Landschaft. Der Panorama-Zug fährt durch 55 Tunnels, über 196 Brücken, mit Steigungen bis zu 70 Promille. Der Bernina-Express ist bezüglich Bautechnik und Linienführung eine Meisterleistung, die 2008 ins UNESCO-Weltkulturerbe aufgenommen wurde.
> www.rhb.ch

2. Glacier Express: St. Moritz – Zermatt

Die Rhätische Bahn (RhB) und die Matterhorn Gotthard Bahn (MGB) sind eigenständige Unternehmen. Mit dem Glacier Express «verschmelzen» sie zu einer weltweit einzigartigen Erlebnisbahn. 1930 verkehrte der erste Glacier Express ab Zermatt, heute führt er in siebeneinhalb Stunden vom Oberengadin zum Matterhorn oder umgekehrt. Die Berg-und-Tal-Fahrt führt auf den 2033 m hohen Oberalppass, hinunter in die Rheinschlucht, durch 91 Tunnels und über 291 Brücken.   > www.glacierexpress.ch

3. GoldenPass Line: Montreux – Zweisimmen / Luzern

Der goldene Panoramazug im Stil des Orient-Express mit seinen 113 hohen Fenstern fährt von der Waadtländer-Riviera in die Bergwelt bei Zweisimmen, vom Genfersee ins Berner Oberland. Beeindruckend ist der Kontrast der Landschaften nach der Tunnelfahrt bei Jaman: Vom mediterranen Ambiente gelangt man fast direkt in die Alpen, die Stationsnamen wechseln von Französisch zu Deutsch. In Zweisimmen und Interlaken heisst es dann Umsteigen für jene, die bis nach Luzern fahren wollen.   > www.goldenpass.ch

4. Gotthard-Bahn: Amsteg – Chiasso

Der eindrücklichste Teil der rund 200 Kilometer langen, ab 1883 in Betrieb genommenen Nord-Süd-Strecke beginnt hinter Amsteg, beim kurvenreichen Anstieg über die Nordrampe. Man fährt über die Chärstelenbach- und die Intschireuss-Brücke und gelangt ins enger werdende Reusstal. Es folgen der lange Pfaffensprung-Kehrtunnel und bald auch die berühmte Doppelschleife von Wassen, bei der man fast die Orientierung verliert und «s Chileli vo Wasse» (Kirchlein von Wassen) aus drei verschiedenen Richtungen sieht.

5. Jungfraubahn: Kleine Scheidegg – Jungfraujoch

Zwischen 1898 und 1912 wurden die Teilstücke Kleine Scheideck bis Jungfraujoch eröffnet. Die Fahrt mit der Zahnradbahn führt durch den Eiger und den Mönch und überwindet dabei auf einer Länge von rund 9 Kilometer fast 1400 Höhenmeter. Bei den Zwischenstationen Eismeer und Eigerwand kann man die atemberaubende Aussicht geniessen, vom höchsten Bahnhof Europas (3454 m ü.M.) bietet sich ein 360-Grad Rundblick. > www.jungfrau.ch

> Viele weitere Bahn-Informationen erhält man über > www.schienenverkehr-schweiz.ch und www.trainweb.ch.
Quellen: Einzelne Websites · www.schienenverkehr-schweiz.ch · www.trainweb.ch/bahnen.htm · Schweiz Tourismus/www.myswitzerland.com

7 Tops rund um die Bahn

Die Liebe der Schweizer zu ihrer Eisenbahn ist gross. Das hat Tradition, wie sich an diesen Rekorden rund um die Bahn zeigt.

1. Bahnhof

Der erste Bahnhof der Schweiz wurde anno 1845 an der Lottergasse in Basel – «intra muros» der damals noch befestigten Stadt – eröffnet. Er hiess «Französischer Bahnhof zu St. Johann» und erfüllte seine Aufgabe 15 Jahre lang. Erst 1907 eröffnete man den heutigen Bahnhof SBB.

2. Bahnstrecke

Die erste innerschweizerische Bahnstrecke wurde 1847 in Betrieb genommen. Sie führte von Zürich nach Baden und hatte den Spitznamen Spanisch-Brötli-Bahn. Diese «Spanischen Brötli» (Brötchen), ein schmackhaftes, etwas blähendes Hefegebäck, waren eine Badener Spezialität, die auch den Zürchern mundete.

3. Bergbahn

1871 wurde die Vitznau-Rigi-Bahn eröffnet. Die erste Bergbahn Europas führte zuerst nach Rigi Staffelhöhe, zwei Jahre später bis Rigi Kulm. > www.rigi.ch

4. Eisenbahnfahren

Der Internationale Eisenbahnverband (UIC) kürt die Eidgenossen Jahr für Jahr zu Europa- und Weltmeistern im Bahnfahren. Kein Wunder, sind die Schweizerinnen und Schweizer im Durchschnitt doch rund 50mal im Jahr mit der Eisenbahn unterwegs (die Deutschen etwa halb soviel). Mit 2291 km pro Einwohner und Jahr belegt die Schweiz sogar den weltweiten Spitzenplatz.

5. Eisenbahnnetz

Die Schweiz hat das dichteste Eisenbahnnetz Europas. Auf 1000 km² gibt es im Schnitt 121,9 km Bahngleise. Insgesamt sind es über 5000 km Eisenbahngleise. (Das Mittel in der EU beträgt 46 Kilometer pro 1000 km²). An zweiter Stelle folgt die Tschechische Republik (119,7 km auf 1000 km²), an dritter Stelle Belgien (111,7).

6. Spurweite

Die 1880 eingeweihte Waldenburgerbahn führt über 13, 1 km von Liestal (BL) nach Waldenburg. Ihre Besonderheit: Sie hat schweizweit – je nach Quelle gar europaweit – die einzigartige Spurweite von nur 750 mm.   > waldenburgerbahn.ch

7. Zahnradbahn

Die 1889 eröffnete Pilatusbahn führt von Alpnachstad auf einer Strecke von 4618 m auf Pilatus Kulm. Ihre maximale Steigung beträgt 48 %. Damit ist sie die steilste Bahnstrecke der Welt   > www.pilatus.ch

> Buchtipp: Hans G. Wägli, Schienennetz Schweiz – Bahnprofil Schweiz CH, AS Verlag, 2010.
Quellen: Einzelne Websites · www.schienenverkehr-schweiz.ch · Der Spiegel, 35/2010 · HB · Verschiedene

Die 5 aufregendsten Freizeitparks

1. Alpamare

Das 1977 in Pfäffikon (SZ) eröffnete Alpamare ist der grösste gedeckte Wasserpark Europas. Entsprechend vielseitig ist das Angebot, darunter sind: 10 verschiedene Rutschbahnen, unterschiedliche Bäder, Liegewiesen, Wellness usw.   > www.alpamare.ch

2. Connyland

Der 1983 in Lipperswil (TG) eröffnete Freizeitpark bietet eine Vielfalt an Attraktionen vor allem der tierischen Art: Dino-Attack, Delphin- und Papageien-Show, Löwen-Theater, Voodoo-Island, Kids-Explorer usw.
> www.connyland.ch

3. Erlebnispark Schongi-Land

In Schongau (LU) beim Hallwilersee befindet sich dieser Erlebnis-Familienpark. Zum Angebot gehören eine 380 Meter lange Sommerrodelbahn, das Schongi-Loop, eine grosse Spiel- und Actions-Halle mit Scooters, Hüpfburgen, Fun-Shooter, Hüpfkissen, Rutschbahnen, Tret-Karts, Karussells, Seilbahnen usw. > www.schongiland.ch

4. Labyrinthe Aventure (Abenteuer-Labyrinth)

In der Ebene zwischen Martigny und St-Maurice (VS) liegt das Abenteuer-Labyrinth, dessen Umrisse das Wallis darstellen. Mit 18 000 mannshohen Thujabüschen sind auf drei Kilometern labyrinthische Wege angelegt.
> www.labyrinthe.ch (franz.)

5. Swiss Vapeur Parc

Der Swiss Vapeur Parc in Le Bouveret (VS) beim Genfersee ist auf einem 17 000 m² grossen Gelände angelegt. Auf 16 teils mit Dampf angetriebenen Lokomotiven und Triebwagen können Besucher kleine nostalgische Reisen machen.
> www.swissvapeur.ch

Quellen: Einzelne Websites · Verschiedene

5 einzigartige Gärten

Gärten erfüllen verschiedene Funktionen. Die folgenden Beispiele zeigen, was ein Garten alles sein kann: Kulturvermittler, Naturschutz, Lehrgarten, Ort der Kraft, Denkmal. In alphabetischer Reihenfolge.

1. Alpengarten Schynige Platte

Der 1928 gegründete Alpengarten liegt oberhalb von Interlaken auf 1967 m ü. M. Der als erster seiner Art gestaltete Garten zeigt über 600 Pflanzen, die oberhalb der Waldgrenze vorkommen, meist in ihren natürlichen Pflanzengesellschaften. > www.alpengarten.ch

2. Chinagarten Zürich

Der Chinagarten beim Zürichhorn ist ein Geschenk der chinesischen Partnerstadt Kunming an die Zürcher Bevölkerung. Er gehört in die Gruppe der Tempelgärten und ist der ranghöchste chinesische Garten ausserhalb Chinas.
> www.chinagarten.ch

3. Ermitage Arlesheim

Die 1785 eröffnete Ermitage in Arlesheim nahe Basel ist mit rund 40 Hektaren der grösste englische Garten und einer der bedeutendsten historischen Landschaftsgärten in der Schweiz. Seit 1999 steht diese auch als Ort der Kraft bekannte Anlage unter Denkmal- und Naturschutz.   > www.ermitage-arlesheim.ch

4. Gletschergarten

20 Millionen Jahre alt ist die Geschichte des Gletschergartens mitten in Luzern. In der damaligen Heisszeit und während der letzten Eiszeit wurde dieses nationale Naturdenkmal geschaffen.   > www.gletschergarten.ch

5. Homöopathie-Garten

2005 wurde der in der Schweiz einzigartige Homöopathie-Garten in Zug eingeweiht. Zu bestaunen sind rund 120 für die Homöopathie geeignete Pflanzensorten, die nach ihren Anwendungsgebieten geordnet sind.
> www.shi.ch

Quellen: Einzelne Websites · Verschiedene

Die 20 grössten Hotels

In der Schweiz gibt es rund 4800 Hotels mit insgesamt 128 000 Zimmern. Der Durchschnitt pro Haus beträgt demnach 27 Zimmer. Nur gerade 190 Hotels verfügen über mehr als 100 Zimmer. Von den Top 50 stehen 12 in Genf, 10 in Zürich sowie je 6 in der Waadt, in Graubünden und in der Region Basel. Die genaue Anzahl Zimmer kann etwas variieren. Hier eine Bestandesaufnahme von Februar 2011.

Hotel	Ort / Kanton	Anzahl Zimmer
1. Starling Geneva	Grand-Saconnex / GE	496
2. Kempinski	Genf	423
3. Crowne Plaza	Zürich	365
4. Mövenpick	Genf	350
5. Swissôtel Zürich	Zürich-Oerlikon	347
6. Mövenpick Zürich Airport	Glattbrugg / ZH	333
7. Radisson Blu	Zürich	330
8. Intercontinental	Genf	328
9. Hilton Zürich Airport	Opfikon-Glattbrugg / ZH	323
10. Crowne Plaza	Genf	308
11. Renaissance Zürich Tower	Zürich	300
12. Roi Soleil	St. Moritz / GR	275
13. Mövenpick	Lausanne / VD	265
14. Marriott	Zürich	264
15. Novotel Zürich Airport	Messe Glattpark / ZH	255
16. Astoria	Luzern	250
17. Swissotel Le Plaza	Basel	238
18. Fairmont Le Montreux Palace	Montreux / VD	235
19. Le Président Wilson	Genf	228
20. Ramada Plaza	Basel	224

Quelle: Wirteverband Basel-Stadt / Februar 2011

10 Top-Destinationen der Hotellerie

Nach Anzahl Zimmer und Logiernächten in Millionen, sortiert nach Logiernächten.

Destination	Anzahl Zimmer	Logiernächte in Mio.
1. Zürich	7085	2,5
2. Genf	10 230	1,9
3. Zermatt	3099	1,3
4. Luzern	2940	1,0
4. Basel	3497	1,0

6. Davos	2723	0,9
7. St. Moritz	2245	0,8
8. Lausanne	2178	0,7
8. Bern	2048	0,7
10. Interlaken	1611	0,6

Quelle: Bundesamt für Statistik (BFS), 2009

5 energievolle Kraftorte

Die Weltkugel, so besagt die Geomantie («Weissagung aus der Erde»), wird von einem energetischen Gitternetz überzogen. Dort, wo sich die ausgelegten Kraftlinien (Ley-Linien) kreuzen, strahlen laut ihren Lehren die Energien besonders stark. Solche Orte der Kraft sind natürliche Energiezonen. Wir zeigen 5 «Wohlfühl-Orte» in alphabetischer Reihenfolge.

1. Buschbergkapelle Wittnau (AG)

1668 geriet ein Müller unter seinen Pferdewagen, blieb aber wie durch ein Wunder unversehrt. Aus Dank liess er an der Stelle ein Kreuz errichten. 200 Jahre später baute man eine Kapelle, zu der immer mehr Wallfahrten gemacht wurden. Soweit die Legende. Tatsächlich stellen Pendler und Rutengänger hier eine ungewöhnlich starke Energie fest. 1992 fand man zudem heraus, dass sich die Kapelle auf einer Ley-Line (Kraftlinie) befindet. Der Weg führt vom Bahnhof Frick in gut 2 Stunden via Ruine Tierstein und Tiersteinberg zur Kapelle.

2. Creux du Van (NE)

Der Creux du Van über dem Neuenburgersee beim Val-de-Travers ist ein gigantisches, von der Natur geschaffenes Amphitheater. Auf den bis zu 160 Meter hohen, steil abfallenden Felswänden tummeln sich Steinböcke und Murmeltiere. Radiästheten, also Leute, die sich mit natürlichen Strahlenwirkungen befassen, sagen, dass die Gegend besonders viel energetische Kraft hat. Beeindruckend ist der Platz allemal!

> http://kraftorte.webshopbau.ch/creuxduvan.htm

3. Kristallhöhle Kobelwald (Oberriet SG)

Die Höhle liegt steil bergauf im Wald, sie ist eine glitzernde Märchenwelt. Sie sei anno 1682 von einem Jäger entdeckt worden und ist schon auf der ältesten mineralogischen Karte der Schweiz als Mineralfundstelle aufgeführt. Das Wasser des Höhlenbaches habe eine heilende Wirkung, und die Höhle selbst soll das Immunsystem stärken.   > www.kristallhoehle.ch

4. Parc la Mutta (Falera GR)

Die Senda Sursilvana, ein Teil des Höhenwegs zwischen Chur und Oberalp-pass, wird auch die «megalithische Sonnenkultlinie Bündens» genannt. Ebenso beeindruckend wie kraftvoll sind der Märchenwald bei der Burgruine Friberg, der Frundsberghügel bei Ruschein oder die Sonnenkultstätte bei Falera. Diese liegt malerisch auf einer Anhöhe östlich der romanischen Kirche St. Remigius. Die über 30 erratischen Megalithen sind ein kultisches Zeugnis aus der Bronzezeit; es ist die grösste und wichtigste unter archäologischem Schutz stehende Megalithenanlage der Schweiz.   > www.parclamutta.falera.net

5. See St.-Léonard (VS)

Rebgelände überdeckt die Höhle, in der sich der 6000 m² grosse unterirdische See wie ein gezackter Wurm über 300 Meter erstreckt. In einem kleinen Ruderboot gleitet man durch die geheimnisvolle Grotte, unter einer dunklen Decke aus verwittertem Gips, vorbei an rostfarbenen Wölbungen und Mar-morgebilden. Die Legende erzählt, dass die heiratsfähigen jungen Mädchen auf dem Wasserspiegel das Bild ihres zukünftigen Gatten sehen konnten. Der See gilt als Energiespeicher mit sehr starken Schwingungen.

> www.lac-souterrain.com

Quellen: Einzelne Websites · www.magic-places.ch · http://kraftorte.webshopbau.ch · www. myswitzerland.com · www.beobachter.ch · HB · Verschiedene

Die 20 beliebtesten Reiseländer der Schweizer

Die Schweizer Bevölkerung gehört zu den Reiseweltmeistern. Das beliebteste Land bleibt ihr eigenes. Zum Reiseverhalten ins Ausland gibt es verschiedene Erhebungen, die manchmal etwas voneinander abweichen, weil teils unterschiedlich gezählt wird. Gemäss den Erhebungen des Instituts für öffentliche Dienstleistungen und Tourismus der Universität St. Gallen nahmen die Auslandsreisen zwischen 2003 und 2007 um ein Viertel zu: von rund 12,6 Millionen auf 16, 2 Millionen. Die Rangliste stammt von der Fachzeitschrift Travel Inside, die jährliche Analysen durchführt. Sie stützen sich auf Angaben von Schweizer Botschaften und Vertretungen im Ausland sowie die UN-Welttourismusorganisation (UNWTO). Erhebung: 2008, die Zahlen in Klammern zeigen den Rang im Vorjahr 2007.

1. Frankreich (1)
2. Deutschland (2)
3. Italien (3)
4. Spanien (4)
5. Österreich (5)
6. Grossbritannien (6)
7. USA (7)
8. Türkei (8)
9. Ägypten (11)
10. Griechenland (9)
11. Thailand (10)
12. Kroatien (12)
13. Portugal (14)
14. Tunesien (13)
15. Kanada (15)
16. Tschechien (16)
17. Polen (20)
18. Singapur (—)
19. China (18)
20. Brasilien (17)

Quellen: *Travel Inside* · www.travelshop.ch · Verschiedene

Die 5 bekanntesten Schlösser

In der Schweiz gibt es über 4000 Burgen, Schlösser und Wehranlagen. Als Schloss bezeichnet man ein Wohngebäude des Adels. Häufig gingen Schlösser aus Burganlagen hervor.

1. Schloss Chillon (VD)

Das Château de Chillon steht an siebter Stelle der meistbesuchten Schweizer Museen, und es ist das meistbesuchte historische Museum der Schweiz. Das Wasserschloss mit seiner 1000-jährigen Geschichte liegt idyllisch am Ostufer des Genfersees und ist der König der hiesigen Schlösser. > www.chillon.ch

2. Schloss Gruyères (FR)

Die alte Grafen-Residenz thront über dem mittelalterlichen Bilderbuchstädtchen inmitten der Freiburger Voralpen. 1554 ging der letzte Graf bankrott, seit 1993 kümmert sich eine Stiftung um die Erhaltung des Schlosses, das auf Rang fünfzehn der meistbesuchten Schweizer Museen liegt. > www.chateau-gruyeres.ch

3. Schloss Lenzburg (AG)

Die Anlage, wo der Sage nach einst ein Drache wohnte, liegt hundert Meter über dem gleichnamigen Städtchen auf einem runden Molassehügel. Sie zählt zu den ältesten Höhenburgen der Schweiz. Das Schloss wechselte viele Male die Besitzer, 1956 wurde es von Stadt und Kanton gekauft. > www.schlosslenzburg.ch

4. Schloss Sargans (SG)

Das wuchtige, 1282 erstmals urkundlich erwähnte Schloss liegt von weither sichtbar gleich unterhalb der schroffen Felswand des Gonzenberges. 1983 erhielt es vom Europarat als erstes schweizerisches Museum den Preis «Museum des Jahres», vier Jahre später wurde es unter die 37 besuchenswertesten Museen der Welt aufgenommen. > www.schloss-sargans.ch

5. Schloss Tarasp (GR)

Das imposante Schloss thront auf einem hundert Meter hohen Felshügel über dem Taraspersee. Das Wahrzeichen des Unterengadins geht auf das 11. Jahrhundert zurück, seit Mai 2008 besteht ein Kaufrechtsvertrag zwischen der Gemeinde Tarasp und der Familie von Hessen. > www.schloss-tarasp.ch

Quellen: Einzelne Websites · Schweiz Tourismus/myswitzerland.com

Die 10 eindrücklichsten Schluchten

Wo Berge sich erheben, gibt es auch Täler und Schluchten. Und da hat die Schweiz einiges zu bieten! Beispiele in alphabetischer Reihenfolge.

1. Aareschlucht. Meiringen/Innertkirchen (BE)
Schroff ragen die Felswände der Aareschlucht bis 200 Meter in die Höhe, an der engsten Stelle ist sie knapp einen Meter breit. Der etwa 1,4 Kilometer lange Weg führt auf sicheren Stegen durch die Schlucht.   > www.aareschlucht.ch

2. Cholerenschlucht. Adelboden (BE)
Von Adelboden führt eine einstündige Wanderung über Ausserschwand zur 100 Meter langen Cholerenschlucht. Über Brücken und Treppen geht der Weg vorbei an Wasserfällen und -mühlen sowie an durch Erosion geschliffenen Felsen.

3. Durnand-Schlucht (Gorges du Durnand). Martigny (VS)
In der seit 1877 touristisch erschlossenen Durnand-Schlucht steigt man eine lange, an einer Steilwand aufgehängte Treppe hinauf zu einer Brücke, von der man einen spektakulären Blick weit hinunter auf die Dranse hat, die laut tosend über vierzehn Kaskaden talwärts schiesst.   > www.gorgesdudurnand.ch

4. Gletscherschlucht. Grindelwald (BE)
Die Weisse Lütschine durchfliesst die Gletscherschlucht des unteren Grindelwaldgletschers. Beidseitig ragen glatte Wände mehr als 100 Meter in die Höhe. Eingangs der Schlucht befindet sich das Kristallmuseum mit Mineralien aus der Region.

5. Gorge du Dailley. Martigny Salvan (VS)
Von Salvan hoch über dem Rhonetal spaziert man durch einen Lärchenwald zur Schlucht bei Van d'en Bas. Man geht über Stege, Treppen und durch Galerien von Stufe zu Stufe. Der Blick zur tosenden Salanfe ist schwindelerregend.

6. Massaschlucht. Blatten bei Naters (VS)
Die vielleicht schönste Schlucht entstand in Jahrtausenden durch das Schmelzwasser des Aletschgletschers. Die 6,5 Kilometer lange Schlucht ist bei Wanderern sehr beliebt. Höhepunkt für Abenteurer ist der 8-m-Sprung in ein glasklares Wasserbecken und die 30-m-Abseilstelle in die «Kathedrale».

7. Schöllenen-Schlucht. Andermatt (UR)

Auf dem Weg über den Gotthardpass war die wilde Schöllenen-Schlucht in früheren Zeiten ein nur schwer zu überwindendes Hindernis. Heute ist die Schlucht bei Velofahrern sehr beliebt. Besonders beeindruckend ist der Blick von oben.

8. Tamina-Schlucht. Bad Ragaz (SG)

Nach einer fünfzehnminütigen Postautofahrt oder einer einstündigen Wanderung gelangt man von Bad Ragaz in die wildromantische, enge Taminaschlucht. Nur mittags dringt etwas Licht zwischen die bis zu 70 Meter hohen Felswände. Gleich daneben befindet sich das alte Bad Pfäfers.

9. Trientschlucht (Gorge du Trient). Vernayaz (VS)

Die 200 Meter tiefe Schlucht ist vom gleichnamigen Fluss ins Mont-Blanc-Massiv geschnitten worden. Durch den vorderen Teil führt ein befestigter Steg. Hier kann man sich über die Geologie der Schlucht informieren. Beeindruckend ist zudem der 114 Meter hohe Wasserfall «Cascade de Pissevache».

10. Viamala-Schlucht. Thusis (GR)

Die mythische Schlucht bot bereits in der Römerzeit Zugang zu den Alpenpässen Splügen und San Bernardino. Hier fliesst der Hinterrhein zwischen bis zu 300 Meter hohen Felsen. Eine Säumerroute mit Hängebrücke, dem gesicherten Abstieg über 321 Treppenstufen und der alten Brücke von 1739 führt in die berühmte Schlucht hinein.

Quellen: Einzelne Websites · Schweiz Tourismus / myswitzerland.com · Verschiedene

Die 20 meistbesuchten Sehenswürdigkeiten

Die 20 aufgelisteten Sehenswürdigkeiten basieren auf Umfragen von Schweiz Tourismus. Da die Besucherzahlen der angefragten Institutionen nicht immer exakt waren, werden sie hier nicht aufgeführt. Die Rangliste gibt trotzdem ein repräsentatives Bild. Die Plätze 1 bis 7 (Zoo Zürich bis Kunstmuseum Basel) sind die weitaus meistbesuchten Orte, das nachfolgende Connyland hat nur noch etwa halb so viele Besucher.

1. Zoo Zürich > www.zoo.ch
2. Zoologischer Garten Basel > www.zoobasel.ch
3. Rheinfall in Neuhausen (SH) > www.rheinfall.ch
4. Säntispark in Abtwil (SG) > www.saentispark.ch
5. Natur- und Tierpark in Goldau (SZ) > www.tierpark.ch
6. Verkehrshaus der Schweiz in Luzern > www.verkehrshaus.ch
7. Kunstmuseum und Museum für Gegenwartskunst Basel
> www.kunstmuseumbasel.ch
8. Connyland - Freizeitpark in Lipperswil (TG) > www.connyland.ch
9. Emmentaler Schaukäserei in Affoltern (BE) > www.emmentaler-schaukaeserei.ch
10. Schaukäserei in Stein (AR) > www.schaukaeserei.ch
11. Swiss Aqua Parc au Bouveret (VS) > www.aquaparc.ch
12. Château de Chillon in Veytaux (VD) > www.chillon.ch
13. Schweizerisches Freilichtmuseum Ballenberg (BE) > www.ballenberg.ch
14. Conservatoire et jardin botaniques, Genève-Chambésy (GE)
> www.ville-ge.ch/cjb/jardin.php
15. Fondation Beyeler in Riehen (BS) > www.fondationbeyeler.ch
16. Fondation Pierre Gianadda, Martigny (VS) > www.gianadda.ch
17. Technorama der Schweiz in Winterthur (ZH) > www.technorama.ch
18. Swissminiatur in Melide (TI) > www.swissminiatur.ch
19. Papiliorama in Kerzers (FR) > www.papiliorama.ch
20. Kunsthaus Zürich > www.kunsthaus.ch

Quelle: Schweiz Tourismus

13 Seilbahnen, die einen Rekord aufzuweisen haben

In der Schweiz gibt es rund 505 Seilbahnunternehmen mit insgesamt fast 1800 Seilbahn- und Skiliftanlagen. Alle Bahnen zusammen überwinden eine Strecke von 1700 Kilometern und eine Höhendifferenz von rund 500 Kilometern. 13 Rekorde in alphabetischer Reihenfolge.

1. Doppelstockbahn Samnaun (GR)

Die 1995/96 in Betrieb genommene Doppelstockbahn war die erste der Welt. Zudem hat sie die grössten Seilbahnkabinen der Schweiz, auf ihren zwei Etagen finden 180 Personen Platz.

2. Drahtseilbahn Interlaken–Heimwehfluh DIH (BE)

Die Originalanlage ist seit 1906 bis heute fast unverändert in Betrieb. Sie ist also von allen schweizerischen Seilbahnanlagen die Bahn, welche die meiste historische Bausubstanz aufzuweisen hat.

3. Funicolare Locarno (TI)

Die Funicolare ist die tiefstgelegene Seilbahn der Schweiz (207 m ü. M.). Die Standseilbahn verbindet die Innenstadt von Locarno mit der Wallfahrtskirche Madonna del Sasso.

4. Funi von Fribourg (FR)

Die ökologischste Seilbahn verkehrt in Freiburg. Die Standseilbahn Neuveville-St-Pierre in Freiburg ist die letzte in der Schweiz, die durch die Schwerkraft von mitgeführtem Abwasser angetrieben wird.

5. Funitel Verbier (VS)

Die Funitel, seit 1994 in Betrieb, ist eine Kombination aus Standseilbahn und Kabinenumlaufbahn. Sie befördert 3000 Personen pro Stunde und ist damit die leistungsstärkste Bahn der Schweiz.

6. Gondelbahn Grindelwald–Männlichen (BE)

Die Gondelbahn im Berner Oberland wurde 1978 eröffnet. Sie legt eine Strecke von 6239 Metern zurück und ist damit die längste Seilbahnstrecke ohne Umsteigen.

7. Hohtällibahn (VS)

Die höchste Luftseilbahn-Stütze der Schweiz ist 94 Meter hoch – sechs Meter weniger als das Berner Münster. Die Rekord-Stütze ist Bestandteil der Luftseilbahn Gant-Hohtälli, einer Anlage der Gornergratbahn. Sie wurde aus insgesamt 9445 Elementen zusammengesetzt. Die Kabinen der Luftseilbahn kreuzen direkt auf der Höhe der Stütze.

8. Luftseilbahn Laax (GR)

Die längste Luftseilbahn-Strecke führt über 4168 Meter von Laax auf den Crap Sogn Gion. Sie überwindet dabei eine Höhendifferenz von 1133 Höhemetern.

9. Marzili (BE)

Die Standseilbahn Marzili-Bern, seit 1885 in Betrieb, ist mit ihren 105 Metern die kürzeste Seilbahn der Schweiz. Die maximale Geschwindigkeit beträgt 3 m / s. Eine Fahrt dauert rund eine Minute.

10. Matterhorn Glacier Paradis (VS)

Die höchstgelegene Seilbahn der Schweiz führt von Zermatt auf das Klein Matterhorn auf eine Höhe von 3820 m ü. M. Auf einer Strecke von mehr als drei

Kilometern unterbricht kein einziger Mast die Sicht auf die grandiose Walliser Gletscherwelt.

11. Pendelbahn Disentis–Caischavedra (GR)
Die schnellste Pendelbahn fährt mit 11 m/s von Disentis auf Caischavedra. Sie wurde 1970 mit 80-Personen-Kabinen eröffnet und nahm im Dezember 2007 nach gründlicher Erneuerung wieder den Betrieb auf. Die Bahn ist der einzige Zubringer ins Ski- und Wandergebiet Disentis.

12. Ritom-Bahn (TI)
Die 1921 eröffnete Ritombahn ist die steilste Standseilbahn der Schweiz und gar eine der steilsten der Welt. Sie führt von Piotta auf die Bergstation Piora, und dies mit einer maximalen Steigung von 87,8%.

13. Standseilbahn Lugano (TI)
Die Standseilbahn von Lugano-Città, 1886 gebaut, transportiert im Jahr über 3 Millionen Fahrgäste zum Bahnhof. Sie ist damit die bestfrequentierte Seilbahn.

> Mehr Informationen über: www.seilbahnen.org
Quellen: Seilbahnen Schweiz · Verschiedene

Die 10 beliebtesten Städte

«Welche Stadt gefällt Ihnen am besten?» So lautete die Frage, die 505 Personen aus der Deutsch- und Westschweiz bei einer repräsentativen Meinungsumfrage des LINK-Instituts im Auftrag der *Coopzeitung* beantworteten.

1. Luzern	21%
2. Zürich	18%
3. Bern	17%
4. Lugano	9%
4. Genf	9%
6. Lausanne	8%
7. Basel	5%
7. St. Gallen	5%
9. Winterthur	3%
10. Biel	1%

Quelle: *Coopzeitung* 30/2009, Repräsentative Meinungsumfrage LINK

10 einmalige Tiergärten

Die hier in alphabetischer Reihenfolge vorgestellten Tiergärten haben alle etwas zu bieten, das es so in keinem anderen hiesigen Tiergarten gibt.

1. Basel: Zoo Basel
Der Basler «Zolli», 1874 gegründet, ist der älteste und dazu auch der artenreichste Zoo der Schweiz. > www.zoobasel.ch

2. Bern: Bärengraben
Nur in Bern werden seit 1513 Bären gehalten. Bis 1857 in der Stadt, danach im Bärengraben, seit 2009 im Bärenpark an gleichem Ort. > www.baerenpark-bern.ch

3. Buchs (SG): Greifvogelpark
Der Greifvogelpark in Buchs ist mit seinen über 60 Vogelarten europaweit einzigartig. > www.greifvogelpark.ch

4. Gossau (SG): Abenteuerland Walter-Zoo
Der Walter-Zoo in Gossau ist einer der grössten privaten Zoos der Schweiz, und hier gibt es die landesgrösste Anlage für Schimpansen. > www.walterzoo.ch

5. Hofstetten (BE): Schweizerisches Freilichtmuseum Ballenberg
Auf dem Gelände des Ballenbergs sind – einmalig in der Schweiz – alle einheimischen Bauernhoftierarten vertreten. > www.ballenberg.ch

6. Kerzers (FR): Papiliorama
Die meisten Schmetterlinge kann man im Papiliorama bewundern, das zudem ein Nocturama und einen Jungle Trek beherbergt. > www.papiliorama.ch

7. La Chaux-de-Fonds (NE): Stadtzoo
Der «Parc Zoologique du Bois du Petit-Château» ist der höchstgelegene Stadtzoo Europas. Er ist ebenso ein Botanischer Garten. > www.mhnc.ch

8. Langnau am Albis (ZH): Wildnispark Langenberg
Der älteste Schweizer Wildpark wurde 1869 eingeweiht, er ist mit den rund 80 ha auch die flächenmässig grösste zoologische Anlage der Schweiz. > www.wildpark.ch

9. Wallenwil (TG): Schlangenzoo Eschlikon
Der einzige Schlangenzoo in der Schweiz zeigt auf etwa 320 m² über 220 Schlangen aus aller Welt. > www.schlangenzoo.ch

10. Zürich: Zoo

Der Zoo in Zürich ist mit seinen 20 ha der grösste des Landes. Er hat mit dem «Masoala» zudem eine der grössten Tropenhallen Europas. > www.zoo.ch

> Informationen über weitere Tiergärten: > http://ch.zoo-infos.org
Quellen: Einzelne Websites · Verschiedene

5 einzigartige Wanderungen

Das schweizerische Wanderweg-Netz umfasst 63 779 km, davon 23 533 km Bergwanderwege (Stand 2009). Dieses riesige Angebot ist dem Dachverband Schweizer Wanderwege und seinen kantonalen Wanderwegorganisationen zu verdanken, die sich seit 1934 gemeinsam für ein attraktives, sicheres und einheitlich signalisiertes Wanderwegnetz in der Schweiz einsetzen. Seit 1979 ist das Wanderwegwesen in der Bundesverfassung und seit 1987 im Bundesgesetz über die Fuss- und Wanderwege (FWG) geregelt.

1. Aletsch-Panoramaweg

Von der Bergstation Bettmerhorn (VS) bietet sich eine grandiose Aussicht auf die Viertausender und den mächtigen Aletschgletscher. Der Weg führt über Steintreppen und Bergwege hinunter zur Rote Chumma und – über den in den Fels gehauenen Bergweg – zum Märjelensee. Die Wanderung dauert etwa 3½ Stunden (11 km). > www.bettmeralp.ch

2. Jakobsweg

Ein eindrückliches Stück Jakobsweg führt als Via Jacobi in gut fünf Stunden von Schwarzenburg (BE) nach Fribourg. Der Abschnitt gilt als der spannendste der Schweiz, man wandert auf der über 600 Jahre alten «Fryburgstrass» durch Wälder und über Bäche, an Kapellen und Bildstöcken vorbei. > www.viajacobi.ch

3. Weg der Schweiz

Zum 700-Jahr-Jubiläum der Schweiz entstand rund um den südlichsten Teil des Vierwaldstättersees ein 35 km langer Heimat-Wanderweg. Aufgeteilt nach Kantonen hat jeder Schweizer/jede Schweizerin einen 5 Millimeter langen Weg-Anteil. > www.weg-der-schweiz.ch

4. Witzweg

Der erste Witzweg Europas wurde 1993 aus der Taufe gehoben. Er führt am sanften Berghang dem Bodensee entlang von Heiden (AR) über Wolfhalden nach Walzenhausen (oder umgekehrt). Die reine Wanderzeit beträgt etwa 2½ Stunden. Doch weil der Witz dieses Weges wörtlich zu verstehen ist, braucht man meistens länger, denn über 80 auf Tafeln notierte Witze stehen am Wanderweg. > www.witzweg.ch

5. Terrasses de Lavaux

Die dreistündige Wanderung führt auf dem Rebenweg von St-Saphorin nach Lutry und mitten durch das Lavaux (VD). Lavaux ist mit über 800 Hektaren das grösste zusammenhängende Weinbaugebiet der Schweiz und steht seit 2007 unter Unesco-Schutz.   > www.myswitzerland.com: «Terrasses de Lavaux» als Suchbegriff eingeben.

Quellen: www.wandern.ch · www.wanderland.ch · www.myswitzerland.com · Verschiedene

6 konkurrenzlose Wasserfälle

Die Schweiz ist nicht nur ein Land der Seen und Flüsse, sondern auch der spektakulären Wasserfälle. Alleine im Lauterbrunnental (BE) sind es über 70. Im Buch *Die Wasserfälle der Schweiz* sind 130 Wasserfälle akribisch genau beschrieben und illustriert. Wir stellen sechs einzigartige vor.

1. Mattenbachfälle. Lauterbrunnental (BE)

Nahe der Bushaltestelle in Stechelberg oder gegenüber von Gimmelwald kann man den 840 Meter hohen Mattenbachfall gut verfolgen. Er stürzt in mehreren Kaskaden unterhalb des Silberhorns in die Tiefe und ist «die höchste vermessene Kaskade der Schweiz».

2. Mürrenbachfall. Lauterbrunnental (BE)

Mit seinen 417 m Stufenhöhe ist er der höchste Wasserfall der Schweiz. Besonders spektakulär ist der etwas zwischen Felsen versteckte Mürrenbach nach der Schneeschmelze im Frühling und nach heftigen Sommer-Gewittern. (Ab Bahnhof Lauterbrunnen mit dem Bus bis zur Station Schilthornbahn.)

3. Rheinfall. Neuhausen (SH)

Der grösste Wasserfall Europas ist 150 Meter breit und entstand vor über 15 000 Jahren, als der Rhein durch eiszeitliche Erdbewegungen in ein neues Flussbett gedrängt wurde. Mit einem Boot kann man zum mächtigen Felsen fahren, der inmitten der 23 Meter in die Tiefe donnernden Wassermassen thront. > www.rheinfall.ch

4. Seerenbachfälle. Amden (SG)

Die dreistufigen Seerenbachfälle bei Betlis am Walensee werden von unterirdischen Quellen gespeist. Die zweite, aus einer Schluchtwand schiessende Stufe stürzt über 305 Meter in freiem Fall zu Tal und ist damit der höchste auf einer Stufe fallende Wasserfall. (Anfahrt: mit dem Kursschiff von Weesen oder Walenstadt nach Betlis.)

5. Staubbachfall. Lauterbrunnental (BE)

Er ist zwar nicht, wie lange behauptet, der höchste frei fallende Wasserfall (297 m), dafür aber wohl der berühmteste. Der Besuch dieses Naturdenkmals gehörte schon im späten 18. Jahrhundert ins Programm der Bildungsreisen, und Goethe widmete ihm das Gedicht «Gesang der Geister über den Wassern». Seinen Namen verdankt er den vielen feinsten Wassertropfen, die beim Aufprall auf die Felsen vom Winde verweht werden. (Ab Bahnhof Lauterbrunnen mit dem Bus.)

6. Trümmelbachfälle. Lauterbrunnental (BE)

Die 10 Trümmelbachfälle, die das Schmelzwasser der Gletscher von der Jungfrau talwärts führen, sind die einzigen unterirdisch zugänglichen Gletscherwasserfälle der Welt. Man erreicht sie über einen Lift, Galerien, Tunnels, Wege und Plattformen. > www.truemmelbachfaelle.ch

> Buchtipp: Christian Schwick / Florian Spichtig, Die Wasserfälle der Schweiz, AT-Verlag 2007 / 11
Quellen: www.waterfall.ch · Schweiz Tourismus/www.myswitzerland.ch · Wikipedia · HB

II. WIRTSCHAFT

Die 6 grössten Arbeitgeber

Die Auflistung zeigt die Anzahl der Beschäftigten auf Vollzeit-stellen umgerechnet. Zahlen gerundet, Stand Ende 2010.

1. Migros	61 600
2. Die Post	45 200
3. Coop	43 900
4. SBB	28 100
5. UBS	23 300 (weltweit: ca. 65 000)
6. Credit Suisse	21 700 (weltweit: ca. 41 000)

Quellen: Einzelne Websites

Die 10 meistverkauften Automarken

Immatrikulationen von neuen Personenwagen (CH + FL), 2010.

Marke	2010	im Vergleich: 2000
1. VW	33 839	38 721
2. Renault	17 046	20 821
3. Audi	16 910	16 388
4. Opel	16 305	34 159
5. BMW	16 061	12 739
6. Ford	15 967	16 249
7. Peugeot	15 019	17 161
8. Skoda	14 388	2 793
9. Toyota	13 735	19 440
10. Citroën	13 232	7 683

Quelle: auto-schweiz, Vereinigung Schweizer Automobil-Importeure VSAI

Die 10 grössten Banken

Bilanzsumme nach Einzelbanken (ohne Privatbankiers).

Name	Hauptsitz	Bilanzsumme (in Mrd. CHF, gerundet)
1. UBS	Zürich und Basel	2015.1
2. Credit Suisse	Zürich	1170.4
3. Raiffeisen-Gruppe	St. Gallen	132
4. Zürcher Kantonalbank	Zürich	113
5. HSBC Private Bank (Suisse) SA	Genève	74
6. BNP Paribas (Suisse) SA	Genève	52
7. Bank Julius Bär & Co AG	Zürich	46
8. Crédit Agricole (Suisse) SA	Genève	41
9. Banque Cantonale Vaudoise	Lausanne	35
10. Basler Kantonalbank	Basel	31

Quelle: Schweizerische Nationalbank / SNB. 2010

Die 8 Banknotenserien

Im Juni 1907 fand die Geschäftseröffnung der Schweizerischen Nationalbank (SNB) statt. Gleichzeitig erfolgte die Ausgabe der ersten Banknoten, die früher von Geschäfts- und Kantonalbanken herausgegeben worden waren, durch die SNB. Ab der sechsten Banknotenserie wurde Orell Füssli alleinige Druckerei für sämtliche Schweizer Banknoten. Die Notenwerte der neuen – neunten – Banknotenserie sollen im Verlauf des Jahres 2013 emittiert werden.

1. Erste Banknotenserie 1907

Weil die Zeit zwischen der Gründung der SNB und der Öffnung ihrer Schalter nicht genügte, um neue Noten zu schaffen, entschied man, diese Interimsnoten nach dem Notenbildmuster der früheren Emissionsbanken zu drucken und zusätzlich mit einem Überdruck in Form einer roten Rosette mit Schweizer Kreuz zu versehen. Es gab 1000er-, 500er-, 100er- und 50er-Noten. Das Porträt vorne zeigte auf allen Noten die Helvetia, das Motiv hinten waren verschiedene Ornamente. Die erste Ausgabe erfolgte am Eröffnungstag der SNB, der Rückruf auf Juli 1925; wertlos waren sie dann ab Juli 1945.

2. Zweite Banknotenserie 1911

Diese Serie erfolgte zwischen 1911 und 1914 und umfasste 1000-, 500-, 100-, 50-, 40-, 20-, 10- und 5-Franken-Noten. Letztere war dafür bestimmt, die silberne 5-Franken-Münze zu ersetzen, die im Kriegsfall oder während einer schweren Krise gehortet und damit weitgehend dem Zahlungsverkehr entzogen worden war. Die zweite Serie war am längsten im Umlauf. Der Rückruf erfolgte auf Oktober 1958; wertlos war sie ab Oktober 1978.

3. Dritte Banknotenserie 1918

Bei dieser Serie gab es nur eine 100- und eine 20-Franken-Note. Die Scheine wurden als sogenannte Kriegsnoten in einzelnen Etappen entworfen und zwischen 1918 (100-Franken-Note) und 1930 (20-Franken-Note) ausgegeben beziehungsweise als Reservenoten gedruckt. Der Rückruf erfolgte 1925 (100 Fr.) bzw. 1956 (20 Fr.); wertlos waren sie ab 1945 (100 Fr.) bzw. 1976 (20 Fr.).

4. Vierte Banknotenserie 1938

Während des Zweiten Weltkriegs erhielten die beiden Kunstmaler Victor Surbeck und Hans Erni von der SNB den Auftrag, neue Noten zu gestalten. Während die Werte 1000, 100 und 50 in Druck gegeben wurden, blieb es für die 500er-Note beim Probeabzug. Keine der Noten wurde je in Umlauf gebracht.

5. Fünfte Banknotenserie 1956

Die 20er- und 10er-Noten wurden im März 1956 ausgegeben, die 1000er-, 500er-, 100er- und 50er-Noten, die erstmals eine thematische und formale Einheit bildeten, im Juni 1957. Der Rückruf erfolgte im Mai 1980; wertlos waren sie ab Mai 2000.

6. Sechste Banknotenserie 1976

Bei dieser Serie übernahm die Nationalbank erstmals die alleinige Federführung bezüglich Planung, Organisation und Realisation in Zusammenarbeit mit Grafikern, Druckern, Papierfabrikanten, Druckfarben- und Maschinenproduzenten. Geändert wurde zudem das Konzept der Notenserie, also die Wahl der Themen und die grafische Gestaltung. So dominierte eine historische Persönlichkeit die Vorderseite der einzelnen Noten, und die Rückseiten hatten einen thematisch engen Bezug zur dargestellten Persönlichkeit. Die Entwürfe stammten von Ernst und Ursula Hiestand. Gedruckt wurden sie erstmals alle bei Orell Füssli, Zürich.

Die einzelnen Noten:

* 1000. Porträt vorne: Auguste Forel, 1848–1931 (Psychiater, Neurologe, Entomologe). Motiv hinten: Drei Ameisen und der Vertikalschnitt durch einen

Ameisenhaufen. Hauptfarbe violett, Format 86x192 mm, 1. Ausgabe im April 1978, Rückruf war im Mai 2000 (wie bei allen anderen auch); wertlos sind sie ab 1. Mai 2020 (wie alle anderen auch).

* 500. Porträt vorne: Albrecht von Haller, 1708–1777 (Arzt, Naturforscher und Dichter). Motiv hinten: Muskelfigur, Schema von Atmung und Blutkreislauf sowie eine Purpur-Orchis. Hauptfarbe braun, Format 82–181 mm, 1. Ausgabe im April 1977.

* 100. Porträt vorne: Francesco Borromini, 1599–1667 (Architekt). Motiv hinten: Kuppelturm der Kirche S. Ivo mit Grundplan. Hauptfarbe dunkelblau, Format 78x170 mm, 1. Ausgabe im Oktober 1976.

* 50. Porträt vorne: Konrad Gessner, 1516–1565 (Universalgelehrter). Motiv hinten: Uhu, Primel und Sterne. Hauptfarbe grün, Format 74 x 159 mm, 1. Ausgabe im Oktober 1978.

* 20. Porträt vorne: Horace-Bénédict de Saussure, 1740–1799 (Geologe). Motiv hinten: Gebirgslandschaft, Bergsteigergruppe und Ammonshorn. Hauptfarbe hellblau, Format 70 x 148 mm, 1. Ausgabe im April 1979.

* 10. Porträt vorne: Leonhard Euler, 1707–1783 (Mathematiker). Motiv hinten: Wasserturbine, Sonnensystem und Strahlengang in einem Linsensystem. Hauptfarbe: rotbraun, Format 66 x 137 mm, 1. Ausgabe im November 1979.

7. Siebte Banknotenserie 1984

Die Noten der siebten Serie wurden von Roger und Elisabeth Pfund entworfen, den Gewinnern des Wettbewerbs für die sechste Serie. Da sich die SNB damals aber für die Noten von Ernst und Ursula Hiestand entschieden hatte, wurden Roger und Elisabeth Pfund für die Gestaltung der Reserveserie berücksichtigt. Die Noten wurden nie herausgegeben; zugleich war es die letzte Reserveserie. Anstelle einer Reserveserie entwickelte man das Sicherheitssystem der Banknoten der achten Serie laufend weiter.

8. Achte Banknotenserie 1995

Bei der Auswahl der Notenpersönlichkeiten und ihrer Werke berücksichtigte die SNB multidisziplinäre Kunstrichtungen wie Architektur, Musik, darstellende Kunst und Literatur und trug der Sprach- und Kulturvielfalt der Schweiz Rechnung. Zum ersten Mal diente für die Notengestaltung die elektronische Bildbearbeitung. Das angewandte Sicherheitskonzept geht von den ehemals versteckten Sicherheitsmerkmalen hin zu den transparenten.
Alle Entwürfe stammen von Jörg Zintzmeyer, gedruckt wurde bei Orell Füssli, Zürich.

Die einzelnen Noten:

* 1000. Porträt vorne: Jacob Burckhardt, 1818–1897 (Kultur- und Kunsthistoriker). Motiv hinten: Die Antike, die Baukunst der Antike, die Renaissance, das Geschichtsverständnis. Hauptfarbe violett, Format 74x181mm, 1. Ausgabe im April 1998.

* 200. Porträt vorne: Charles Ferdinand Ramuz, 1878–1947 (Schriftsteller). Motiv hinten: die Bergwelt, der See, das Faksimile. Hauptfarbe braun, Format 74x170 mm, 1. Ausgabe im Oktober 1997.

* 100. Porträt vorne: Alberto Giacometti, 1901–1966 (Plastiker, Bildhauer, Maler). Motiv hinten: «Lothar ll», «Homme qui marche», die Zeit-Raum-Beziehung. Hauptfarbe blau, Format 74x159mm, 1. Ausgabe im Oktober 1998.

* 50. Porträt vorne: Sophie Taeuber-Arp, 1889–1943 (Malerin, Kunstgewerblerin, Plastikerin). Motiv hinten: «Relief rectangulaire», «Tête Dada», Komposition «Aubette», «Lignes ouvertes». Hauptfarbe grün, Format 74x148mm, 1. Ausgabe im Oktober 1995.

* 20. Porträt vorne: Arthur Honegger, 1892–1955 (Komponist). Motiv hinten: Das Orchesterwerk, Lokomotive «Pacific 231», die Partitur, das Arbeitsinstrument. Hauptfarbe rot, Format 74x137mm, 1. Ausgabe im Oktober 1996.

* 10. Porträt vorne: Le Corbusier, 1887–1965 (Architekt, Urbanist, Maler, Theoretiker). Motiv hinten: Justizpalast Chandigarh, Sekretariatsfassade, Modulor, Sekretariatsgebäude. Hauptfarbe gelb, Format 74x126 mm, 1. Ausgabe im April 1997.

Weitere Informationen über > www.snb.ch, dort «Bargeld» und «Alle Banknotenserien».
Quelle: Schweizerische Nationalbank/SNB · Literaturhinweis: Die schweizerische Banknote 1907–1997, Michel de Rivaz, COLLECTION LA MEMOIRE DE L'OEIL, ISBN 2-88100-080-0

Die 20 vertrauenswürdigsten Berufe

Das Magazin *Reader's Digest* hat 2011 zum elften Mal die vertrauenswürdigsten Berufe in 16 Ländern Europas ermittelt, darunter auch bei 1675 Befragten in der Schweiz. (Nebenstehend zum Vergleich die Zahlen von 2010.)

	Rang 2011	Rang 2010
1. Feuerwehrleute	94%	92% (2.)
2. Piloten	93%	92% (2.)
3. Krankenschwestern	92%	93% (1.)
4. Apotheker	89%	89% (4.)

4. Ärzte	87 %	89 % (4.)
6. Landwirte	82 %	80 % (6.)
7. Polizisten	76 %	78 % (7.)
8. Lehrer	74 %	71 % (8.)
9. Richter	63 %	60 % (9.)
10. Meteorologen	61 %	56 % (11.)
11. Taxifahrer	53 %	57 % (10.)
11. Rechtsanwälte	53 %	51 % (13.)
13. Reiseveranstalter	49 %	49 % (14.)
14. Priester / Pfarrer	43 %	55 % (12.)
15. Gewerkschaftsführer	34 %	30 % (15.)
16. Journalisten	32 %	28 % (16.)
17. Finanzberater	31 %	27 % (17.)
18. Politiker	21 %	20 % (19.)
19. Fussballspieler	19 %	19 % (18.)
20. Autoverkäufer	19 %	20 % (19.)

Quelle: *Reader's Digest European Trusted Brands 2010*

Die 10 beliebtesten Berufsgruppen

**Gemäss Bundesamt für Statistik (BFS) hat sich die geschlechts-
spezifische Berufswahl seit 1990 wenig verändert. Bei
den Frauen ist die Berufsgruppe Wirtschaft und Verwaltung
die weitaus beliebteste (Anteil 60%). «Junge Männer», so
das BFS, «wählen am häufigsten Berufe im Bereich Ingenieur-
wesen und Technik.»**

Frauen

1. Wirtschaft und Verwaltung	19 441
2. Gesundheitswesen	5342
3. Persönliche Dienstleistungen	4834
4. Sozialwesen	1626
5. Künste	1511
6. Verarbeitendes Gewerbe	1454
7. Architektur und Baugewerbe	1104
8. Ingenieurwesen und Technik	938
9. Land- und Forstwirtschaft	745
10. Informatik	163

Männer

1. Ingenieurwesen und Technik	14 153
2. Wirtschaft und Verwaltung	12 394
3. Architektur und Baugewerbe	7140
4. Verarbeitendes Gewerbe	2861
5. Persönliche Dienstleistungen	2715
6. Land- und Forstwirtschaft	2373
7. Informatik	1664
8. Künste	998
9. Gesundheitswesen	532
10. Sozialwesen	237

Quelle: Bundesamt für Statistik (BFS), Statistik der Schüler und Studierenden. Zahlen von 2008

Die 10 Casinos mit der grössten Spielbankenabgabe

1993 wurden die Aufhebung des Spielbankenverbotes und ein neuer Verfassungsartikel von Volk und Ständen angenommen. In den Jahren 2002 und 2003 eröffneten 21 Spielbanken ihren Betrieb. Der Bund erhebt auf dem Bruttospielertrag der Casinos – das ist die Differenz zwischen den Spieleinsätzen und den ausbezahlten Spielgewinnen – die sogenannte Spielbankenabgabe (Sondersteuer). Die Erträge der Spielbankenabgabe fliessen in erster Linie in die AHV.

Name	Spielbankenabgabe 2010 (in Mio. CHF)
1. Grand Casino Baden	64,3
2. Casino Barrière de Montreux	57,8
3. Grand Casino Basel	53,2
4. Casino Admiral Mendrisio	45,5
5. Grand Casino Lugano	45,2
6. Casino du Lac Meyrin	36,8

7. Grand Casino Bern		30,0
8. Grand Casino Luzern		23,4
9. Swiss Casinos Pfäffikon-Zürichsee		19,5
10. Swiss Casinos St.Gallen		19,0

Mehr über > www.switzerlandcasinos.ch.
Quelle: Schweizer Casino Verband / www.switzerlandcasinos.ch

Die 10 umsatzstärksten Einkaufszentren

**In den letzten 10 Jahren wurden über 50 neue Shopping-
center gebaut, bis 2015 sollen rund 700 000 m² weitere
Verkaufsflächen entstehen. Das Shoppi Tivoli, 2010 nach
jahrelanger Umbauzeit neu eröffnet, ist das älteste
und momentan grösste Shopping Center der Schweiz, das
Einkaufszentrum Glatt wiederum ist traditionell das
weitaus umsatzstärkste.**

Name	Hauptsitz	Umsatz in Mio. CHF (2010)
1. Einkaufszentrum Glatt	Wallisellen	669
2. Centre Balexert	Genève	458
3. Shoppi Tivoli	Spreitenbach	419
4. Sihlcity	Zürich	372
5. Shoppyland	Schönbühl	323
6. Emmen Center	Emmenbrücke	274
7. Seedamm-Center	Pfäffikon	267
8. Centro Lugano Sud	Grancia	240
9. Letzipark	Zürich	239
10. Léman Centre Crissier	Crissier	233

Quellen: Einzelne Websites · Verschiedene

Die 8 grössten Krankenversicherungen

Im frühen 19. Jahrhundert wurden die ersten Kranken-
versicherungen gegründet. Danach setzte eine wahre
Flut von Gründungen ein. Trotzdem: 1950 war erst etwa
die Hälfte der schweizerischen Bevölkerung kranken-
versichert. Zwanzig Jahre später waren es aber bereits
90 Prozent, und nach 1980 waren praktisch alle kranken-
versichert. Seit das Krankenversicherungsgesetz (KVG)
1996 in Kraft trat, gibt es einen anhaltenden Konzen-
trationsprozess in der Krankenversicherungs-Branche. Heute
versichern die grössten acht Krankenversicherer
bzw. Krankenversicherungsgruppen etwa vier Fünftel
der Bevölkerung.

Name	Anzahl Versicherte
1. Groupe Mutuel	897 462
2. CSS	862 462
3. Helsana	629 579
4. Assura	625 000
5. Swica	583 580
6. Concordia	529 959
7. Visana	420 370
8. Sanitas	334 415

Quellen: santésuisse · comparis.ch · Verschiedene. Stand 1. 1. 2010

Die 20 stärksten Marken

Brand Asset Valuator, die umfassendste Markenstudie der Schweiz, erfasst seit 1995 jährlich, was die Schweizer Konsumenten bewegt. Hier die Top 20 der Jahre 2009, 2010 und 2011. Angabe in alphabetischer Reihenfolge, da die Studie keine Platzierungen bekannt gibt. Die ausländischen Marken sind hier mit * vermerkt.

2009	2010	2011
Coca-Cola *	Coca-Cola *	Appenzeller
Emmentaler	Emmentaler	Cailler
Google *	Google *	Coca-Cola *
Gruyère	Gruyère	Emmentaler
IKEA *	IKEA *	Google *
Kellogg's *	Knorr *	Gruyère
Lego *	Lindt	Ikea *
Lindt	M-Budget	Lego *
M-Budget	Magnum *	Lindt
Migros	Migros	Migros
Nespresso	Nespresso	M-Budget
Nivea *	Nivea *	M-Cumulus
Ovomaltine	Nutella *	Nivea *
Ragusa	Ovomaltine	Ovomaltine
Ricola	Ricola	Rega
Rivella	Rivella	Ricola
Thomy	Thomy	Rivella
Tilisiter	Tilsiter	Swatch
Toblerone	Toblerone	Toblerone
Zweifel	Zweifel	Zweifel

Quellen: Brand Asset Valuator · Verschiedene. 2009, 2010, 2011

Die 10 «schweizerischsten» Top-Marken

**Brand Asset Valuator evaluiert ebenfalls, welches
denn für Kundinnen und Kunden die «schweizerischsten»
Marken-Namen sind. Das Ergebnis in alphabetischer
Reihenfolge, da die Ränge nicht bekannt gegeben werden.**

Emmentaler
Coop
Gruyère
Migros
Rega
Ricola
SBB
Swatch
Swisscom
Toblerone

Quellen: Brand Asset Valuator · persoenlich.ch · Verschiedene. 2010

Die 10 umsatzstärksten Medikamente

**Die verwendeten Daten stammen aus der internationalen
Datenbank der Intercontinental Marketing Services
Health GmbH (IMS), Hergiswil, eine Datenquelle, welche die
Angaben der Pharmaunternehmungen zusammenfasst.
Der Gesamtumsatz der 25 meistverkauften und durch die
obligatorische Krankenpflegeversicherung vergüteten
Arzneimittel in der Schweiz belief sich im Jahre 2007 auf
730 Millionen Franken. Rund ein Drittel der in der Schweiz
verkauften Medikamente werden auch hier hergestellt.**

Arzneimittel	Anwendung	Hersteller
1. Sortis	zur Therapie der Hypercholesterinämie	Pfizer
2. Nexium Mups	hemmt die Magensäure	AstraZeneca
3. Pantozol	hemmt die Magensäure	Altana Pharma
4. Seretide	Lungenprobleme	GSK Pharma

5. Plavix	hemmt die Blutgerinnung	Sanofi-Aventis
6. Efexor	Antipsychotika	Wyeth
7. Symbicort	Atemwegserkrankungen	AstraZeneca
8. Zyprexa	Antipsychotika	Eli Lilly
9. CoAprovel	Hypertonie	Sanofi-Aventis
10. Humira	Autoimmunerkrankungen	Abbott

Quelle: www.parlament.ch

Die 10 Reichsten

Die *Bilanz* präsentiert in ihrer jährlich veröffentlichten Rangliste der reichsten Schweizer auch in der Schweiz wohnhafte Ausländer. Hier sind nur die reichsten Schweizer Bürger aufgelistet.

Name	Branche	Vermögen (in Mrd. Fr)
1. Familien Hoffmann und Oeri	Pharma	13,5
2. Familie Bertarelli	Textilhandel, Immobilien, Energie	10,5
3. Walter Haefner	Autohandel, Software	6,5
4. Hansjörg Wyss	Medizinaltechnik	6,5
5. Familie Landolt	Beteiligungen, Hotels	5,5
6. Familie Firmenich	Parfums, Aromen	4,5
6. Familie Hayek	Uhren	4,5
6. Sergio / Geo Mantegazza	Reisen, Fluggesellschaft, Immobilien	4,5
6. Thomas Schmidheiny	Zement, Beteiligungen, Wein, Kunst	4,5
10. Stephan Schmidheiny	Beteiligungen, Kunst	3,5

Quelle: Bilanz, 01/11

8 Herkunftsländer von Schwarzgeld bei Schweizer Banken

Verschiedene Experten gehen davon aus, dass auf Schweizer Banken bis zu 880 Milliarden Franken Schwarzgeld lagern. Das Genfer Forschungsunternehmen Helvea wiederum schätzt, dass der grösste Anteil aus Deutschland und Italien kommt. Schätzungen in Milliarden Euro.

1. Deutschland	193,4
2. Italien	185, 2
3. Frankreich	91,7
4. Grossbritannien	59,6
5. Österreich	53,0
6. Belgien	32, 1
7. Griechenland	24,0
8. Niederlande	18,7

Quellen: Le Matin / Helvea, Stand Februar 2010 · Diverse Zeitungen

Die 10 besten Steueroasen

Die Aufzählung zeigt den Rang der Steuerbelastung beim grossen Gemeinderanking vom Immobilienberatungszentrum IAZI im Auftrag der *Weltwoche*. 854 Schweizer Gemeinden mit über 2000 Einwohnern wurden anhand von 20 Faktoren bewertet. Die richtungweisende Liste zeigt, dass alle Top-Oasen in den Kantonen Schwyz und Zug liegen.

1. Wollerau SZ
2. Freienbach SZ
3. Feusisberg SZ
4. Walchwil ZG
5. Baar ZG
6. Zug ZG
7. Lachen SZ
8. Steinhausen ZG
9. Altendorf SZ
10. Cham ZG

Quelle: Weltwoche, 4. November 2009 / www.iazicifi.ch

10 Uhren-Weltrekorde

Die aufgeführten Chronometer-Rekorde bestätigen eindrücklich das zutreffende Cliché der Schweiz als Uhrenland, das mit der Swatch Group zudem das weltgrösste Uhren-Unternehmen beherbergt. Auch die weltgrösste Uhrenmesse findet in der Schweiz statt (Uhren- und Schmuckmesse Baselworld). Chronologische Reihenfolge.

1. Die erste eingetragene Uhrenmarke

1889 liess Longines beim Schweizer Bundesamt für Geistiges Eigentum seinen Namen registrieren. Damit ist Longines die älteste eingetragene Uhrenmarke der Welt. 1905 produzierte das Uhrenhaus die erste mechanisch hergestellte Herren-Armbanduhr.

2. Das flachste Uhrwerk

1903 stellte die Firma Jaeger-LeCoultre SA die «LeCoultre Kaliber 145» vor. Sie hatte das flachste Uhrwerk der Welt. Die Uhrenhaus machte immer wieder mit neuen Erfindungen von sich reden. 1982 kam Kaliber «Jaeger-LeCoultre 601» auf den Markt, dieses Mal mit dem flachsten Quarzwerk der Welt.

3. Die erste wasserdichte Uhr

Die 1926 kreierte «Rolex Oyster» war dank einer neuartigen Abdichtung der Kronenpartie die erste Uhr, die nicht nur absolut wasserdicht war, sondern auch unempfindlich gegenüber Hitze, Kälte, Vibrationen und Feuchtigkeit. 1931 führte Rolex die verbesserte «Oyster Perpetual» ein, eine Uhr mit automatischem Aufzug, bei der die Krone nur noch selten aufgeschraubt werden musste.

4. Die erste Uhr auf dem Mond

1969 glänzte dann Omega mit einer buchstäblich universellen Rekordmarke. Ihre «Speedmaster Professional» war – am Handgelenk von Buzz Aldrin – die erste Uhr auf dem Mond und ist bis heute die erste Wahl der Astronauten bei Missionen im All.

5. Das erste automatische Chronographenwerk

1969 stellte Zenith das erste automatische Chronographenwerk «El Primero» mit 36 000 Halbschwingungen pro Stunde vor und gewann damit das prestigeträchtige Wettrennen mit den Unternehmen Breitling und Hamilton-Büren.

6. Die komplizierteste Uhr

1989 stellte die Genfer Uhrenfabrik Patek Philippe die «Calibre 89» vor. Die Firma wollte «die Uhr mit den weltweit meisten Komplikationen schaffen, in der alle traditionellen Uhrmachertechniken und das seit eineinhalb Jahrhunderten gesammelte Know-how enthalten sind». Als Komplikation bezeichnet man Funktionen wie akustische Signale, astronomische Anzeigen oder Zeitmessungen. Bei der «Calibre 89» sind dies dreiunddreissig!

7. Die älteste aktive Uhrenmarke

2005 feiert Vacheron Constantin das Jubiläum zum 250-jährigen Bestehen der Firma und ist damit die älteste durchgehend aktive Uhrenmarke der Welt.

8. Der erste mechanische Armband-Chronograph mit 1/100stel-Sekunde Messgenauigkeit

2005 brachte TAG Heuer SA dieses Meisterwerk des Uhrenhandwerks auf den Markt. Bereits 1916 hatte das Uhrenhaus den ersten Hundertstel-Sekunden-Chronographen vorgestellt.

9. Die grösste Kugelbahn-Uhr

2007 wurde in Luzern die weltgrösste Kugelbahn-Uhr vorgestellt. Die von den beiden Künstlern Hanns-Martin Wagner und Mark Bischof geschaffene, fest-installierte Uhr erstreckt sich über vier Besucheretagen des Verkaufgeschäfts Bucherer. Alle Elemente und Komponenten sind handgearbeitete Unikate.

10. Die teuerste Uhr

«Super Ice Cube» des Uhrenherstellers Chopard ist gemäss Forbes die teuerste Uhr der Welt (2008). 848 045 Euro kostet das Luxusobjekt. Der Grund: Die quadratisch geformte Uhr ist mit genau 1897 Brillanten besetzt, die einen Karatwert von 66,16 haben.

Quellen: Einzelne Websites · Verschiedene

10 visionäre Unternehmer

Unternehmer und Manager haben heute oft einen schlechten Ruf. Doch es gibt auch verantwortungsbewusste und visionäre Macher, wie die folgenden Beispiele in chronologischer Reihenfolge zeigen.

1. Philippe Suchard (1797–1884). Schokoladehersteller

Nach einer Lehre als Zuckerbäcker und einer einjährigen Reise durch Amerika eröffnete Suchard 1825 in Neuenburg eine Confiserie, und schon kurz darauf begann er, seine eigene Schokolade zu fabrizieren. Die dafür nötigen Maschinen konstruierte er selbst. Er produzierte ein Sortiment mit verschiedenen Qualitätsstufen. Die Firma entwickelte sich dank konsequenter Markenpolitik, aufwendiger Werbung und spektakulären Auftritten bei Weltausstellungen zum damals weltweit grössten Schokoladenhersteller. Daneben war Suchard Dampfschiff-Unternehmer, Raupenzüchter und Asphalt-Produzent. Heute gehört Suchard zu Kraft Foods. > www.suchard.ch

2. Heinrich Moser (1805–1874). Uhrmacher, Industrieller

Nach Uhrmacherlehre, Wanderjahr und Zweitlehre wollte Moser mit seiner Handwerkskunst Russland erobern. 1828 eröffnete er in St. Petersburg seine eigene Firma mit der schnell erfolgreichen Marke H. Moser & Cie. 1848 kehrte er steinreich in seine Heimatstadt Schaffhausen zurück. Ein Jahr darauf wendete er mit gezielten Getreidekäufen eine drohende Hungersnot ab, er unterstützte kleinere Firmen, half erkrankten Mitarbeitern und bezahlte die besten Löhne. 1864 begann er den Bau des damals grössten Schweizer Dammes im Rhein bei Schaffhausen, mit dem er umliegende Industriegesellschaften mit preisgünstiger Energie versorgte. Er gehörte zudem zu den Mitbegründern der Schweizerischen Industriegesellschaft (SIG). > www.h-moser.com

3. Alfred Escher (1819–1882). Politiker, Industrieller

Escher, aus einer einflussreichen Zürcher Familie stammend, wurde gleichzeitig geachtet und gehasst. Wie kein anderer prägte er im 19. Jahrhundert die Politik der Schweiz. Er war Zürcher Kantonsrat, Regierungsrat, Stadtpräsident und Nationalrat, zudem Mitbegründer der damaligen Nordostbahn, der ETH Zürich, der Schweizerischen Rentenanstalt (heute Swiss Life) und der Schweizerischen Kreditanstalt (Credit Suisse). Und er hatte vor allem eine Vision: eine Gotthardbahn: «Es wurde mir immer klarer, dass die Schweiz ohne eine den Wall ihrer Alpen durchbrechende Eisenbahn zu einem von dem grossen Weltverkehr umgangenen und verlassenen Eilande herabsinken müsste.» Kurz vor seinem Tod wurde der Gotthardtunnel eingeweiht.

4. C.F. Bally (1821–1899). Schuhfabrikant

Als 30-Jähriger gründete Bally seine Schuhfabrik in Schönenwerd (SO). Sein Vorhaben: die grösste Schuhfabrik der Welt mit einer Produktion in Massenanfertigung. Am Anfang waren die Schuhe unförmig und zu eng, doch bald eröffnete er Läden in Basel, Bern und Zürich, sechs Jahre später exportierte die Fabrik Schuhe nach Südamerika, dann in die USA. Das Geschäft florierte, Bally wurde zum wichtigsten Brotherren der Region, in seinem Todesjahr verkaufte Bally rund zwei Millionen Paare, heute zählt man weltweit etwa 200 Bally-Läden.

5. Johann Rudolf Geigy-Merian (1830–1917). Kaufmann, Farbstofffabrikant

Geigy stammte aus dem Basler Grossbürgertum. Er verbrachte mehrere Jahre als Kaufmann in Frankreich, England und Indien, darauf stieg er ins elterliche Geschäft ein und machte aus der Farbwarenhandlung ein Unternehmen der chemischen Industrie. Geigy amtete zudem als Zivil- und Appellationsrichter, 1863 war er Mitbegründer der Basler Handelsbank (1945 vom Schweizerischen Bankverein übernommen, heute UBS) und der Basler Handelskammer. Er war Mitglied des Nationalrats und sozialpolitisch engagiert. 1890 plädierte er für eine gewerkschaftliche Organisation der Arbeiterschaft, weil sonst «ein Theil des Volkes der Willkür des andern wehrlos ausgeliefert ist». 1901 wurde die Firma in eine AG umgewandelt, 1970 fusionierte sie mit Ciba, 1996 mit Sandoz zu Novartis.

6. Henri Nestlé (1814–1890). Kaufmann, Industrieller

1939 wanderte Heinrich Nestlé von Frankfurt nach Vevey aus und nannte sich fortan Henri. Er produzierte und verkaufte zuerst Öle und Alkoholika, danach stellte er Mineralwasser und Limonaden her, doch zwei Krisenjahre zwangen ihn zur Aufgabe. Nun lieferte er Flüssiggas für die Beleuchtung Veveys, doch als die Stadt auf Steinkohlegas umstellte, musste sich Henri wieder etwas Neues einfallen lassen. 1867 machte er die bedeutendste Erfindung seines Lebens: das «Kindermehl», ein Milchpulver, das als Muttermilchersatz dienen sollte. Und gleichzeitig bewies er sein kaufmännisches Talent: Innerhalb von sieben Jahren verkaufte er 1,6 Millionen Dosen «Kindermehl» in 18 Länder auf allen Kontinenten. Mit 60 Jahren zog sich Nestlé ins Privatleben zurück.

7. Walter Boveri (1865–1924). Industrieller

Boveri stammte aus dem bayrischen Bamberg und zog nach seinem Studium an der königlichen Maschinenbauschule in Nürnberg in die Schweiz. Er arbeitete als Praktikant, danach als Montageleiter der Maschinenfabrik Oerlikon (MFO). Mit Charles E.L. Brown gründete er 1891 die Firma Brown,

Boveri & Cie. (heute: Asea Brown Boveri). Der technisch begabte Boveri wurde zum visionären kaufmännischen Leiter. 1894 wurde die Schweiz in Amerika als «present electrical centre of Europe» gelobt. Ein Jahr später wurde die tausendste Maschine ausgeliefert. Boveri verdankt die Firma den Ausbau zum internationalen Grosskonzern.

8. Gottlieb Duttweiler (1888–1962). Lebensmittelhändler, Politiker

1925 gründete Gottlieb Duttweiler die Migros, und in Zürich fuhren die ersten fünf Verkaufswagen der Migros aus, beladen mit sechs Artikeln des täglichen Bedarfs. «Dutti» war angetreten, den Lebensmittelhandel zu revolutionieren, und zwar, indem er den Zwischenhandel ausschalten wollte. Der Name «Migros» meint genau dies: preislich zwischen Grosshandel (en gros) und Detailhandel (en détail) zu liegen, also «mi-gros», «Mittelhandel». Der visionäre Verkäufer Dutti war auch sozial engagiert. Deshalb auch wurde die M-Aktiengesellschaft 1941 in regionale Genossenschaften umgewandelt, 1957 folgte die statutarische Verpflichtung zum «Migros-Kulturprozent». Dazu stellte er 15 ethische Thesen auf, eine lautet: «Wir müssen für das Verbraucher-Volk mindestens ebenso unentbehrlich sein, wie es dieses für uns ist.» Und er sagte: «In der modernen Welt wird der Erfolg jenen gehören, die es verstehen, um ihr Unternehmen herum eine Ideenwelt aufzubauen.» Heute ist die Migros der grösste Detailhändler der Schweiz.

9. Nicolas Hayek (1928–2010). Unternehmer

Hayek wurde in Beirut (Libanon) geboren, in Frankreich studierte er Physik, Chemie und Mathematik. Er heiratete eine Schweizerin und arbeitete zuerst in Zürich. 1963 gründete er sein eigenes Industrieberatungsunternehmen, die «Hayek Engineering AG». Berühmt wurde er als Retter der Schweizer Uhrenindustrie. Zuerst beriet er die Uhrenfirmen ASUAG und SSIH und empfahl deren Fusion. So entstand die Schweizerische Gesellschaft für Mikroelektronik und Uhrenindustrie (SMH), deren Verwaltungsratspräsident er wurde und die seit 1998 Swatch Group heisst. Das Konzept der Swatch-Uhr – höchste Qualität zum Niedrigpreis und mit modischem Lifestyle-Design – wurde zu seinem grössten Erfolg. Hayek sagte: «Richtige Unternehmer, starke Frauen und Männer, sind jene, die Dinge realisieren. Die Arbeit, Produkte, Innovation, Schönheit, Sinn schaffen.»

10. Alfred «Fredy» Hiestand (geb. 1943). Bäcker, Unternehmer

Hiestand machte eine Bäckerlehre, 1967 startete er in Zürich seinen eigenen Betrieb. Bekannt machten ihn seine vorgegarten tiefgekühlten Teiglinge, die er mit einem raffinierten Liefernetz vertrieb. 1988 folgte die Erfindung eines

Gipfelteiglings, der nur 20 Minuten Backzeit brauchte und auch von angelerntem Hilfspersonal ausgebacken werden konnte. Die Firma expandierte, 1997 folgte der Börsengang, doch 2003, gerade 60 geworden, verabschiedete sich der «Gipfelikönig» – und fing etwas Neues an: «Fredy's – The fine Art of Bread». Die Idee dabei ist die Förderung gesunden Brots. Er glaubt an Visionen und hat seine Führungsprinzipien: 1. Menschen achten und schätzen und ihnen zum Erfolg verhelfen, 2. nah an der Basis sein bei Mitarbeitern und Kunden, 3. ethisch und ökologisch produzieren. >www.fredys.ch

Quellen: Einzelne Websites · Verschiedene

Die 5 meistverkauften Velo-Typen

Das Fahrrad ist das beliebteste und meistverbreitete Verkehrsmittel der Welt. Auch in der Schweiz ist sein Aufwärtstrend ungebrochen. Besonders das Elektrovelo sorgt für Furore: Die Verkaufszahlen haben sich in den letzten drei Jahren verdreifacht! Der Fahrradmarkt 2010, ohne Spiel- und Kindervelos, gerundete Zahlen:

1. Mountainbikes (MTB 26")	136 000
2. Citybikes (28")	58 800
3. Elektro-Fahrräder	39 200
4. Junior (20–24", Alltagsvelo)	30 000
5. Junior (20–24", Sportvelo)	27 600

Quelle: velosuisse.ch/SFZ, Februar 2011

Die 12 grössten Versicherungen

Prämienvolumen der 12 grössten Schweizer Privatversicherer weltweit, in Milliarden Franken (*in Milliarden USD).

Unternehmen	Gesamt	Schweiz
1. Zurich	59,0*	4,5
2. Swiss Re	25,5	0,7
3. Swiss Life	18,5	8,2
4. AXA Winterthur	10,3	10,3
5. Bâloise	7,0	3,9
6. Helvetia	5,7	3,1
7. Allianz Suisse	3,9	3,9
8. Die Mobiliar	2,8	2,8
9. Scor Switzerland	2,2	0,1
10. Generali Schweiz	2,1	2,1
11. Vaudoise	1,8	0,9
12. Nationale Suisse	1,7	1,2

Quelle: Schweizerischer Versicherungsverband/SVV, Jahresberichte 2008

Die 10 Kantone mit dem grössten Volkseinkommen

**Kantonale Volkseinkommen nach Empfänger.
In Franken pro Einwohner, 2005 und 2000.**

	2005	2000
1. Basel-Stadt	115 178	81 004
2. Zug	93 753	80 477
3. Nidwalden	73 286	65 838
4. Glarus	73 236	58 689
5. Zürich	68 804	64 456
6. Genf	62 839	57 961
7. Schaffhausen	55 126	51 074
8. Basel-Landschaft	53 502	52 735
9. Waadt	52 901	49 854
10. Schwyz	50 170	52 939
Schweiz:	54 031	50 255

Quelle: Bundesamt für Statistik (BFS)

12. WISSENSCHAFT

Die 10 grössten Bibliotheken

Gesamtes Medienangebot (Anzahl Dokumente): Bücher, Zeitschriften, Manuskripte, Mikroformen, Tonaufnahmen, Bilddokumente, Karten und Pläne, Datenträger, audiovisuelle Dokumente, andere Medien. Stand 2009.

1. Bibliothek der ETH Zürich	7 413 012
2. Universitätsbibliothek Basel	7 002 939
3. Bibliothèque cantonale et universitaire de Lausanne	6 223 338
4. Nationalbibliothek	5 353 728
5. Zentralbibliothek Zürich	5 245 700
6. Universitätsbibliothek Bern	4 641 163
7. Schweizer Filmarchiv	3 823 543
8. Bibliothèque cantonale et universitaire Fribourg	3 474 489
9. Bibliotheken der Universität Zürich	2 718 034
10. Bibliothèque de Genève	2 429 158

Quelle: Bundesamt für Statistik (BFS)

10 Erfindungen, die unsern Alltag verändert haben

Eine Erfindung wird definiert als neue Lösung für ein technisches Problem. Wenn die Erfindung zudem eine gewisse schöpferische Leistung darstellt und gewerblich anwendbar ist, kann für sie rechtlicher Schutz im Rahmen eines Patentes oder Gebrauchsmusters beantragt werden. Die Schweiz gilt als Land der Erfinder. Seit 1888 ist das Eidgenössische Institut für Geistiges Eigentum für patentierte Erfindungen zuständig. Wir zeigen in chronologischer Reihenfolge zehn teils revolutionäre neue Lösungen für technische (Alltags)Probleme.

1. «Swiss Army Knife». 1897

Am Anfang stand das «Offiziers- und Sportmesser», das 1897 gesetzlich geschützt wurde. Initiant war Karl Elsener, der 1884 in Ibach (SZ) eine Messerschmiedewerkstatt eröffnet hatte. Das Werkzeug blieb, der Name wechselte.

Heute gehört das original «Swiss Army Knife» der Firma Victorinox zu den berühmtesten Messern der Welt. Die Firma fertigt jährlich rund 6 Millionen Taschenmesser. > www.victorinox.com

2. Cellophan. 1908

Der Schweizer Chemiker und Textilingenieur Jacques E. Brandenberger erfand 1908 das Cellophan. Der Markenname setzt sich zusammen aus den Worten cellulose und diaphane (transparent). Der Fachausdruck lautet Cellulosehydrat oder Zellglas. Die vielseitig verwendbare Verpackungsfolie (Esswaren, Tabak, Textilien usw.) wird durch Umsetzen von Zellulose mit Natronlauge und Schwefelkohlenstoff erzeugt.

3. Aluminiumfolie. 1910

Aluminium ist das häufigste Metall der Erdkruste. Die daraus gefertigte, 0,004 bis 0,02 mm dünne Folie geht auf den Schweizer Ingenieur Robert Victor Neher zurück, der seine Erfindung 1910 patentieren liess. Zu seinen ersten Kunden gehörte die Firma Tobler, die ihre «Toblerone» ein Jahr zuvor hatte patentieren lassen.

4. Reissverschluss. 1917/1924

Die ersten Verschluss-Versuche reichen weit ins 19. Jahrhundert zurück. Doch erst der gebürtige Schwede Gideon Sundback, der in die USA auswanderte, liess dort 1917 seine moderne Variante patentieren. Sieben Jahre später kaufte Martin Winterhalter, ein Grossindustrieller aus St. Gallen, das amerikanische Patent und entwickelte es weiter zum serienmässig herstellbaren Reissverschluss. Mit seiner Firma «RiRi» (von *Ri*ppen und *Ri*llen) wurde er berühmt und steinreich. > www.ririmayer.ch

5. Kaba-Wendeschlüssel. 1934.

Der Bieler Fritz Schori arbeitete bei der Firma Bauer AG, später Kaba (Kassen-Bauer). 1934 erfand er den Wendeschlüssel. Das Patent revolutionierte die Schliesstechnik. Das Besondere am Wendeschlüssel: Seine symmetrische Form macht es möglich, dass man beim Hineinstecken ins Schlüsselloch nicht darauf achten muss, ob er richtig herum gehalten wird. Heute gehört die Kaba-Gruppe weltweit zu den grössten Anbietern in der Sicherheitsindustrie.

6. Zwiebelhacker. 1956

Karl Zyliss liess über zwanzig Erfindungen patentieren. Der Tüftler war auch Unternehmer, und 1948 lancierte seine Firma Zyliss die bis heute erfolgreiche Knoblauchpresse. Acht Jahre später folgte das Patent auf den Zwiebelhacker. Ähnliche Hacker hatte es zwar schon gegeben, doch seine Schneidvorrichtung war besser, weil sie «eine selbsttätig wirkende Schaltvorrichtung zur schritt-weisen Verdrehung der Schneidmittel bei ihrer Auf-und-Ab-Bewegung auf-weist», wie er schrieb. Der Erfolg gab ihm recht. > www.zyliss.ch

7. WC-Ente. 1980

Der Drogist und Inhaber der nach ihm benannten Düring AG tüftelte mit seiner Frau an einem praktischeren flüssigen WC-Reiniger. Die Lösung lag in der gebogenen Form eines Entenhalses, der es in Verbindung mit einem Steigröhrchen ermöglichte, den Inhalt einer Flasche bis zum letzten Tropfen senkrecht nach oben zu spritzen. Die WC-Ente war geboren, 1980 folgte das Patent. Seither sind weltweit über 100 Millionen Stück verkauft worden.

8. Robidog. 1981

«Robidog» gilt in der Schweiz längst als Synonym für Hundetoiletten. Doch anfangs wurde Joseph Rosenast, Schreiner und Erfinder des grünen Kastens, nur belächelt. Aber bereits drei Jahre nach Patenterteilung bestellte die Stadt Zürich die ersten 50 Kasten. Heute sind in 1600 Gemeinden insgesamt rund 40 000 Behälter in Betrieb. Und es gehen auch Bestellungen von Finnland über Deutschland bis in die USA ein. > http://robidog.ch

9. PC-Maus. 1982

Erste PC-Mäuse wurden bereits in den 1960er Jahren in den USA entwickelt. 1981 gründete der studierte Schweizer Informatiker Daniel Borel mit anderen in Apples (VD) die Firma Logitech. Ein Jahr darauf stellte Logitech mit der P4-Maus die erste Serienmaus der Welt vor.

10. Prepaid-Karte. 1996

Die Schweizer Telecom PTT (seit 1997 Swisscom) hatte Anfang der neunziger Jahre, angeregt durch den grossen Erfolg der GSM-Handys, die Idee einer wiederaufladbaren SIM-Karte. 1996 war es soweit, und das Unternehmen präsentierte eine Weltneuheit, die die Mobiltelefon-Welt veränderte: Mit der Prepaid-Karte konnte erstmals ohne Abonnement telefoniert werden.

> Siehe auch «Weltberühmte Design-Klassiker» [Kapitel Kultur] Seite 105
Quellen: Einzelne Websites · www.land-der-erfinder.ch · Wikipedia· Verschiedene

10 geniale Natur- und Geisteswissenschaftler

Menschen mit aussergewöhnlichen Talenten und grosser Willenskraft sind oft Wegbereiter der Zukunft. Beispiele aus fünf Jahrhunderten, in chronologischer Reihenfolge.

1. Paracelsus (1493–1541). Arzt, Alchemist, Astrologe, Mystiker, Philosoph

Der in Einsiedeln geborene Paracelsus hiess eigentlich Theophrastus Bombastus von Hohenheim. Der schwer fassbare Gelehrte suchte nach einem medizinischen System, das sich auf Alchemie, Magie und persönliche Erfahrungen gründete. Er war der Meinung, dass der Heilungsprozess an mentale Kräfte gebunden ist. Er war für seine Wunderheilungen bekannt, geriet aber ebenso als Sonderling in Verruf. Paracelsus gilt als Wegbereiter der pharmazeutischen Chemie. Nach ausgedehnten Wanderungen starb er in Salzburg. Sein Zitat: «Alle Dinge sind Gift, und nichts ist ohne Gift. Allein die Dosis macht, dass ein Ding kein Gift ist.»

2. Conrad Gesner (bzw. Konrad Gessner, 1516–1565). Arzt, Naturforscher und Altphilologe

Gesner, in Zürich geboren und gestorben, gehörte zu den Universalgelehrten seiner Zeit. Ein Wesenszug Gesners: Seine eigenen Naturbeobachtungen waren ihm wichtiger als tradierte Erkenntnisse. In seinem Werk *Bibliotheca universalis* (1545) versuchte er, alle zu seiner Zeit existierenden Bücher aufzulisten und nach einem eigenen, speziellen System zu ordnen. Mit dem erschienenen Buch *Historia animalium* (1551) wurde Gesner zum Initiator der modernen beschreibenden Zoologie.

3. Leonhard Euler (1707–1783). Mathematiker

Euler begann schon im Alter von dreizehn Jahren das Studium in seiner Heimatstadt Basel. 1727 wurde er nach St. Petersburg berufen. 1771 erblindete er, doch er arbeitete unvermindert weiter. Euler pflegte mit 300 Gelehrten Europas enge Korrespondenz und war Mitglied aller bedeutenden Akademien. Er verfasste Schriften über Himmelsmechanik, Mondtheorie, Starrkörpermechanik, Schiffstheorie; er schrieb Abhandlungen zur Astronomie, Hydrodynamik, Hydraulik usw. Und er war Schöpfer der Variationsrechnung. Euler gilt als einer der umfassend gebildetsten Geister der Neuzeit. Er starb in St. Petersburg. Sein Zitat: «In der Welt geschieht nichts, worin man nicht den Sinn eines bestimmten Maximums oder Minimums erkennen könnte.»

4. Albrecht von Haller (1708–1777). Mediziner, Botaniker, Dichter

Der Berner Universalgelehrte publizierte insgesamt etwa 50 000 Seiten meist wissenschaftliche Texte. Seine herausragende Stellung in der Medizin des 18. Jahrhunderts war vor allem begründet durch seine systematische Untersuchung des lebenden und toten Körpers. Als Göttinger Professor brachte er das erste umfassende Werk über die Pflanzen der Schweiz heraus (*Enum. stirp. helv.*, 1742). Aus Hallers Sammlung *Versuch Schweizerischer Gedichte* (1723) wurde das Gedicht «Die Alpen» berühmt. 1749 erhob Kaiser Franz I. Haller in den erblichen Adelsstand. Sein Zitat: «Wenn du das Beste thust, Und niemand will es fassen, So thu, was besser ist: Bleib ruhig und gelassen.»

5. Jean-Jacques Rousseau (1712–1778), Schriftsteller und Philosoph

Rousseau geriet an seinem Arbeitsplatz in zwielichtige Gesellschaft, man behandelte ihn schlecht, und so floh er sechzehnjährig aus Genf und führte lange Zeit ein abenteuerliches Leben. Mit 47 nahm er an einem philosophischen Wettstreit teil, erhielt mit seiner *Abhandlung über die Wissenschaften und Künste* den Preis und war mit einem Schlage berühmt. In seiner politischen Philosophie forderte er gleiche Rechte für alle Bürger. Seine Erziehungstheorie beeinflusste berühmte Erzieher (darunter Pestalozzi). Dem grossen Aufklärer verdankt die Welt zudem den Anstoss zur «Allgemeinen Erklärung der Menschenrechte», die von der UNO 1948 erlassen wurde. Sein Zitat: «Alle grossen Leidenschaften entstehen in der Einsamkeit.»

6. Horace-Bénédict de Saussure (1740–1799). Naturforscher

De Saussure erweiterte mit seinen Forschungen die Kenntnisse auf den Gebieten der Meteorologie, Glaziologie, des Magnetismus und der Astronomie. Er gilt zudem als Begründer der Geologie, und er war ein Pionier auf dem Gebiet der wissenschaftlichen Erforschung der Alpen. Der Genfer schrieb wichtige pflanzenanatomische Arbeiten, und er entwickelte verschiedene Instrumente, so den Hygrometer (Luftfeuchtigkeitsmesser).

7. Johann Heinrich Pestalozzi (1746–1827). Pädagoge und Sozialreformer

Pestalozzi veröffentlichte Schriften zu allen möglichen Themen, und oft reflektierte er die extremen politischen und gesellschaftlichen Umbrüche seiner Zeit. Sein pädagogisches Ziel war die ganzheitliche Volksbildung – daran arbeitete er sein Leben lang. Als 1798 mit dem Einmarsch der französischen Truppen die Alte Eidgenossenschaft zerbrach, stellte er sich in den Dienst der neuen Regierung und wurde mit der Leitung einer Anstalt für verwaiste Kinder in Stans betraut. Im Schloss Burgdorf konnte er später seine Ideen einer mit einem Lehrerseminar verbundenen Erziehungsanstalt verwirklichen. 1803 baute er in Yverdon ein Institut auf, das bald berühmt, aber 1825 durch Streitereien ruiniert wurde. Dank des Kinderdorfes Pestalozzi bleibt sein Name lebendig. Sein Zitat: «Das Leben bildet.»

8. Auguste-Henri Forel (1848–1931). Psychiater, Hirnforscher, Entomologe, Philosoph und Sozialreformer

Der in Yvorne geborene Forel war vielseitig: Er lieferte wertvolle Beiträge zum Hypnotismus, er war Vorkämpfer der Abstinenzbewegung, und er bemühte sich um die Reform des Strafrechts. Als Hirnforscher gelang ihm 1874 die erste vollständige Serie von 2000 mikroskopischen Schnittpräparaten des menschlichen Gehirns. Er entdeckte das Neuron und begründete damit die Neuronenlehre. Als Insektenforscher veröffentlichte er das von Charles Darwin gelobte Buch *Die Ameisen der Schweiz*. Forel gilt zudem als «Vater der Schweizer Psychiatrie», denn dank ihm wurde Psychiatrie als Pflichtfach ins Medizinstudium aufgenommen.

9. Ferdinand de Saussure (1857–1913). Sprachwissenschaftler

Der aus dem Kanton Waadt stammende de Saussure war Professor für Sanskrit und allgemeine Sprachwissenschaft an der Universität in Genf. Er war zudem Begründer des Strukturalismus und der modernen Linguistik. Er ging davon aus, dass die «Sprache ein präzis erfassbares, formal exakt darstellbares System von formalen Elementen ist». De Saussure zeigte erstmals auf, dass Sprache als soziales Verhalten von verschiedenen Gesichtspunkten her untersucht werden muss. Zitat: «Es ist oft leichter, eine Wahrheit zu entdecken, als ihr den gehörigen Platz anzuweisen.»

10. Carl Gustav Jung (1875–1961). Psychiater und Psychologe

Jung studierte in Basel Medizin, arbeitete im «Burghölzli», der psychiatrischen Klinik in Zürich, er engagierte sich in der Bewegung von Sigmund Freud, trennte sich aber von ihr wegen theoretischer Differenzen. So begann er die Analytische Psychologie zu entwickeln. Seither gilt er als deren Begründer. In der analytischen Psychologie heisst das Konzept der Archetypen kollektives Unbewusstes. Bei seinen Forschungen zur Traumdeutung gelangte Jung zur Erkenntnis, dass das Unbewusste als schöpferische Kraft der Seele wirkt. Mit Hilfe unserer Träume können archetypische Symbole ins Bewusstsein geholt werden. C.G. Jung gilt als einer der grossen Denker des 20. Jahrhunderts. Zitat: «Alles, was ich geistig geschaffen habe, kommt aus den Initialimaginationen und -träumen.»

Quellen: Verschiedene

Die 21 Schweizer Nobelpreisträger

Die Nobelpreise werden auch an Organisationen vergeben. So erhielt das IKRK, das Internationale Komitee vom Roten Kreuz in Genf, gleich dreimal den Nobelpreis: 1917, 1944 und 1963 (Stand Ende 2011).

Jahr | Name | Sparte

1. 1901 | Jean Henri Dunant | Friedensnobelpreis
Dunant, Begründer der Internationalen Rotkreuz- und Rothalbmond-Bewegung, erhielt den Preis für seine Lebensleistung (zusammen mit dem französischen Pazifisten Frédéric Passy).

2./3. 1902 | Elie Ducommun und Charles Albert Gobat | Friedensnobelpreis
Ducommun, Journalist, Geschäftsmann und Politiker, erhielt den Preis für seine Arbeit als Generalsekretär des Friedensbüros. Gobat wurde geehrt für seine Tätigkeit in der Interparlamentarischen Union.

4. 1909 | Emil Theodor Kocher | Medizin
Auszeichnung für «seine Arbeit über die Physiologie, Pathologie und Chirurgie der Schilddrüse».

5. 1913 | Alfred Werner | Chemie
Erhielt den Nobelpreis «auf Grund seiner Arbeiten über die Bindungsverhältnisse der Atome im Molekül, wodurch er ältere Forschungsgebiete geklärt und neue erschlossen hat, besonders im Bereich der anorganischen Chemie».

6. 1919 | Carl Spitteler | Literatur
Auszeichnung «im besonderen Hinblick auf sein mächtiges Epos *Olympischer Frühling*».

7. 1920 | Charles E. Guillaume | Physik
Ehrung für «Anerkennung seiner Verdienste auf dem Gebiet der Präzisionsmessung in der Physik und für seine Entdeckung der Eigenheiten der Stahl-/Nickelverbindung».

8. 1937 | Paul Karrer | Chemie
Auszeichnung für seine Forschungen über den Aufbau der Carotinoide, der Flavine und der Vitamine A und B.

9. 1939 | Leopold Ruzicka | Chemie
Nobelpreis für seine Arbeiten über Polymethylene und höhere Terpenverbindungen.

10. 1948 | Paul H. Müller | Medizin
Der Chemiker erhielt den Nobelpreis für «die Entdeckung der starken Wirkung von DDT als Kontaktgift gegen mehrere Arthropoden».

11. 1949 | Walter Rudolf Hess | Medizin
Auszeichnung für die «Entdeckung der funktionalen Organisation des Zwischenhirns für die Koordination der Tätigkeit von inneren Organen».

12. 1950 | Tadeus Reichstein | Medizin
Tadeus Reichstein isolierte die Hormone der Nebennierenrinde, klärte unter anderem die chemische Struktur des lebenswichtigen Aldosterons auf und erkannte die Wirksamkeit des Cortisons zur Behandlung rheumatischer Krankheiten.

13. 1952 | Felix Bloch | Physik
Entdeckte die Kernspinresonanz.

14. 1975 | Vladimir Prelog | Chemie
Ehrung für seine Arbeiten über die Stereoisomerie von organischen Molekülen.

15. 1978 | Werner Arber | Medizin
Auszeichnung für «die Entdeckung der Restriktionsenzyme und ihre Anwendung in der Molekulargenetik».

16. 1986 | Heinrich Rohrer | Physik
Auszeichnung für die Entwicklung des Rastertunnelmikroskops.

17. 1987 | Karl Alexander Müller | Physik
Preis für die «bahnbrechende Entdeckung von Supraleitung in keramischen Materialien».

18. 1991 | Richard Ernst | Chemie
Nobelpreis für seine bahnbrechenden Beiträge zur Entwicklung der hochauflösenden magnetischen Kernresonanz-Spektroskopie (NMR).

19. 1992 | Edmond H. Fischer | Medizin
Nobelpreis für die «Entdeckung der Mechanismen, welche die Stoffwechselvorgänge in Organismen steuern».

20. 1996 | Rolf M. Zinkernagel | Medizin

Auszeichnung für seine Entdeckung, «wie das Immunsystem virusinfizierte Zellen erkennt».

21. 2002 | Kurt Wüthrich | Chemie

Preis für seine Arbeiten zur Strukturaufklärung von Proteinen mittels kernmagnetischer Resonanzspektroskopie.

(Die Auflistungen schweizerischer Nobelpreisträger variieren je nach Interpretation des Schweizer Bürgerrechts. Bei grosszügiger Interpretation kommt man auf bis zu 27 Preisträger.)

Quellen: www.nobelprize.org · www.swissinfo.ch · www.switzerland.org · www.muellerscience.com · Verschiedene

Die 10 kantonalen Universitäten

1. Universität Basel: 1460   > www.unibas.ch
2. Université de Genève: 1559 Académie de Genève, seit 1873 Status einer Universität   > www.unige.ch
3. Université de Lausanne in Lausanne: 1537 Académie de Lausanne, ab 1890 Status einer Universität   > www.unil.ch
4. Universität Luzern: 1600 Theologische Fakultät   > www.unilu.ch
5. Universität Zürich: 1833   > www.uzh.ch
6. Universität Bern: 1834   > www.unibe.ch
7. Université de Neuchâtel: 1838, seit 1909 Status Universität > www.unine.ch
8. Universität Freiburg / Université de Fribourg: 1889   > www.unifr.ch
9. Universität St. Gallen (HSG): 1898 als Handelsakademie, ab 1911 als Handels-Hochschule   > www.unisg.ch
10. Università della Svizzera italiana (USI / SUP), Lugano / Mendrisio: 1996. www.usi.ch

Quellen: Einzelne Websites

13. RELIGION

11 aussergewöhnliche Gotteshäuser

Gotteshäuser, also Kapellen, Kirchen, Klöster, Moscheen, Synagogen, dienen im weitesten Sinn religiösen Zwecken. Wir stellen in alphabetischer Reihenfolge elf bemerkenswerte Orte vor.

1. Abteikirche von Romainmôtier (VD)

Das im 5. Jahrhundert gegründete Kloster Romainmôtier gilt als das älteste Kloster in der Schweiz. Schon hundert Jahre später wurde es von den Alemannen zerstört. Auf den Ruinen liess Abt Odilo von Cluny zwischen 990 und 1030 die neue romanische Kirche erbauen. Sie gehört zu den ältesten romanischen Bauten unseres Landes und beherbergt in ihrem Innern eine frühe Form der Kanzel aus dem 8. Jahrhundert.

2. Beinhäuser in Leuk und Naters (VS)

Das 1496 erbaute, wohl schon früher existierende Beinhaus von Leuk steht in seiner jetzigen Form seit den 1980er Jahren. An der 20 Meter langen Wand der Kapelle mitten im Dorf stapeln sich unzählige Schädel, im Zentrum hängt Christus am Kreuz. Ebenso zu besichtigen: zwei Totentanzbilder von nationaler Bedeutung. Ein weiteres ähnliches Beinhaus steht in Naters.

3. Elisabethenkirche in Basel (BS)

Die 1865 eröffnete, unter eidgenössischem Denkmalschutz stehende Elisabethenkirche ist die bedeutendste neugotische Kirche der Schweiz. Seit 1994 heisst sie Offene Kirche Elisabethen und ist damit auch die erste City-Kirche des Landes. Darunter versteht man auch werktags geöffnete und allen Menschen zugängliche Orte für Stille und Ruhe, aber auch für Feste und Lebensfreude. > www.offenekirche.ch

4. Kathedrale St. Maria Himmelfahrt in Chur (GR)

Die Diözese Chur entstand im 4. Jahrhundert und ist eines der ältesten Bistümer nördlich der Alpen. Die Kathedrale wurde 1150 bis 1272 als spätromanische Pfeilerbasilika erbaut und hat als einzige frühmittelalterliche Bischofskirche der Schweiz am selben Standort ihren Rang bis in die Gegenwart bewahrt.
> www.bistum-chur.ch

5. Kirche St. Martin in Zillis (GR)

Die auf die Römerzeit zurückgehende Kirche St. Martin wurde anno 831 erstmals urkundlich erwähnt. Anfang des 12. Jahrhunderts entstand ein neuer Bau mit einer bemalten Decke: 153 einmalige hölzerne Bildtafeln

schmücken sie. Das aus der romanischen Epoche stammende Kunstwerk ist die älteste vollständig bemalte Holzdecke des Abendlandes und weltweit das einzige Werk dieser Art, das nahezu vollständig erhalten geblieben ist.
> www.zillis-st-martin.ch

6. Kirche St. Peter in Zürich (ZH)

Die Stadtkirche des alten Zürich geht auf das 9. Jahrhundert zurück und ist seitdem mehrere Male erneuert worden. Der Turm kam im 13. Jahrhundert dazu. Der spätgotische oberste Teil erhielt 1538 die von Hans Luterer gebaute Uhr mit dem grössten Zifferblatt Europas. Der Durchmesser der Uhr beträgt 8,64 Meter. > www.st-peter-zh.ch

7. Kloster St. Johann in Müstair (GR)

Das Benediktinerinnenkloster nahe der italienischen Grenze ist die einzige noch intakte karolingische Klosteranlage der Welt. Die Klosterkirche aus dem 9. Jahrhundert birgt den weltweit umfangreichsten und besterhaltenen frühmittelalterlichen Freskenzyklus. Um 950 entstand der Plantaturm, der als ältestes noch bestehendes Profangebäude des Alpenraumes gilt. Das auf Karl den Grossen zurückgehende Kloster ist seit 1983 Unesco-Weltkulturerbe. > www.muestair.ch

8. Mahmud-Moschee in Zürich (ZH)

Der Islam kam nach dem Zweiten Weltkrieg durch die Ahmadiyya-Bewegung in die Schweiz. Der Missionar Sheikh Nasir Ahmad bereitete den Weg für die erste Moschee der Schweiz. Die feierliche Eröffnung fand 1963 statt.
> www.ahmadiyya.ch/mahmud_moschee.htm

9. Reformierte Kirche Obermutten (GR)

Die reformierte Kirche von Obermutten ist das einzige Gotteshaus der Schweiz, das ganz aus Holz gefertigt ist. Die Lärchen aus den umliegenden Wäldern lieferten das Material für das kleine, schlichte und wunderschöne Gotteshaus. Eine Holztafel über dem Eingang besagt, dass die Kirche 1718 erbaut wurde. Im unprätentiösen Innern steht, leicht erhöht auf der Chorempore, eine museumswürdige Toggenburger Hausorgel von 1807.

10. St.-Jakobs-Kapelle in Flums (SG)

Die Kapelle ist aussen wie innen von bescheidener Schönheit. Gotische Fresken schmücken das Altarhaus, berühmt ist das Rundbogenfenster, das eine Kopie der Madonna von Flums zeigt. Es stammt aus dem 12. Jahrhundert und ist das älteste Glasgemälde der Schweiz. Das Original wird seit 1889 im Landesmuseum in Zürich aufbewahrt.

11. Synagoge in Lengnau (AG)

In den Dörfern Endingen und Lengnau gab es zwischen dem 17. und dem 19. Jahrhundert die einzigen ländlichen jüdischen Gemeinden der (heutigen) Schweiz. Die Gottesdienste hielt man zuerst in Betsälen ab. Doch 1750 konnte die erste Synagoge der Schweiz eingeweiht werden. 1846–1849 wurde sie durch einen Neubau ersetzt.

Quellen: Einzelne Websites · Schweiz Tourismus · Gesellschaft für Schweiz. Kunstgeschichte · Wikipedia ·HB · Verschiedene

10 berühmte Heilige

«Kathpedia», die freie katholische Enzyklopädie, führt knapp 30 «Schweizer» auf, die heiliggesprochen worden sind. Hier 10 Berühmtheiten in chronologischer Reihenfolge.

1. Beatus (Geburtsjahr unbekannt, gest. um 112)

Beatus ist der legendäre erste Missionar der Schweiz. Er stammte aus England; Petrus soll ihm in Rom die Priesterweihe erteilt und ihn beauftragt haben, den Helvetiern das Evangelium zu verkünden. Am Thunersee bekämpfte er nach der Legende erfolgreich einen Drachen. Danach lebte er in der Höhle des Untiers und starb angeblich 100-jährig. Seit dem 12. Jahrhundert wird Beatus als erster Glaubensbote der Schweiz verehrt. Seine Höhle beim Beatenberg ist seit dem 13. Jahrhundert ein Wallfahrtsort.

2. Verena (um 300–344)

Verena entstammte einem alten Geschlecht aus Theben, sie wurde von Bischof Chaeremon getauft. Später lebte sie als Einsiedlerin in einer kleinen Zelle mitten in der Wildnis bei Solothurn. Wegen ihrer heilenden Kräfte wurde sie vom Volk schon früh als Heilige betrachtet, und sie gehört zu den meistverehrten Heiligen der Schweiz. Die Einsiedelei Sankt Verena in der Verenaschlucht bei Solothurn ist ein Wallfahrtsort.

3. Theodul oder Theodor (Geburtsjahr unbekannt, gest. um 400)

Drei gleichnamige Bischöfe von Sion werden gemeinsam kultisch verehrt, ohne dass man genau weiss, welcher eigentlich gemeint ist. Jedenfalls ist er Landespatron des Kantons Wallis. Nach ihm sind der Theodulpass und der Theodulgletscher benannt.

4. Gallus (um 550–640)

Ob der Wandermönch Gallus aus Irland oder Frankreich (Vogesen) stammt, ist umstritten. Die ersten Versuche des «Apostels Alemanniens», die Schweiz zu missionieren, scheiterten. Um 612 errichtete er im Urwald an der Steinach eine Einsiedlerklause. Dort wurde ab 719 das Benediktinerkloster St. Gallen erbaut. Daraus entwickelte sich die Stadt St. Gallen, deren Patron der Heilige heute ist.

5. Meinrad (797–861)

Meinrad kam als Fünfjähriger ins Kloster auf die Bodenseeinsel Reichenau, wo er zum Priester geweiht wurde. So viele Menschen suchten ihn dort auf, dass es ihm zu viel wurde. 835 zog er sich in den «Finsteren Wald» zurück und lebte als Einsiedler, 861 wurde er von Räubern erschlagen. Am Ort seiner Klause entstand später das Benediktinerkloster Einsiedeln.

6. Adalgott (Geburtsjahr unbekannt, † um 1160)

Adalgott – althochdeutsch: «durch Gott geadelt» – war Zisterziensermönch des Klosters Clairvaux, 1151 wurde er Bischof von Chur. Er sorgte in seiner kurzen Amtszeit für ein geordnetes Bistum, und er veranlasste den Bau der Kathedrale in Chur.

7. Niklaus von Flüe (1417–1487)

Niklaus war Bauer, Familienvater und angesehener Ratsherr, doch 1467 verliess er seine Familie und hauste als Einsiedler auf dem Flüeli bei der Ranftschlucht nahe von Sachseln (OW). Als Bruder Klaus habe er 20 Jahre ohne Speis und Trank und allein von der heiligen Kommunion gelebt, so heisst es. 1481 vermittelte er auf der Tagsatzung in Stans den Frieden zwischen den Eidgenossen und rettete so die Schweiz vor dem Zerfall. Bruder Klaus gilt seither als Schweizer Landespatron.

8. Franz von Sales (1567–1622)

Der adlige Heilige war Ordensgründer, Mystiker und Kirchenlehrer. 1602 bis 1622 leitete Franz das Bistum Genf, doch da die Stadt unter der Herrschaft Calvins stand, residierte er in Annecy. Bereits zu Lebzeiten genoss der Patron der Stadt Genf grosse Verehrung.

9. Theodosius (Anton Crispin) Florentini (1808–1865)

Der Kapuzinerpater war ein umtriebiger Sozialreformer. Er war Dompfarrer in Chur, Mitbegründer der Ordensgemeinschaft der Barmherzigen Schwestern vom Heiligen Kreuz, er initiierte zudem das Kreuzspital in Chur, ein Waisenhaus in Paspels, eine Industrieschule und ein Gymnasium in Schwyz, eine Baumwollfabrik und eine Buchdruckerei in Ingenbohl.

10. Maria Bernarda Bütler (1848–1924)

Maria wurde 1880 zur Oberin des Kapuzinerklosters Maria Hilf gewählt. Doch sie fühlte sich berufen, auf einem anderen Kontinent zu missionieren. 1888 wanderte sie mit einigen Schwestern nach Südamerika aus. In Ecuador gründete sie die Kongregation der «Franziskaner-Missionsschwestern von Maria Hilf».

Quellen: Heiligenlexikon · Kathpedia · Verschiedene

5 wundersame Quellen und Brunnen

Quellen und Brunnen wurden von unseren Vorfahren oft mit sagenhaften Geschichten verbunden. 5 Beispiele, alphabetisch.

1. Drei-Schwestern-Brunnen. Rigi-Kaltbad (LU)

Hinter Kaltbad steht ein Felsentor mit einer Hinweistafel «Das kalte Bad auf der Rigi 1540». Eine Legende erzählt, dass auf den Gräbern von drei Schwestern, die in ihrem Leben nur Gutes getan hatten, drei helle Lichter leuchteten. Deshalb erbaute man dort eine kleine Kapelle, neben der bald eine heilende Quelle aus dem Boden sprudelte. Dies sprach sich herum, und so entwickelte sich Rigi-Kaltbad zu einem Wallfahrtsort. Seit 2012 gibt es mit dem Rigi-Kaltbad ein neues, von Mario Botta gestaltetes Mineralbad.

2. Glasbrunnen. Bremgartenwald (BE)

Aus dem Maul einer archaischen Steinfratze fliesst Wasser in einen einfachen Brunnentrog. Dieser Brunnen am Glasbach wurde bereits im Mittelalter erwähnt. Manchmal erscheine hier noch heute eine wunderschöne Frau, die hundert Kinder hinterlassen habe. Deshalb schwören viele Berner auf die geheimnisvollen Kräfte des Wassers und füllen vor Ort ihre mitgebrachten Flaschen ab. > www.glasbrunnen.ch

3. Gerberbrunnen. Basel

In der Nische Ecke Gerbergasse/Gerbergässlein plätschert das Wasser des Gerberbrunnens. Eine Inschrift erinnert an die Sage aus bösen Zeiten: «In dieses Brunnens dunklem Grund, haust' einst – die Sage tut's uns kund – der Basilisk, ein Untier wild…» Das Fabelwesen war gefürchtet wegen seines tödlichen Blicks. Den Basilisken muss man nicht mehr fürchten, das Wasser jedoch schon: es ist nicht trinkbar.

4. Gnadenbrünneli. Werthenstein (LU)

Auf dem Weg von Werthenstein zur Wallfahrtskirche des gleichnamigen Franziskanerklosters liegt in einer Grotte das «Gnadenbrünneli». Hier kann man sich vor dem Aufstieg die Lippen netzen. Der 1636 erstmals erwähnte Brunnen ist auch heute weitum bekannt, seinem Quellwasser spricht man weiterhin heilende Kräfte zu.

5. Madonna della Fontana. Ascona (TI)

Anno 1428 war die Gegend um Ascona von einer Dürre betroffen. Als ein Mädchen in der Not die Mutter Gottes um Hilfe anrief, sei die Angerufene erschienen, und an der Stelle, wo bereits eine Votivkapelle stand, sprudelte plötzlich Quellwasser aus der Erde. Fortan pilgerten viele Menschen zur Madonna und schöpften sich aus der Quellfassung vom wundersamen Wasser. Die Gnadenstätte besteht noch heute hinter dem Villenhügel des Monte Verità.

> Buchtipp: Kurt Derungs, Magische Quellen – Heiliges Wasser, Edition Amalia, 2009
Quellen: Einzelne Websites · Kurt Derungs, Magische Quellen - Heiliges Wasser, Edition Amalia, 2009 · Verschiedene

Die 8 grössten Religionsgemeinschaften

Gemäss der Volkszählung 2000 leben über 300 000 Muslime im Land, das sind mehr als doppelt so viel wie 1990. Die Zahl der Konfessionslosen ist rapid angestiegen, von 1, 1% im Jahr 1970 auf 7,4% im Jahr 1990 und auf über 11% im Jahr 2002.

Religion	Anteil in %
1. Römisch-katholisch	41,8%
2. Protestantisch (davon freie evangelische 35,3% und verwandte Kirchen)	
3. Muslime	4,3%
4. Orthodoxe Christen	1,8%
5. Andere Christen	0,4%
5. Hindus	0,4%
7. Buddhisten	0,3%
8. Juden	0, 2%
Andere	0, 1%
Konfessionslose	11, 1%

Quellen: www.swissworld.org · Bundesamt für Statistik BFS), 2002

5 einflussreiche Theologen

Der Begriff Theologe bezeichnet einen «Gottesgelehrten»: jemanden, der Theologie studiert hat, also die systematische Auslegung und Erforschung einer Religion. Chronologische Reihenfolge.

1. Huldrych Zwingli (1484–1531)

Der in Wildhaus (SG) geborene Zwingli, der die Bibel ins Schweizerdeutsche übersetzte, löste mit seiner Predigttätigkeit die Reformation in der Schweiz aus. Sein Wirken als Zürcher Reformator beeinflusste in der Folge die kirchen-politischen Verhältnisse in anderen Gebieten der Eidgenossenschaft. Zwingli war neben Calvin der wichtigste Reformator der Schweiz.   > www.zwingli.ch

2. Johannes Calvin (1509–1564)

Calvin war zwar Franzose, doch in Genf half er beim Aufbau der protestanti-schen Gemeinde. Später übernahm er die Leitung der Reformbewegung, die sich über die ganze Welt verbreitete. 1559 erhielt er die Genfer Bürgerrechte. Calvin gilt als der für die reformierten Kirchen wichtigste Reformator.
> www.calvin-institutio.de

3. Johann Caspar Lavater (1741–1801)

Der in Zürich geborene Lavater war Pfarrer, dazu Philosoph und Schriftstel-ler. Berühmt wurde er mit seiner Theorie der Physiognomik, mit der verschie-dene Charaktere anhand der Gesichtszüge und Körperformen zu erkennen seien. Laut Lavater setzt sich das menschliche Wesen aus «Kraft» (Physiologie), «Verstand» (Intellekt) und «Herz» (Moral) zusammen.

4. Karl Barth (1886–1968)

Der Basler unterrichtete nach zehnjährigem Pfarramt 1921 bis 1935 als Theo-logieprofessor an drei deutschen Universitäten, bevor er von den Nationalso-zialisten vertrieben wurde. In der Nachkriegszeit warb er für eine christliche Solidarität mit den besiegten Deutschen. Barth ist der bedeutendste protes-tantische Theologe des 20. Jahrhunderts. Sein Werk ist gewaltig und umfasst knapp 600 zu seinen Lebzeiten gedruckte Schriften sowie einen riesigen Nachlass.   > www.karlbarth.unibas.ch

5. Hans Küng (geb. 1928)

Der emeritierte Professor für Dogmatik und Ökumenische Theologie war offizieller Berater des Zweiten Vatikanischen Konzils, das er in dieser Rolle mitprägte. 1970 stellte der aus Sursee (LU) stammende Küng die Unfehlbarkeit des Papstes in Frage, 1980 wurde ihm die kirchliche Lehrerlaubnis (Missio canonica) entzogen. Seit 1995 ist der wohl prominenteste Papst-Kritiker Präsident der Stiftung Weltethos. >www.weltethos.org

Quellen: Einzelne Websites · www.reformiert-online.net · www.zwingli.ch · www.kathpedia.com · Wikipedia · www.merke.ch · www.theology.de · Verschiedene

14. PANORAMA

Die 10 schrecklichsten Amokläufe

Die Schweiz ist ein vergleichsweise friedliches Land. Doch manchmal sorgen auch hierzulande Schreckensmeldungen von Menschen, die nicht mehr bei Sinnen sind, für Schlagzeilen, wie die Beispiele zwischen 1986 und 2004 zeigen.

1. 1986. 16. April:
Günther Tschanun, der Chef der Baupolizei der Stadt Zürich, erschiesst nach Spannungen an seinem Arbeitsplatz im Zürcher Hochbauamt vier Kollegen und verletzt einen fünften schwer.

2. 1990. 31. August:
Der in Geldnöten steckende Zürcher Bijoutier Richard Breitler erschiesst in Zürich und Rickenbach (TG) fünf Menschen, darunter seine Frau und beide Kinder; dazu verletzt er vier weitere Personen, bevor er sich selbst umbringt.

3. 1992. 4. März:
Ein Italiener erschiesst in Rivera (TI) mit einem Kalaschnikow-Halbautomaten sechs Bekannte und erhängt sich fünf Tage später in der Gefängniszelle.

4. 1993. 27. Februar:
Im Berner Murifeld erschiesst ein 53-Jähriger in einer Bäckerei seinen Bruder (den Besitzer der Bäckerei), dessen Ehefrau und einen Mitarbeiter. Danach begeht er Selbstmord. Der Besitzer wollte offenbar seinen Bruder entlassen.

5. 1993. 2. April:
Ein 54-jähriger Angestellter der Berner Bedag Informatik läuft am Arbeitsplatz Amok und tötet zwei Menschen, bevor er sich selber umbringt.

6. 1994. 28. November:
Beim Installationsunternehmen Sanitas Troesch in St. Gallen erschiesst ein Angestellter nach einem Konflikt mit seinen Vorgesetzten einen Kollegen und verletzt vier weitere.

7. 2001. 27. September:
Der 57-jährige Friedrich Leibacher erschiesst aus Wut auf die Behörden im Zuger Kantonsparlament 14 Menschen mit einem Sturmgewehr und einer Repetier-Schrotflinte, danach richtet er sich selbst.

8. 2002. 6. September:
In Obfelden (ZH) schlägt ein 32-jähriger unter Drogen stehender Filipino mit einem Metallrohr wahllos auf Passanten ein. 15 Menschen werden zum Teil schwer verletzt.

9. 2004. 29. März:
Ein 43-jähriger Landwirt erschiesst in Escholzmatt (LU) seine Frau, seinen Bruder, dessen Gattin und den Sozialvorsteher. Dann richtet er sich selbst. Hintergrund der Tat sollen schwere familiäre Probleme gewesen sein.

10. 2004. 5. Juli:
Ein 56-jähriger Kadermann der Zürcher Kantonalbank (ZKB) erschiesst nach einem Konflikt am Arbeitsplatz in Zürich zwei Vorgesetzte, danach bringt er sich selber um.

Quellen: sda · www.swissinfo.ch · Verschiedene

Die 5 häufigsten Diebstahlsformen

Delikt	Anzahl pro Jahr
1. Allgemeiner Diebstahl	59 681
2. Einbruchdiebstahl	51 758
3. Taschendiebstahl	17 318
4. Ladendiebstahl	16 999
5. Fahrzeugeinbruchdiebstahl	15 062

Quelle: PKS / Bundesamt für Statistik (BFS), 2009

Die 10 opferreichsten Feuersbrünste zwischen 2000 und 2010

Jährlich ereignen sich in Häusern und Wohnungen über 20 000 Brände. Dabei sterben bis zu 40 Menschen. Die Gesamtsumme der Brandschäden beläuft sich auf ca. 600 Mio. Franken. Etwa jeder dritte Brand ist auf fahrlässiges Verhalten zurückzuführen.

1. 24. Oktober 2001:
Eine Brandkatastrophe im Gotthardtunnel forderte elf Tote. Das Feuer war beim Zusammenstoss zweier Camions ausgebrochen.

2. 19. Januar 2004:
Bei einem Hotelbrand auf Melchsee-Frutt (OW) kamen zwei Frauen ums Leben. Möglicherweise war das Feuer durch Brandstiftung entstanden.

3. 27. November 2004:
In Gretzenbach (SO) starben sieben Feuerwehrleute, als bei einem Brand das Dach einer Tiefgarage einstürzte.

4. 30. März 2005:
Bei einem Wohnungsbrand in Beinwil am See (AG) starben drei Personen.

5. 12. Dezember 2005:
Beim Brand eines umgebauten Bauernhauses kamen in Kallnach (BE) eine Frau und zwei ihrer drei Kinder ums Leben. Vermutlich verursachte eine brennende Kerze das Feuer.

6. 15. November 2007:
Bei einem Grossbrand im Zürcher Zunfthaus zur Zimmerleuten wurde ein Feuerwehrmann tödlich verletzt.

7. 24. Dezember 2007:
Bei einem Brand in einem Mehrfamilienhaus in Binningen (BL) kam ein Kind ums Leben, 16 Personen wurden verletzt, darunter sechs weitere Kinder und ein Feuerwehrmann.

8. 22. Januar 2008:
In Splügen (GR) starben bei einem Hausbrand zwei Frauen.

9. 15. November 2008:
Beim Brand in einem Nachtlokal in Augst (BL) kamen drei Menschen ums
Leben, mehrere Personen wurden verletzt. Der Brandstifter wurde 2011 wegen
Mordes zu einer lebenslänglichen Freiheitsstrafe verurteilt.

10. 25. Mai 2009:
Auf dem Campingplatz am Türlersee (ZH) explodierten Gasflaschen wegen
einer undichten Stelle an einer Flüssiggasanlage. 17 Personen wurden verletzt.

Quellen: *20 minuten*, 19.2.2010 · Verschiedene

Die 10 erotischsten Frauen der Schweiz

**Linda Gwerder präsentierte 2009 / 10 auf dem TV-Sender 3+
die Sendung «Die 10»: aufregende Persönlichkeiten und
spektakuläre Ereignisse. Vor jeder Show wählen die
Zuschauer im Internet aus den Nominierten ihre Top
10 aus. Hier die zum Schmunzeln anregende Hitparade der
10 Frauen, bei denen die Männer reihenweise dahin-
schmelzen – zumindest jene, die bei der 3+-Wahl mitmachten.**

1. Xenia Tchoumitcheva (geb. 1987)
Die schöne und clevere Schweizerin mit russischen Wurzeln war 2006 Vize-
Miss-Schweiz. Sie arbeitet erfolgreich als Model. > www.xeniatchoumitcheva.ch

2. Michelle Hunziker (geb. 1977)
Bereits 1995 erkor die italienische Presse Michelles Hintern zum schönsten
Italiens. Das Multitalent arbeitet als Moderatorin, Schauspielerin, Sängerin
und Model. > www.michellehunziker.it

3. Laurianne Gilliéron (geb. 1984)
Die Miss Schweiz 2005 wurde bei der Miss-Universe-Wahl 2006 Dritte – das
beste Resultat, das die Schweiz je erzielte. In ihrer Wahlheimat Los Angeles
hofft sie auf ihren Durchbruch als Schauspielerin. > www.lauriane.ch

4. Melanie Winiger (geb. 1979)
Die exotische Schönheit wurde 1996 zur bisher jüngsten Miss Schweiz
gewählt. Heute ist sie als Model, Moderatorin und Schauspielerin tätig.
> www.melaniewiniger.com

5. Eva Camenzind/Nidecker (geb. 1980)

Die hübsche Baslerin arbeitete bei Radio und TV, dazu schreibt sie in verschiedenen Medien ihre Kolumnen. > www.evanidecker.ch

6. Maria Dolores Diéguez (geb. 1982)

Sie stand offen dazu, ihrer drallen Schönheit etwas nachgeholfen zu haben, deshalb landete sie 2003 bei der Miss-Schweiz-Wahl nur auf dem dritten Platz. > www.mariadolores.ch

7. Christina Surer (geb. 1974)

Christina Surer ist ebenso bekannt als Model wie als Moderatorin und vor allem als «erotischste Rennfahrerin der Welt». > www.christinasurer.com

8. Francine Jordi (geb. 1977)

Sie gewann 1998 den Grand Prix der Volksmusik, seit 2005 lässt sie vermehrt auch ihre weiblichen Reize sprechen. > www.francinejordi.ch

9. Susanne Wille (geb. 1974)

Die Moderatorin von «10 vor 10» schafft es mit ihren strahlenden Augen auch, Emotionen zu verbreiten.

10. Karin Lanz (geb. 1977)

Die Schauspielerin, Moderatorin und Ex-Miss-Schweiz-Kandidatin spielte im Bond-Film «Ein Quantum Trost» eine kleine Rolle. > www.karinlanz.com

Quelle: www.3plus.tv/die10

Die 7 beliebtesten Haustiere

1,38 Millionen Katzen und eine halbe Million Hunde leben gemäss hausinfo als Haustiere in der Schweiz. Die Fische werden nach Aquarien gezählt. Würde man jeden Fisch einzeln zählen, käme man auf stattliche 4,5 Millionen Aquariumbewohner. Gezählt wurde nach Anteil der Haushalte in Prozent.

1. Katzen	26 %
2. Hunde	13 %
3. Fische	7 %
4. Kaninchen	6 %
5. Vögel	4 %
6. Meerschweinchen	4 %
6. andere Nager (Hamster, Mäuse, Ratten, Rennmäuse)	ca. 4 %

Quelle: www.hausinfo.ch/home/de/wohnen/haustiere.html. Aktualisiert: 2011

Die 5 teuersten Haustiere

Gezählt wurden gemäss hausinfo die Kosten für Futter, Einstreumaterial, Hundeleinen und anderes Zubehör. Nicht einberechnet sind die Arztkosten.

1. Katzen	295 Millionen
2. Hunde	115 Millionen
3. Nager	70 Millionen
4. Vögel	50 Millionen
5. Fische	10 Millionen

Quelle: www.hausinfo.ch/home/de/wohnen/haustiere.html. Aktualisiert: 2011

Die 15 gefährlichsten Neben-beschäftigungen

Die bfu (Beratungsstelle für Unfallverhütung) setzt sich im öffentlichen Auftrag für die Sicherheit ein. Als Schweizer Kompetenzzentrum für Unfallprävention forscht sie auch im Bereich Haus und Freizeit. Aus dem nüchternen Statistik-Beschrieb: «In Haus und Freizeit verletzen sich jährlich rund 600 000 Personen, 1500 sterben; sie stürzen, verletzen sich mit Werkzeugen und Geräten, verbrennen sich oder ersticken.» (Verletzte in Haus und Freizeit, Durchschnitt 2004–2008.)

1. Umhergehen in Haus und Garten	177 780
2. Ausgehen	89 370
3. Anlässe, Spiele, Neckereien	81 190
4. Haushaltarbeiten, kleine Hantierungen	50 200
5. Eigene Körperpflege, Kinder- und Krankenpflege	21 550
6. Volksfeste, Versammlungen, Vergnügungspark	17 550
7. Gartenarbeiten	15 790
8. Mahlzeiten	14 610
9. Haustiere (nicht landwirtschaftliche Tierhaltung)	12 030
10. Berufsarbeiten und -ausbildung	9060
11. Botengänge, Besorgungen, Arztbesuch	8550
12. Bastelarbeiten	8270
13. Landwirtschaft, Wein- und Obstbau, Tierhaltung	5940
14. Holzaufbereitung und -transport	4990
15. Unterhaltsarbeiten (Bauten)	2400

Quelle: bfu - Beratungsstelle für Unfallverhütung. STATUS 2010

10 Dinge, die Schweizer 2003 bzw. 2009 besonders mit Glück erfüllten

Die zwei Umfragen zeigen, wie das Glücksempfinden innerhalb von sechs Jahren massiv ändern kann.

2003

1. Arbeit	18,5%
2. Familie	17.7%
3. Gesundheit	12,4%
4. Lebenssituation allgemein	11, 1%
5. Hobby	10,7%
6. Kollegen	7,7%
7. Kinder	7,6%
8. Partnerin	6,5%
9. Schule	5, 2%
10. Wetter	4,3%

am Schwanz:

Religion	0,3%
Wirtschaft	0, 2%

2009

1. Familie, Verwandte, Haustiere	22%
2. Hobby, Reisen, Ferien	21%
3. Wetter, Klima, Sommer	15%
3. Arbeit	15%
3. Gesundheit	15%
6. Kinder	13%
7. Leben, Lebenssituation insgesamt	12%
8. Freunde/Kollegen/Verein/Nachbarn	11%
9. Nichts	10%
10. Ehefrau/-mann, Partner(in)	10%

am Schwanz:

Schweiz, Landschaft, Berge	3%
Geld, Lohn	2%

Quelle: Repräsentative Umfrage, *Der Schweizerische Beobachter*, 12/09

Die 5 am meisten verwendeten Schimpfwörter und Flüche

Es gibt zwar keine Statistiken über Flüche und Schimpfwörter, doch eine Tendenz lässt sich schon ausmachen. Die beiden heute wohl global am meisten benutzten «sh …» und «f …» nehmen wir nicht in unsere Mini-Listen auf. Die Schreibweisen sind je nach Dialekt verschieden, hier folgt eine Kompromissvariante.

Flüche und Kraftausdrücke

1. «Gopferdeckel» / «gopferdelli» («gopf» ist eine verstümmelte Form von Gott verdammt, mit dem «deckel» soll der Fluch etwas abgeschwächt werden)
2. «Gopfridstutz»
3. «Heilige Stroosack» (Leck mich!)
4. «Himmelherrgottsakramänt»
5. «sternesiech» («Siech» geht auf krank zurück, hier wird gewissermassen das Universum beleidigt)

Schimpfwörter und Beleidigungen

1. «blöde Cheib» (blöder Kerl)
2. «Dubel» (Tölpel)
3. «dumme Siech» (ein «liebe Siech» wiederum wäre positiv gemeint)
4. «Laferi» (Dummschwätzer)
5. «Schofseggel» (Hodensack des Schafes, bedeutet: dummer Kerl, Idiot)

Quellen: Eigener Erfahrungsschatz · www.dialektwoerter.ch · *Schwiizertütsch,* Reise-Know-How-Verlag

Die 8 häufigsten Selbstmord-Methoden

Ausgewählte Suizidmethoden in der Schweiz, Durchschnittswerte 1969–2000.

1. Erhängen	25%
2. Erschiessen	24%
3. Vergiftung durch feste oder flüssige Substanzen	14%
4. Herunterstürzen	10%
5. Ertrinken	9%
6. Überfahrenlassen durch Zug	7%
7. Vergiftung durch Gase	6%
8. Schneiden, Stechen	2%

Quelle: Bundesamt für Statistik (BFS)

Die 10 beliebtesten Sex-Stellungen

Bei einer Online-Umfrage des Blick haben 15 876 Leserinnen und 17 492 Leser ihre persönlichen Vorlieben kundgetan. Hier das Resultat dieser Befragung. Sie erhebt keinen Anspruch auf Wissenschaftlichkeit, gibt aber doch einen intimen Einblick in die sexuellen Vorlieben von Frau und Herrn Schweizer.

Die 10 Favoriten der Frauen

1. Doggy Style	21,6%
2. Cowgirl	15%
3. Missionar	8,1%
4. Schmetterling	7,3%
5. Neunundsechzig	6,6%
6. Unzüchtige Hexe	6,4%
7. Hockstellung	4,8%
8. Klappmesser	4%
9. Busensex	3,9%
10. Löffelchen	3,8%

Die 10 Favoriten der Männer

1. Doggy Style	29 %
2. Cowgirl	13 %
3. Schmetterling	11 %
4. Neunundsechzig	8,5 %
5. Unzüchtige Hexe	7,2 %
6. Klappmesser	5 %
7. Missionar	4,3 %
8. Hockstellung	3,3 %
9. Busensex	3,1 %
10. Löffelchen	2,7 %

Quelle: *Blick*, 29.8./2. 9. 2008 (Online-Umfrage)

Die 6 «kriminellsten» Städte

**«Kriminell» meint hier nicht automatisch «gefährlich».
Gerechnet wurden alle Arten von Straftaten (2010). Generell
lässt sich sagen: Einbrüche, Gewalt und Drohungen haben
seit 2004 zugenommen. Das Niveau der Kriminalität in der
Schweiz hat sich weitgehend den Verhältnissen im übrigen
Europa angeglichen.**

Stadt	Einwohnerzahl	Straftaten	Delikte pro 1000 Einwohner
1. Genf	185 958	33 371	179,5
2. Bern	123 466	18 426	149,2
3. Lausanne	125 885	18 477	146,8
4. Zürich	368 677	51 080	138,5
5. Basel	187 898	19 812	105,4
6. Winterthur	99 377	8328	83,8

Quellen: Bundesamt für Statistik (BFS)· tagesschau.sf.tv/Nachrichten · Agenturen

Die 10 häufigsten Straftaten

Zahlen gemäss Strafgesetzbuch, 2009.

1. Diebstahl ohne Fahrzeuge	190 833
2. Sachbeschädigung ohne Diebstahl	64 508
3. Fahrzeugdiebstahl, inkl. SVG*-Entwendungen	56 793
4. Drohung	11 686
5. Ehre-, Geheim-, Privatbereich (Total)	11 035
6. Einfache Körperverletzung	9787
7. Betrug	7821
8. Hausfriedensbruch ohne Diebstahl	4572
9. Raub	3530
10. Gewalt und Drohung gegen Beamte	2350

* SVG = Strassenverkehrsgesetz

Quelle: Bundesamt für Statistik (BFS) / PKS

Die 5 häufigsten Straftaten im Bereich häusliche Gewalt

Zahlen gemäss Strafgesetzbuch, 2009.

1. Drohung	4330
2. Tätlichkeiten	3486
3. Einfache Körperverletzung	2385
4. Beschimpfung	1617
5. Tätlichkeiten wiederholt	1466

Quelle: Bundesamt für Statistik (BFS) / PKS

Die 5 häufigsten Straftaten gegen die sexuelle Integrität

Zahlen gemäss Strafgesetzbuch, 2009.

1. Sexuelle Handlungen mit Kindern   1526
2. Sexuelle Belästigung   1208
3. Pornographie   1080
4. Vergewaltigung   666
5. Sexuelle Nötigung   617

Quelle: Bundesamt für Statistik (BFS) / PKS

10 Verbrechen, welche die Schweiz erschütterten

In der Schweiz gab es in den letzten fünf Jahren durchschnittlich 90 Tötungsdelikte pro Jahr. Doch Zahlen können relativ sein, denn grausige oder perfide Morde sorgen immer für Schlagzeilen und erregen die Gemüter. Chronologie zehn schlimmer Verbrechen.

1. 1976. Mord bei Seewen
Der Polizei bot sich an jenem Pfingstsamstag, dem 6. Juni, ein schreckliches Bild: fünf Leichen, die bei Seewen (SO) aus nächster Nähe mit Kopfschüssen getötet worden waren. Der Mordfall Seewen gilt als grösstes ungeklärtes Verbrechen der Schweizer Kriminalgeschichte.

2. 1980–89. Der Kindsmörder
Bereits 1971 hatte Werner Ferrari einen Jungen getötet. Er wurde zu zwölf Jahren Zuchthaus verurteilt, kam nach acht Jahren frei und wurde rückfällig. Zwischen 1980 und 1989 entführte, missbrauchte und tötete er fünf weitere Kinder – einen der Morde bestritt er allerdings konsequent.

3. 1981–87. Der «Sadist von Romont»
Die Medien bezeichneten Michel Peiry als den «Sadisten von Romont». In sechs Jahren hatte er mindestens fünf Jugendliche getötet und weitere gefoltert. Sein Antrag auf vorzeitige Entlassung wurde von der zuständigen Behörde des Kantons Wallis abgelehnt.

4. 1982. Mord am Zollikerberg

1982 hatte Erich Hauert bei einem Vergewaltigungsversuch eine Studentin erstochen. Im folgenden Jahr vergewaltigte und erdrosselte er eine 72-jährige Frau. Bei einem Postüberfall wurde er verhaftet und zu lebenslänglicher Haft verurteilt. Während eines Hafturlaubs 1993 tötete Hauert die 20-jährige Pasquale Brumann auf dem Zollikerberg bei Zürich und verscharrte die Leiche im Wald. Er erhielt erneut lebenslänglich und Verwahrung.

5. 1985. Der Fall Zwahlen

Am 1. August 1985 wurde in Kehrsatz (BE) die Leiche von Christine Zwahlen in der Tiefkühltruhe ihres Hauses entdeckt. Sie war mit einem Schraubenschlüssel erschlagen worden. Im Indizienprozess verurteilte man ihren Ehemann Bruno wegen Mordes. Vier Jahre später sprach das Gericht im Revisionsprozess Zwahlen in dubio pro reo frei.

6. 1991. Der Elternmord von Wohlen (AG)

1991 wurde das Ehepaar Breitschmid in seiner Villa mit Kopfschüssen getötet. Es kam zu einem Indizienprozess, bei dem der Adoptivsohn Romano, sein Bühnenpartner und dessen Bruder schuldig gesprochen wurden. Die drei zogen das Urteil ans Obergericht weiter. Schliesslich wurde nur Romanos Bühnenpartner Giorgio rechtskräftig verurteilt. Dessen Bruder nahm sich im Gefängnis das Leben, Romano starb 1996 – vor der Berufungsverhandlung – an Aids.

7. 1992. Mord aus Überdruss

Die Winterthurer Floristin Andrea Rüegsegger verliebte sich in einen Koch. Doch der etwas über 20-jährige empfand sie bald als Last. Deshalb erdrosselte er sie mit einem Freund auf einer nächtlichen Fahrt. Die Leiche steckten sie in einen Abwasserschacht. Die beiden Täter wurden zu 14 Jahren Zuchthaus verurteilt.

8. 1994. Die Todessekte

Am 5. Oktober fand man in Cheiry (FR) und Granges-sur-Salvan (VS) 48 Leichen der zwielichtigen Sekte der Sonnentempler. Die Opfer waren teils betäubt und erschossen, teilweise vergiftet oder dann zur Selbsttötung gezwungen worden. Die beiden Anführer der Sekte, Joseph di Mambro und Luc Jouret, waren ebenfalls unter den Toten. Das eingeleitete Verfahren endete im Kanton Freiburg mit Freispruch, im Wallis wurde gar nie ein Verfahren eingeleitet.

9. 1995–2001. Der Todespfleger

Roger Andermatt, bekannt als der «Todespfleger von Luzern», arbeitete als Pfleger in verschiedenen Alters- und Pflegeheimen der Innerschweiz. Er gestand die Ermordung von 24 Menschen, dazu noch drei Tötungsversuche. Als Motiv gab der Angeschuldigte Mitleid, Überforderung und Entlastung für sich und das Pflegeteam an. 2005 wurde er zu lebenslänglicher Haft verurteilt. Andermatt ist der Serienmörder mit den meisten Opfern in der schweizerischen Kriminalgeschichte.

10. 2005. Der Hammermörder

Im Mai erschlug ein Familienvater aus dem Kanton Aargau seine Frau und seine beiden Kinder mit einem Hammer. Anschliessend stürzte er sich von einer Brücke in den Tod. Der Täter war ein junger Informatiker, bekannt als engagierter Vater, passionierter Mineraliensucher, der keiner Fliege etwas zuleide tat. Trotz hinterlassenem Abschiedsbrief blieb das Motiv im Dunkeln.

Quellen: *20 minuten* · *Weltwoche* · Wikipedia · Verschiedene

ORTS- UND SACHREGISTER

PERSONENREGISTER